丛书主编　李良玉

GONGHEGUO LINGXIU DE SANNONG SIXIANG

共和国领袖的"三农"思想

■ 王玉贵　著

江苏大学出版社

图书在版编目(CIP)数据

共和国领袖的"三农"思想/王玉贵著. —镇江:江苏
大学出版社,2009.8
(新中国农村发展 60 年丛书/李良玉主编)
ISBN 978-7-81130-101-4

Ⅰ.共… Ⅱ.王… Ⅲ.①党和国家领导人－农业经济－
思想评论－中国②党和国家领导人－农村经济－思想评
论－中国③党和国家领导人－农民－问题－思想评论－
中国 Ⅳ.F32 D422.64

中国版本图书馆 CIP 数据核字(2009)第 129832 号

共和国领袖的"三农"思想

著　　者/王玉贵
策　　划/吴明新
责任编辑/汪再非　张　平
出版发行/江苏大学出版社
地　　址/江苏省镇江市梦溪园巷 30 号(邮编:212003)
电　　话/0511-84446464
排　　版/镇江文苑制版印刷有限责任公司
印　　刷/丹阳市兴华印刷厂
经　　销/江苏省新华书店
开　　本/700 mm×960 mm　1/16
印　　张/20.25
字　　数/300 千字
版　　次/2009 年 8 月第 1 版　2009 年 8 月第 1 次印刷
书　　号/ISBN 978-7-81130-101-4
定　　价/36.00 元

本书如有印装错误请与本社发行部联系调换

去年 8 月,江苏大学出版社邀我主持编写一套新中国农村
发展 60 年的丛书,力求体现新中国成立以来农村发展的整体
面貌,希望我尽快拿出总体设想和具体的编写计划。经过陆续
的几次洽谈和商榷,编写与出版计划均顺利地落实了下来。

中国是具有悠久农业文明的人口大国,农民是中国人口的
主体,农业是国民经济的基础,农村稳定是全社会稳定的关键,
应该说这是人们理解中国社会和历史的三个正确的视点。也
许,今天这三个视点仍然具有相当的正确性。新中国农村的发
展,虽然至今才 60 年的时间,但却是自古以来的一个非常重要
的历史阶段。它的重要性,体现在以下 4 个方面:

第一,农村的土地关系,在这个阶段发生过,并且将继续发
生深刻的变化。在一个以农立国的国度里,土地关系是所有社
会关系的主轴。自春秋时期土地私有化以来,地主土地所有制
逐渐成为中国沿袭不变的基本的土地形态,直到 20 世纪 20 年
代末期才开始动摇。1950 年前后的短短 7 年中(包括 1949 年
前的 3 年多时间),全国范围内进行了土地改革,2 000 多年的
地主阶级土地所有制被摧毁。这个变革,其深刻的社会意义,
至今还有解读的空间。20 世纪 50 年代先后形成的农业合作
社和人民公社土地集体所有制,才是中国历史上真正牢固的土

地公有制。相应地,它的解体,在保持土地集体所有形式下的"大包干",即土地所有权与使用权分离政策的推行,其积极意义、历史价值和未来走向,也许又是一个需要长时间实践才能充分认识的问题。

第二,农民与国家的关系,在这个阶段发生过,并且将继续发生深刻的变化。在农业经济的条件下,所谓土地关系,并不仅仅是封建领主与农民、地主与农民的关系,而且包括土地所有者、农民与国家的关系。在封建时代(暂时沿用这个说法),农民除了直接面对与地主的土地租赁关系以外,还间接面对着与国家的赋税关系。所以,每当封建帝王头脑清醒,实行轻徭薄赋政策,并且能适当抑制土地兼并和地主阶级剥削的时候,常常就是生产力发展,社会相对稳定繁荣的时候。中国的民主革命,把废除地主土地所有制作为社会解放的主要目标之一,有其合理性。但是,如何在废除了农民与地主的土地租赁关系之后,建立恰当的农民与国家的关系,却是一个新的历史课题。在农业集体化时代,理论上有"正确处理国家、集体、个人三者关系"的原则,而实际上,由于国家综合经济能力、农业生产力、城乡关系、工农关系的局限,由于全国区域经济的不平衡,特别是由于社会积累与消费之间的巨大矛盾,要根本改善这个关系,难度依然很大。21 世纪以来,农业税的免征和一系列惠农政策的实行,开辟了农民与国家关系的新阶段,也揭开了现代农业的新篇章。

第三,农业作为一个社会经济行业,其社会价值在这个阶段发生过,并且将继续发生深刻的变化。所谓农业的社会价值,有三个含义:一是它的产品对于社会的重要性;二是农民生活的幸福指数在社会各界生活幸福指数排序中的位置;三是农民的自我社会评价。从生产力的角度研究夏、商、周三代以来的中国农业史,我倾向于把它划分为传统农业、现代农业和发达农业三种类型。所谓传统农业,是指农业的种植技术、生产工具和产出水平大致处于传统时代。所谓现代农业,是指由于现代科学技术的采用,农业的种植技术和生产工具与传统时代相比有了大幅度的改良,从而使农业的产出水平有了大幅度的提高。所谓发达农业,是指农业充分现代化,达到了世界先进水平。

从局部地区来看,中国现代农业的开端是在民国时期。但是,正规地进入现代农业的阶段,应该是在1949年之后,特别是在1978年之后。直到20世纪50年代初,即使高产的苏南地区,粮食亩产年平均也只有500斤左右的水平。就全国大部分地区来说,化肥、农药的广泛使用,农业机械化的迅速发展,粮食产量的大幅度提高,完全是在20世纪50年代之后,特别是20世纪80年代之后的事情。直到今天,对于农业的重要性,或者说,对于粮食问题的重要性,从来没有人提出过疑问。经常有人自豪地说,我们以占世界7%的土地,养活了世界20%以上的人口,就是一个有力的证明。但是,农民生活的幸福指数和农民的自我社会认同这两个指标,无疑至今仍然处在很低的水平上。根本的出路在哪里呢?我认为,在于农业的继续进步,从现代农业向发达农业转化。

根据目前的实际状况,发达农业的具体指标,应该包含科技农业、生态农业、集约化农业和幸福农业 4 项内容。所谓科技农业,是指农业的总体科技含量、科技普及程度和前沿科技、尖端科技的应用率,达到一定的水平,并且发挥着相当的经济拉动效应;所谓生态农业,是指应用于农作物生长促进环节的诸种物质成分充分参与自然循环,充分实现了无害化、有机化,从而最大限度地提高了农业的绿色程度;所谓集约化农业,是指农业直接连接国内外市场,实现了经济产出的专业性、批量性和收益性,具有相当高的规模经济的特点;所谓幸福农业,是指由于前三者的综合影响,导致农业生产的轻松度、农民物质生活与精神生活的丰富性、农民作为一个生产者阶层的生活幸福指数和自我社会评价指数的大幅度提高,与其他社会阶层没有明显差异,甚至优越于其他社会阶层。经过几十年的努力,现在中国农村中的极个别富裕村庄,已经开始进入幸福农业的阶段。但是,绝大多数的农村,目前还是处于现代农业甚至传统农业的阶段。我估计,再经过半个世纪左右的努力,将会有相当地区的相当数量的农村能够接近幸福农业阶段。

第四,农民的社会角色,在这个阶段发生过,并且将继续发生深刻的变化。尽管中国是个以农立国的国家,尽管中国传统时代始终实行重本抑末的政策,尽管中国传统时代从来维护士农工商的社会阶级结构,甚至,尽管当代中国长期坚持工农联盟的政治路线,但是,农民的社会角色却变化不大。从根本上说来,这是由国家的整体生产力水平和农业的生产力水平所决定的。20 世纪 70 年代末以来的改革开放,经济结构的极大变化,经济的强劲发展和城市化运动的提速,才使农民的社会角色开始发生转换。最显著的变化，是千百万农民不断加入城市建设者、现代产业和城市移民的行列，短期地、长期地、永久地脱离了农村，以新的身份出现在社会生活的舞台上。随着现代化事业的继续推进，农民阶级不断被消解的时代必将到来；而随着幸福农业时代的必将到来，一个与国民经济需求相适应的、需要保持必要数量的农场主阶层和农业蓝领阶层，将成为充满现代气息的新的社会阶层。尽管距离这一天还有十分漫长的道路要走，但是，认定改革开放是这个过程的真实起点，是不应该有疑问的。

新中国成立以来，中国农村已经有了 60 年的发展经历。道路是曲折的，前途是光明的。其间，憧憬过美好的理想，也体验过严峻的现实；获得过成功的喜悦，也付出过失败的代价；收获过巨大的荣誉，也品尝过沉重的挫折。现在，面对历史，特别需要冷静和理智，"真实、比较、全面、辩证" 8 个字，是我们必须贯彻始终的科学方针。

今年，正值新中国 60 周年华诞。用一种学术性大众读物的形式，客观地总结当代农村 60 年来的政治变革、经济变革、社会变迁及其历史脉络，叙述党和国家一系列发展农村的思想、理论、路线和政策，反映农村政治、经济、文化、科技、教育和各项社会事业的面貌，考察广大农民的境况、愿望以及当前现代化、城市化浪潮中的状态和未来动向，无论对于决策者、各级农业主管部门、关注"三农"问题的专家学者，乃至广大的农民朋友，都是十分必要和非常及时的。

社会效益和经济效益的一致，是我们始终考虑的问题。受读者欢迎,受市场欢迎,受同行研究人员欢迎,是衡量这套丛书的三条根本标准。必须坚持严肃的学术立场和面向大众的写作方针,坚持学术性与可读性的统一,坚持贯彻实事求是的严谨态度,全面收集资料,科学分析归纳,力求做到思想平实、思路开阔、内容丰富、文字生动。

本丛书付印前,我还要感谢全体编委:苏州大学王玉贵教授、江苏大学出版社社长吴明新先生、美国北卡罗莱那大学威尔明顿校区历史系陈意新教授、徐州师范大学周棉教授、安徽师范大学房列曙教授、江西财经大学温锐教授、江苏大学董德福教授;感谢江苏省哲学社会科学界联合会廖进研究员、陈晓明先生、程彩霞女士给予本人项目资助,本丛书已列为"江苏社科学术文萃"。

是为序。

李良玉

2009 年 8 月于南京大学港龙园

目　录

绪　论

1840年以来中国乡村现代化的发展历程,大体可分为三个阶段。

1840年至1927年为第一个阶段。这一阶段,由于帝国主义日益加深的经济掠夺和本国封建主义的残酷压榨,中国农村经济不断破产;但小农经济虽趋向解体,却仍以其顽强的韧性结构在寻求生存机会。1840年以后,中国这个以农立国的老大帝国在外国侵略者坚船利炮的轰击下门户洞开,外国商品如潮水般涌入,小农经济日益破产,重农抑商的传统观念和既定的国策受到了强力冲击。面对危机,早期维新派提出了"商战"思想,不久,在洋务运动的启发下,"定为工国"、"实业救国"的主张相继出场,不少实业家开始了中国现代化的尝试,民族资本主义在艰难竭蹶中缓慢前行。然而,在半殖民地半封建社会的时代背景下,有志者纵然有心发展,其结果却回天乏术。戊戌维新期间,光绪帝接受康有为等人的建议,发布上谕,命令成立农工商总局,各省设分局,设立农会,创办农业报刊,购买农业机械,各省、府、州、县设立农务学堂。这是清政府第一次正式号召兴办农政,农工商总局成为中国近代史上第一个农业机构。但戊戌变法很快宣告失败,上述主张未能实施。1903年,清政府为内外交困的情势所逼,宣布成立商部,掌管全国农工商矿等事务。商部下设平均司,主管开垦、农务、蚕桑、山利、水利、树艺等事务。1906年改商部为农工商部,改平均司为农务司,农工商部除掌原平均司事务外,还兼管农业教育以及农业方面的公司、局、厂和农事实验场的设置和管理等。各省也相继设立了农务局和劝业道,一些高等院校如京师大学堂开始设立农学学科。到1909年,全国已有5所农业高等学堂,学生530人;31所中等农业学堂,学生3 226人;59所初等农业学堂,学生2 272人。[①] 辛亥革命后,中国很快陷入北洋军阀的分裂割据之中,从中央到地方虽都设立了农业行政机构和农事实验场,但在半殖民地半封建时代条件下,统治阶级巩固自己的统治地位尚且自顾不暇,根本没有精力关心农村的社会经济建设。

1927至1949年为第二个阶段。南京国民政府成立后,试图在中国确立资本主义的统治秩序,同时也是为了消除中国共产党领导的新民主主义革命的社会基础。因而,南京国民政府比较重视乡村问题,在部分地区按照"耕

---

① 朱荣,等:《当代中国的农业》,当代中国出版社,1992年,第28页。

者有其田"的原则进行了不彻底的土地改革,同时还在部分地区开展减租运动,1934 年开始的新生活运动也取得了一些成效。在农业机构设置方面,先是在工矿部内设农政、林政两司,后改为实业部农政、渔牧及林垦署;1929 年设立了中央农业推广委员会;1931 年实业部下设中央农业实验所;1933 年国民政府行政院设立农村复兴委员会;1934 年全国经济委员会又下设农业处和棉产改进所、稻麦改进所等科研机构。到抗战全面爆发前,全国共有农业研究机构 691 个,其中国立 52 个,省立 356 个,县立 174 个,私立 26 个。① 国民政府在农业发展上所做的努力收到了一定成效,1936 年全国粮食产量达到 15 000 万吨。但由于国内外一系列复杂因素的共同作用,如帝国主义国家为转嫁经济危机纷纷向中国倾销廉价农产品,日本帝国主义不时挑起武装冲突,所有这些都极大地干扰了国民政府的乡村治理工作。在这种情况下,国民政府的乡村治理难有大的作为,这也为共产党领导的土地改革提供了有利条件。抗日战争全面爆发后,农村社会日趋困顿。抗战胜利后,又很快爆发了全面内战,农业生产未能得到恢复。到 1949 年新民主主义革命胜利时,中国的现代经济只占整个国民经济的 17% 左右,其余仍是汪洋大海般的小农经济。小农经济虽然有利于中国共产党在农村开辟并不断发展壮大农村革命根据地,有利于中国新民主主义革命的发育成长,并最终通过农村包围城市的道路夺取全国政权,但经济落后的现实不能随着民主革命的胜利而有多少改变。相反,由于长期战争的破坏、中外反动势力的残酷剥削和掠夺,中国农村经济陷入了破产的境地。

1949 年新中国成立后,中国共产党掌握了全国政权,中国的农村建设进入第三个阶段。在这个阶段,随着中国共产党对中国国情的认识不断深化,其"三农"思想也经历了一个不断发展的过程。以 1978 年为界,大体可分为前后两个小的阶段。

前一阶段主要体现了毛泽东的"三农"思想,他更多的是重视制度变革,如他本人所说的那样:"我注意的较多的是制度方面的问题,生产关系方面

---

① 朱荣,等:《当代中国的农业》,当代中国出版社,1992 年,第 31 页。

的问题。"①他试图通过频繁变革生产关系,一方面避免在农村出现两极分化,另一方面通过制度的力量尽可能多地从农业中提取剩余,以满足重工业优先的经济发展战略对资金和农产品的巨额需求。考量毛泽东有关"三农"问题的思想发展历程,以1957年底为界,大体又可以分为两个阶段。新中国成立后不久,毛泽东便迅速决定发动新解放区的土地改革,并在土改完成后提出"趁热打铁",不失时机地引导农民走互助合作化道路,进行农业社会主义改造,并比预定时间大大提前地完成了社会主义改造。其中一个很重要的考虑,就是为了便于为工业化建设积累资金。从1958年开始,毛泽东在民主革命和社会主义革命的巨大成就面前变得不够谨慎,再加上急于求成思想的影响,于是片面提出了"越穷越革命"、"一张白纸,好写最新最美的文字,好画最新最美的图画"的口号和思想,轻率地发动了"大跃进"和人民公社化运动,民主革命时期一再反对的"农业社会主义"思想和民粹主义思想有所抬头。② 他还幻想在经济落后的基础上跑步进入共产主义,表现在农村生产关系的变革上就是盲目追求"一大、二公、三纯",取消一切形式的私有制,实行供给制,不顾条件地大量举办公共食堂、托儿所、敬老院,这些都严重冲击了原有的家庭生产生活方式,并终于酿成了人类历史上罕见的惨剧,3 000多万人口非正常死亡。③ 即便是在政策调整时期,毛泽东仍然坚持人民公社制度不动摇,尤其是在暂时克服严重的农村危机、经济形势稍有好转的情况下,又人为夸大阶级斗争形势的严重性,提出"以阶级斗争为纲"、"千万不要忘记阶级斗争"、"阶级斗争要天天讲,月月讲,年年讲",实际上转移了人民群众对经济形势的不满情绪。与此同时,他严厉指责了部分农村地区开始试行的"包产到户"责任制,发动了以反修防修为目的的社会主义教育运动(即"四清"运动),发起、倡导"农业学大寨"运动,以捍卫人民公社的基本制度。其巨大代价则是农业生产的长期缓慢发展,甚至是严重倒退(如"三年困难"时期、"文革"初期),人民生活长期无法改善,

---

① 《毛泽东文集》第8卷,人民出版社,1999年,第303页。

② 《杜润生自述:中国农村体制变革重大决策纪实》,人民出版社,2005年,第188页。另参见胡绳:《毛泽东的新民主主义论再评价》,《中共党史研究》,1999年第3期。

③ 同上,第323页。

工业化建设未能实现与农业生产的协调发展。尽管工业总产值在20世纪70年代已占国民经济的70%以上，但中国远不能说是一个工业化国家，农业人口并未随着工业经济的快速发展而同步减少，在总人口中的比重长期保持稳定，有时甚至还有所提高。所谓工业化的巨大成就是建立在农业长期徘徊不前的基础上的，或者说是建立在牺牲农业的基础上的，工业生产的高比例是建立在农业生产的低水平上的，因而是畸形的、不正常的，这也为农业的后续发展积下了许多历史欠账。

总结新中国成立后第一阶段的农村建设，有以下几个显著特点：第一，中国农村确立了社会主义初级阶段的基本制度，消灭了封建剥削制度的经济基础。第二，长期的集体化生产、生活制度初步改变了传统小农的生产、生活方式。第三，重积累、轻消费的分配制度使农业基本建设在集体化时期有了长足发展，尤其表现在农田水利基本建设方面。第四，农业生产在生产条件和经济总量上都有了很大发展，最大限度地保证了重工业优先经济发展战略对资金和原料的需求，并基本满足了城乡居民对基本生活资料的需求，但全国仍有近3亿人口没有解决温饱问题，"生产靠贷款、吃粮靠返销、花钱靠救济"，农民的生产积极性长期无法提高。第五，对农村政治思想工作高度重视，使农村成了阶级斗争的广阔天地。第六，城乡之间的主动交流被人为冻结，农村成为转移城市失业人口的蓄水池，人地矛盾更加突出。

中共十一届三中全会后为第二阶段，以邓小平为核心的中央领导集体在总结新中国成立后农业发展经验教训的基础上，做出了改革开放的重大战略决策，提出了以三个"有利于"作为检验一切方针政策是否正确有效唯一依据的重要思想，同时提出了从长远看解决中国农业问题要有"两个飞跃"的思想，以家庭联产承包为主的农业生产责任制在全国农村逐渐得到普遍确立。农业生产连年大幅度增长，到20世纪80年代中期，长期困扰中国领导人的粮食问题基本解决，甚至在全国范围内普遍出现了"卖粮难"问题。当然，当时所谓的粮食问题仅是初步得到基本解决，所谓"卖粮难"是一种结构性问题，粮食总量虽大，但品质低、品种单一。实际上，在中国这样的人口大国里，农业问题始终非常严峻，稍一松懈就有可能出现问题。事实正是如此，由于对农业问题严峻形势的认识不足，在20世纪80年代中期到90年代的很长一段时间里,农业生产徘徊不前,农民增收幅度减少,农民收入与城市居民收入差距在 80 年代初一度有所缩小的趋势又再次呈现逐渐扩大的态势,而且形成加速趋势。正是在这种情况下,以江泽民为核心的中共第三代领导集体先后出台了一系列振兴农村、发展农业、致富农民的新举措,在继续坚持并不断完善前一个时期已经确立的以家庭联产承包为主的农业生产责任制的同时,根据建立社会主义市场经济体制的新要求,在"三个代表"重要思想指导下,加快小城镇建设,加大扶贫开发力度,适时确立西部大开发战略,重视农村的精神文明和民主政治建设。以胡锦涛为总书记的中共中央新的领导集体继续高度重视"三农"问题的解决,并将其提到全党工作"重中之重"的高度,从 2004 年至今已连续发布了 6 个"一号文件",在科学发展观的指导下,正在把社会主义新农村建设事业积极推向前进。

总结中共十一届三中全会以来中国农村现代化的发展进程,明显具有以下几个方面的特点。第一,牢固确立并不断完善了以家庭联产承包为主的农业生产责任制,将其明确规定为我国农村地区的基本经济制度,与此同时,土地承包期限不断延长,从最初的 15 年延长到 30 年,并且提出 30 年以后也没有必要再变动。第二,农业总产量虽有大幅提高,但起伏不定。1984 年全国粮食总产量创下 40 731 万吨的记录,到 2008 年达到 52 850 万吨,农业生产已能基本满足全国人民对农产品的需求,但在相当长的一段时间内,如何解决吃饭问题仍松懈不得。第三,随着国家总体经济实力的不断增强,中国的经济发展在总体上已到了以工哺农、城市支持农村的阶段,政府先后出台了一系列新的支农惠农政策,农业生产条件不断改善,农业生产方式稳步发生变化,"第二次飞跃"在悄悄进行。第四,在工业化和城市化迅速推进的情况下,农业用地逐步减少,农业生产的瓶颈制约日益凸显。第五,为庞大的农村富余人口提供出路,已成为亟待解决的问题。

本书按照历史和逻辑的线索,对中国共产党历代(届)领导集体探索解决"三农"问题的思想、举措及其主要成效、经验与教训做了较为深入、系统的考察,目的在于通过对历史上中国共产党探索解决"三农"问题的成功经验和主要教训的系统总结,为当下正在进行的社会主义新农村建设实践提供借鉴和启迪。

第一章

当代中国探索『三农』之路的历史起点和逻辑前提

历史是一条奔腾不息的长河,难以割断。新中国领袖对"三农"之路的探索,既受到自身在革命战争年代所积累的特殊历史经验的影响,同时也受到马列主义经典作家相关思路的启发,还受到同时代其他社会思潮的影响。

第一节 经典理论关于"三农"问题的重要论述

农业生产是任何社会得以存在并不断发展的前提条件,马克思曾指出:"超过劳动者个人需要的农业劳动生产率是一切社会的基础。"[①]

但在马恩等经典作家那里,农民(指传统经济条件下的小农或小土地所有者)却通常是愚昧落后的代名词。随着资本主义社会化大生产的迅速发展,小农经济必然不断分化瓦解,使得多数农民陷入贫困破产的境地,传统的农业生产日益被资本主义大生产所取代。

马克思曾以法国的小农为例,指出:"小农人数众多,他们的生活条件相同,但是彼此间并没有发生多种多样的关系。他们的生产方式不是使他们互相交往,而是使他们互相隔离。"他们进行生产的地盘:"不容许在耕作时进行分工,应用科学,因而也就没有多种多样的发展,没有不同的才能,没有丰富的社会关系。每一个农户差不多都是自给自足的,都是直接生产自己的大部分消费品,因而他们取得生活资料多半是靠与自然交换,而不是靠与社会交往。一小块土地,一个农民和一个家庭;旁边是另一小块土地,另一个农民和另一个家庭。一批这样的单位就形成一个村子;一批这样的村子就形成一个省。""他们不能代表自己,一定要别人来代表他们。他们的代表一定要同时是他们的主宰,是高高站在他们上面的权威,是不受限制的政府权力,这种权力保护他们不受其它阶级侵犯,并从上面赐给他们雨水和阳光。所以,归根到底,小农的政治影响表现为行政权力

---

① 《资本论》第 3 卷(下),人民出版社,1975 年,第 885 页。

支配社会。"①

在《法德农民问题》一书中,恩格斯指出:农民虽然"到处都是人口、生产和政治力量的非常重要的因素",但"至今在多数场合下只是通过他们那种根源于农村生活闭塞状况的冷漠态度而证明自己是一个政治力量的因素"。"资本主义生产形式的发展,割断了农业小生产的命脉;这种小生产正在无法挽救地灭亡和衰落。"②

马克思等认为,在小土地所有制下,"人口的最大多数生活在农村;占统治地位的,不是社会劳动,而是孤立劳动;在这种情况下,再生产及其物质条件和精神条件的多样化和发展,都是不可能的,因而,也不可能具有合理耕作的条件"。③ 因此,小农经济必然要被资本主义大生产所取代。

经典作家明确主张实行土地国有。马克思提出在无产阶级掌握政权后,要实行"土地国有","土地国有化将彻底改变劳动和资本的关系,并最终完全消灭工业和农业中的资本主义的生产"。④ 在实现土地国有化后,再引导农民走合作化道路。对此,恩格斯指出,对于必然衰落的小农经济,"我们所能做的只是,在这里我们也建议把各个农户联合为合作社,以便在这种合作社内越来越多地消除对雇佣劳动的剥削,并把这些合作社逐渐变成一个全国大生产合作社的拥有同等权利和义务的组成部分"。⑤

引导个体农民走合作化道路,是马恩的一个重要思想,包含着十分丰富的具体内容。有学者研究后将马恩的农业合作化思想概括如下:(1)在农民作为土地私有者大批存在的国度里,夺取政权后的无产阶级一定要通过合作社的形式,把广大农民群众联合起来、组织起来,实现向社会主义的过渡,这是农民小生产者唯一得救的途径。(2)在组织农业合作社的过程中,一定不能采取任何一种剥夺或得罪农民的措施,农民既是私有者,又是劳动者,占农村人口大多数,工人阶级只有把农民群众牢牢地团结在自己

---

① 《马克思恩格斯选集》第1卷,人民出版社,1995年,第677-678页。

② 《马克思恩格斯选集》第4卷,人民出版社,1995年,第484-485,500,501页。

③ 《资本论》第3卷(下),人民出版社,1975年,第916页。

④ 马克思:《论土地国有化》,《马克思恩格斯选集》第3卷,人民出版社,1995年,第1290页。

⑤ 同②,第503页。

周围,才有利于政权的巩固和经济的发展。(3) 在对待农民的土地与财产所有权方面,既不要许诺巩固农民对小块土地的所有权,也不要立即宣布废除农民的财产所有权或继承权,解决这个矛盾,即从私有制向公有制的转变,需要经过一系列"中间环节"、"过渡阶梯"。(4) 在引导农民加入合作社的过程中,一定要注意坚持自愿互利的原则,要采取"经济的办法"(而不是行政命令的办法),要"通过经济的道路"、典型示范的方式和提供社会帮助的措施,切不可采取任何违背农民意志和利益的办法。如果农民还没有认识到加入合作社的必要性,就应当耐心等待,切不可强迫他们加入合作社。任何违反农民意志的社会变革,都是不可能固定下来的。(5) 农业合作社的形式一定要从实际情况出发,灵活多样。既可以是生产领域的联合,也可以是流通领域的联合;既可以是全部生产资料公有制基础上的联合,也可以是生产资料私有制基础上的联合;在农业合作经济中,既可以实行完全的按劳分配,也可以实行按入股土地、预付资金和所付出劳力的比例分配,等等。① 马恩特别强调在发展合作社中不能用暴力手段、违背小农的意愿改变农民的命运。"当我们掌握了国家政权的时候,我们决不会考虑用暴力去剥夺小农(不论有无报偿,都是一样)","我们对于小农的任务,首先是把他们的私人生产和私人占有变为合作社的生产和占有,不是采用暴力,而是通过示范和为此提供社会帮助"。② 要"让农民自己通过经济的道路来实现……土地私有制向集体所有制的过渡"。③

列宁发展了马恩的农业合作化理论,反复强调"在一个小农生产者占人口多数的国家里,实行社会主义革命必须通过一系列特殊的过渡办法"。④ 他认为,应该通过榜样的力量和精神上的感召,通过一系列中间环节,大力推行合作社,逐步引导农民走上集体化道路,绝不能强迫命令,更不能采取暴力手段。⑤ 无产阶级国家"支配着一切大的生产资料,无产阶

① 许经勇:《马克思农村经济理论与中国的实践》,厦门大学出版社,1988 年,第 31-32 页。
② 《马克思恩格斯选集》第 4 卷,人民出版社,1995 年,第 498-499 页。
③ 《马克思恩格斯全集》第 18 卷,人民出版社,1964 年,第 695 页。
④ 《列宁全集》第 41 卷,第 2 版,人民出版社,1986 年,第 50 页。
⑤ 《列宁全集》第 35 卷,第 2 版,人民出版社,1985 年,第 204 页。

级掌握着国家政权,这种无产阶级和千千万万小农及极小农结成了联盟,这种无产阶级对农民的领导得到了保证",在这种情况下,"通过合作社,而且仅仅通过合作社",就已具备了实现向社会主义过渡所必需的一切。①

当然,列宁之所以一再强调要积极引导农民走合作化道路,还与他对农民小生产的所谓极端落后及其可能发展趋势的基本判断有关。他指出:"专制制度的支柱应当(而且可以)不是贵族,也不是资产阶级,而是'农民民主派'。"②"小生产是经常地、每日每时地、自发地和大批地产生着资本主义和资产阶级的。"③ 他认为:"小农只要还是小农,他们就必须有同他们的经济基础即个体小经济相适应的刺激、动力和动因。"④"小私有者的自发势力是我们最危险的敌人。"⑤他甚至认为,在民主革命胜利后,不应当把土地分给贫农或"无法成为农场主的""懒惰的农民"、"懒汉"和"废物",否则就是保存了旧的或中世纪的土地制度,而只应该交给"能够成为自由的农场主的农民"。⑥ 担心小农经济的存在和不断发展会导致两极分化并最终走上资本主义的发展道路或者成为复辟资本主义的经济和阶级根源,在一个较长的历史时期内对中国共产党,特别是对毛泽东产生了重要影响。

列宁去世后,斯大林决定加快农业集体化速度并提高公有化程度,此举付出了十分沉重的代价,在农业集体化高潮的 1933 年至 1934 年间,全国约有 400 万~500 万人死于饥饿和政治迫害。⑦ 斯大林时代的苏联集体化理论与实践对中国共产党产生了长久而又深远的影响,在某些做法上,中国甚至走得更远,如农村人民公社化运动的发动和人民公社制度的长期坚持。

---

① 《列宁全集》第 43 卷,第 2 版,人民出版社,1987 年,第 362 页。
② 《列宁全集》第 22 卷,第 2 版,人民出版社,1990 年,第 57 页。
③ 《列宁选集》第 4 卷,人民出版社,1995 年,第 135 页。
④ 《列宁论新经济政策》,人民出版社,2001 年,第 6 页。
⑤ 同④,第 42 页。
⑥ 《列宁全集》第 16 卷,人民出版社,1988 年,第 243—245 页。
⑦ 王春良:《世界现代史诸问题》,世界地图出版社,1999 年,第 240 页。

第二节　20 世纪 20 至 40 年代关于农村发展问题的争论

　　20 世纪 20 年代以来,中国理论界就中国农村的发展道路问题发生过激烈的争论,其中之一便是关于土地经营规模的争论。

　　实行土地规模经营是马克思主义的一个基本观点。马克思曾明确指出:"大规模的耕作(即使在目前这种使耕作者本身沦为役畜的资本主义形式下),从经济的观点来看,既然证明比小块的和分散的土地耕作远为优越,那么,要是采用全国规模的耕作,难道不会更有利地推动生产吗?"[①]但在中国传统的农业生产经营活动中,几千年来盛行的是地主阶级的租佃式耕作制度和一家一户的小农经济模式,进入近代以后,随着中外交往的增加,一些知识分子对西方国家特别是英美等国在农业生产上的资本主义经营方式所产生的高效益逐渐有所了解并产生了羡慕情绪,有的主张不妨效法西方走规模经营之路。如早期改良派代表人物陈炽就十分称赞英法等国使用机器,"用力少而见功多","一人之力足抵五十人之工,一亩之收足抵五十亩之获",[②]认为中国应该向其学习,在地广人稀之处采用规模经营;在人口稠密之处,实行节约化。19 世纪晚期先后登上历史舞台的维新派和革命派的代表人物大多主张在农业生产中广泛采用机械,搞规模经营。如孙中山指出:"中国几千年来耕田都是用人工,没有用过机器。如果用机器耕田,生产至少可以加多一倍,费用可减轻十倍或百倍。"[③]清末民初之际状元出身的实业家张謇,不仅在理论上明确主张在农业生产上实行规模经营,提出的"振兴农业之计"之中包括"成集公司用机器垦种"荒地

---

① 《马克思恩格斯选集》第 3 卷,人民出版社,1995 年,第 128 页。
② 赵树贵、曾丽雅:《陈炽集·续富国策·农书·讲求农学》,中华书局,1997 年。
③ 《孙中山选集》,人民出版社,1981 年,第 850 页。

的内容,① 同时,他还提出了"人力不足,合用机器者用机器"②的主张,而且亲自创办具有资本主义特征的通海垦牧公司,从事大规模农业生产的实践活动。

但在民国初年政局激烈动荡之际,大农经营思想绝少有付诸实践的机会。进入北洋军阀统治时期,先进的中国人纷纷把注意的焦点转移到如何从政治上寻求国家出路上来,因此对农业问题自然难有深入讨论。

随着南京国民政府的建立,国内政局在总体上逐渐趋于稳定,面对资本主义国家为转嫁经济危机纷纷向中国倾销农产品而使中国农业经济不断陷入破产境地的严峻现实,一些知识分子开始重新提出要在农业生产中走规模化道路。他们对美国和苏联在农业生产中盛行的大规模耕作方式十分推崇,心向往之。但考察这一时期论者的有关论点不难发现,同是主张大农经营者,其主要观点还是存在明显区别的:有的侧重于美国式经营方式上的机械化;有的侧重于苏联式经营组织上的合作化。不过多数人或是有意模糊,或是真的不知道,或是不想弄清楚苏美两国在农业经营上的根本区别。

关于前者,即美国式经营方式的机械化,马寅初引用外国学者的观点指出:单位面积的支出,不论为农场亩,还是作物亩,都是耕地愈小,支出愈多;反之,耕地愈大,则费用愈轻。因此,他认为"利用集团生产,则费用可以更省"。③ 彭莲棠指出:大农经营已成为世界潮流,"英、美、德、加拿大、澳洲,无不以大农著称",大农经营,其利益"非小农所能望其项背",具体表现在改良农事、使用机械、减低费用、增加耕地面积、减少劳力等 12 个方面。④

关于后者,即苏联式经营组织的合作化,邓飞黄指出:"农业的集团经营,现已风行各国,而苏联所取得的成绩,尤为照著,农业上机械化的大量

---

① 《农工商标本急策》,《张謇全集》第 2 卷,江苏古籍出版社,1994 年,第 12-13 页。
② 《变法评议》,《张謇全集》第 1 卷,江苏古籍出版社,1994 年,第 61 页。
③ 马寅初:《中国经济改造》,商务印书馆,1935 年,第 647 页。
④ 彭莲棠:《中国农业合作化之研究》,第 157-158 页,转引自叶扬兵:《中国农业合作化运动研究》,知识产权出版社,2006 年,第 50-51 页。

生产,为现代与将来发展的必然趋势。这种新式的生产组织与生产技术推行,当然使旧式的小生产的组织与人工经营无以立足。我国要想农业繁荣,非采取集团经营不可。"①陶孟和指出,现代农业有三个基本特征,即农业工作的机械化、农业程序几乎完全受人工的支配和化学的进步。为了实现农业现代化,就"要打破古老的农业习惯,要改革农业的观念,要牺牲多少的农民与田产,也许要经过一种严重的手术,如苏联实行集团农场时所经历过的,但这还值得"。②

与此同时,理论界还围绕中国是否应"以农立国"发生了激烈的争论。

力主以农立国的章士钊于1923年8月发表了《业治与农》一文,提出"吾国当确定国是,以农立国,文化治制,一切使基于农"。原因在于,欧洲各国工商业发达,导致战祸惨烈,"彼中达人哲士,近亦稍稍见其症结矣",倡为农业复兴之论。况且,中国的国情与18世纪的欧洲大不相同,"以吾艺术之不进,资本之不充,组织力之不坚,欲其兴工业以建国,谈何容易,即曰能之,当世工业国所贻于人民之苦痛何若,昭哉可观,彼正航行于短港绝潢而不得出,吾扬帆以穷追之,毋乃与于不智之甚"。③

章士钊的主张得到从美国留学归来的农学家董时进的支持。董时进明确提出"中国不宜工业化"。其理由是:"农业国可以不需工业国而独立,工业国不能离农业国而存在,前者实不啻后者之寄生物。"因此,中国若行工业化,极易为列强所趁,攫我原料,役我人才,"其为害最大,未可漠视"。发展农业,其优点在于能使经营者过上独立、稳定的生活,缺点在于不易暴富。"然可以补贫富悬殊之弊,此短正其所长",因此,"农业国之社会,安定太平",其乐融融。④

章、董的主张一提出,就遭到时人的反驳。曾留学法国的孙倬章批评"以农立国"论是"反抗进化潮流的主张","以理论言之,则为不应有,以事

---

① 邓飞黄:《农村破产到农业改造》,转引自叶扬兵:《中国农业合作化运动研究》,知识产权出版社,2006年,第50页。

② 陶孟和:《要实行一个新农业政策》,《大公报》,1936年7月12日。

③ 《新闻报》,1923年8月12日。

④ 《申报》,1923年10月25日。

实推之,则为不可能"。首先,从经济上看,重农抑工,必须闭关自守,不与外国通商;必须令国人禁绝对工业品的需求,不购外国工业制品。这显然是行不通的。从根本上讲,"欲求农业发达,必先求工业发达;盖工业愈发达,则农业亦愈进步"。第二,从政治上看,现代民主政治要求国人一须有政治常识,明了国内外大势,二须有坚固的团结和严密的组织。而中国农民这两条都十分欠缺,这也是中国专制政治长期延续的根源。第三,从学术上看,工业的发达能促进学术的繁荣,"欧洲之学术,亦至工业发达之后,始有今日气象万千之盛况,所以谓学术为工业时代之产物,亦决非过言"。中国如坚持以农立国,则在学术方面"不独无发明之机会,且亦无学习之机会","不将为文化的落伍者乎"?他的结论为:"国计民生之病源,咸在于农业太盛,工业不振之故;当此之际,若复为重农之说,则不啻恶醉而引强酒,救缢而引其足也。"① 孙倬章强调,要实现国家工业化的主张自有其道理,但把中国的问题说成是"农业太盛"则大谬矣,中国的问题在于工业不发达,农业也很不发达,这才是所有问题产生的真正"病源"。

已初步接受马克思主义的恽代英,针对董时进"农业国可以不需要工业国而独立,工业国不能脱离农业国而存在"的主张也提出批评,认为后半句无可非议,但前半句"殊未可信也"。他举例说,碾磨、纺织均为工业之事,国人不可离。在这些方面,西方工业发达,因而成本低,成品良,"非我之所能与之争,而衣食之所需,乃转而大宗须仰给于外国",这怎么能说"不需要工业国而独立耶"。同样,章士钊说中国的经济凋敝"系农业国而强效工业国之过",那么撤毁铁路,捣坏商船、工厂,复归农业,就能够解决问题吗?"果能遂禁洋纱棉布米粮面粉之源源而入乎?"由此得出的结论是:"中国亦必化为工业国然后乃可以自存,吾以为殆无疑议。"②

针对论者的批评,章士钊写了《农国辨》一文进行答辩。他首先解释了什么才是他所说的"农国":"凡国家以其土宜之所出人工之所就,即人口全部,谋所配置之,取义在均,使有余不足之差,不甚相远,而不攫国外之

---

① 《东方杂志》20 卷 17 号,1923 年 9 月 16 日。
② 《申报》,1923 年 10 月 30 日。

利益以资挹注者,谓之农国。"农业国与工业国的区别"不在人民择业之不毗于工,而在百业之本意不违于农。"他重申:"凡所剿袭于工国浮滥不切之诸法,不论有形无形,姑且放弃,返求诸农,先安国本,而后于以拙胜巧之中,徐图捍御外侮之道,庶乎其可。"①

1934 年 11 月,留美归来的社会学家吴景超在《独立评论》上发表文章,批评"以农立国"的主张是"经济上的复古论",决不可行。他将反对工业化的观点分为 4 种,一一加以反驳。第一种是"夸大派","以为中国的文化,无论从哪一方面,都比外国高",所以应当保守中国的传统,"以农立国为佳"。他指出,正因为中国一向以农立国,"所以比较的穷,比较的愚,比较的人民多短命",因此"以农立国"是一件可怜的事,"没有什么可以自夸的"。第二种是"禁欲派",主张用节制欲望的办法来解决衣食住行方面的问题,不去发展生产。吴景超批评"这种懒人的态度,我们根本不能赞同"。因为"假如大家都禁欲,大家都随遇而安,人类的社会,决无进步可言"。第三种是"因噎废食派"。这一派也承认工业化的好处,但同时又被工业文明的种种弊病如失业、劳资冲突多吓倒,于是害怕走上工业化之路。他认为,这些弊病与工业化之间没有必然联系,也并非不可克服。第四种是"危难退缩派"。这一种观点认为:"工业已经给帝国主义包办,市场已为帝国主义垄断,关税已受帝国主义支配,在这种种的压迫之下,本国的工业,实无发展的余地。假如要走这一条路,前途真是艰难万状,不如回转头来,整理我们的农村,过我们固有的农民生活罢。"吴认为这些困难确实存在,但不能逃避它,坐以待毙。只有"努力设法改良工厂中的生产方法,改良管理,虚心采纳他人的优点",迎难而上,"那么前途终是光明的"。②

马克思主义经济学家许涤新也指出:"以农立国"本质上不外是企图保存封建的生产关系而已,保存中国殖民地半殖民地的状况而已,因而决不可行。"以农立国"不仅仅是一个简单的技术问题,中国要想"立国",必须尽量地工业化,包括农业工业化。其具体途径为:(1) 大银行、大工业、

---

① 《新闻报》,1923 年 11 月 3 日。
② 《独立评论》第 125 号,1934 年 11 月。

大商业归国家所有;(2)实行耕者有其田,扫除农村中的封建关系。"这就是我们要使中国工业化和农业工业化所应走的道路。离开这条道路而空谈以什么'立国',显然是学院式的、'大煞风景'的空谈。"①

也有人对"以工立国"论提出了批评。姚溥荪认为不复兴农村,中国无法实现工业化。首先,当时中国四分五裂,各自为政,不能施行保护关税政策,因而实现工业化的企图没有成功的可能;第二,农村是工业品的最大市场,是农业国家的财政源泉,所以"使国家有早日实现工业化的机会,似尤非先复兴农村不可";第三,"中国农村的没落,既不足以激进工商业之发展,而消弭匪患,安定生活,澄平政治,又都为一般人民迫切之要求,故为救民族于危亡,又似非急急复兴农村不可"。②

梁漱溟强调:中国社会是以乡村为基础并以乡村为主体的,所有文化,多半是从乡村而设。近百年来帝国主义的侵略直接间接地都在破坏着乡村,而中国人的所作所为亦无非是破坏乡村。中国近百年史,可说是一部乡村破坏史。正因为如此,中国乡村不得不自救,不得不开展乡村建设运动。同时,这一运动又是积极图谋社会发展的运动。因此,中国与日本不同,不能走发展近代资本主义工商业的道路,而只能走振兴农业从而引发工业之路,从乡村生产力的恢复与增进,提高购买力,进而刺激民族工业的兴起。他认为:"中国根干在乡村;乡村起来,都是自然繁荣。可是如走近代都市文明资本主义盈利的路,片面地发达工商业,农业定规要被摧残。"因此,"乡村建设是中国工业化唯一可能的路"。③

王子建反驳说:"(梁漱溟的)根本的错误在于不顾国家大势,不察中国的特殊地位,而因袭了百年前'闭关自守'的见解,想实行新的'门罗主义',从近代的工业社会,回到经济自给的社会去。"他批评梁漱溟没有认清农业与工业的关系,也没能解释清楚农业与工业的性质。至于所谓"中国将永久不能走上近代工商业道路",更是"极大错误"。他提出,我们不反对建设乡村,也不反对振兴农业,但反对只知有农业而不知有工业的错误理论。"我

---

① 《新华日报》,1940年6月4日。
② 《独立评论》第137号,1935年1月。
③ 《梁漱溟全集》第5卷,山东人民出版社,1992年,第642,638页。

们以为这'工业化'三个字应该用来做广义的解释:不但要建设工业化的都市,同时还要建设工业化的农村——也就是农业的工业化。"①

时在北京大学经济学系任教的千家驹则指出:只有先彻底消灭帝国主义者及封建残余势力,否则不仅乡村建设"此路不通",而且"一切发展工业的前途都是很渺茫的"。②

漆其生则指出:建设工业国故属必须之举,但在目前却不可能。要想救济国民经济当前的危急,图谋将来的发展,只有从事以农业为重心的经济建设。他声辩道,这"绝对不是因为中国数千年来皆以农立国,而企图维持这个农本主义,使中国经济发展的车轮倒开到复古的道路上去",而是考虑到现阶段工业化"至属困难",切"迂缓力微,不能救急",所以必须复兴农村,直接而迅速地挽救中国经济,同时借此奠定基础,为将来的工业化准备前提条件。"所以农业中心的意义,乃是现阶段的救亡图存的过渡之意义。我的重农论,与一般的农本主义者的重农论,不同之点,即是在此。"③

袁聘之从适应战时经济、军事需要,有利于国民经济机构的改良,扭转外贸入超局面,开辟农产品销路,吸收农村失业人口等方面考虑,对先农后工说进行驳斥,认为"民族工业建设为解救中国国民经济危机之要图,且为当前救亡图存之急务"。具体就是,走"民生主义之计划经济的道路"。④

持中间立场的中央大学工学院院长杨铨认为:"今世之立国,农业与工业不可偏废者也,而在中国为尤甚。"其原因在于,就理论而言,没有工业、交通的扶助,农业无力发展,不能独存;就事实而言,我不欲兴工业,而列强必取而代之,后果更糟。另一方面,"徒工则食物原料必仰给于人,无事则时有经济之恐慌,有事则不免封锁之危险","以我之地大物博,人口众多,岂能自荒膏腴,就食他国,托性命于国际贸易商人之手哉"? 其结论为:"工与农并行而不悖,相得而益彰。"⑤

---

① 《益世报》,1934 年 12 月 8 日。
② 《益世报·农村周刊》,第 57 期,1935 年 4 月 6 日。
③ 《东方杂志》32 卷 10 号,1935 年 4 月 13 日。
④ 《东方杂志》32 卷 16 号,1935 年 8 月 10 日。
⑤ 《申报》,1923 年 10 月 28 日。

翁文灏亦主张工农业并重。他认为，以农立国和以工立国两种看法虽都有道理，但"分开来看，都觉得太偏，合起来说，才是正道，二者是相辅相成，而不可分的"。据此，他提出了"以农立国，以工建国"的口号。[①]

郑林庄提出了走"第三条道路"的主张。他说："我们不易立刻从一个相传了几千年的农业经济阶段跳入一个崭新的工业经济阶段里去。我们只能从这个落伍的农业社会逐渐地步入，而不能一步地跨入那个进步的工业社会里去。在由农业社会进入工业社会的期间，应该有个过渡的时期来做引渡的工作。换言之，我认为我们所企望的那个工业经济，应该由现有的这个农业经济蜕化出来，而不能另自产生。"[②]

受马克思主义影响的青年学者张培刚反驳说，郑林庄的第三条路根本走不通，原因在于：第一，在中国建立农村工业与发展城市工业一样，都会受到帝国主义经济的束缚与压迫，因而前者不可能"引渡"到后者；第二，由于洋货的倾销，农村工业无法做到自给自足，在竞争中必然衰亡；第三，发展农村工业与发展城市工业一样，也需要科学人才，不能指望在人才缺乏的状况下，因陋就简地培植起农村工业来。此外，国际形势的发展以及世界经济演进的趋势也决定了将农村工业当做走上工业经济的过渡方法，"自然是倒行逆施"。[③]

20世纪20至40年代知识界关于中国发展道路的讨论，虽然没有得出一致的结论，但正是这种不存先见之明、没有定于一尊的自由讨论，开阔了国人的视野，大大深化了国人对适合中国国情发展道路的探索。论者提出的要使中国实现工业化，必须注意农村问题的解决，不能就工业化论工业化，实是一种非常深刻的看法，对1949年后中国经济发展道路的探索所产生的影响自然不是可有可无的。

---

① 《中央日报》，1940年8月，转引自罗荣渠：《从"西化"到现代化》，北京大学出版社，1990年，第896页。
② 《独立评论》第137号，1935年1月。
③ 《独立评论》第138号，1935年2月。

第三节 乡村建设运动和革命根据地 经济的改造与建设

　　近代以来,由于帝国主义的野蛮侵略、国内反动势力的摧残掠夺、长期战争的破坏以及自然灾害的频繁发生,中国的社会经济不断趋向破产,农村的情况更为严重。重视农业、关注农村、同情农民是众多知识分子和地方士绅的共同思想取向。据1934年的不完全统计,全国共有乡村建设团体600多个,建立的乡村实验区、实验点达1 000余处。① 但相互间差异很大。"各有各的来历,各有各的背景。有的是社会团体,有的是政府机关,有的是教育机关;其思想有的'左'倾,有的右倾,其主张有的如此,有的如彼。"② 更多的则是有名无实,为的是捞取资本。其中属于大专院校的有:燕京大学社会学系设立的清河实验区,金陵大学农学院设立的乌江实验区,齐鲁大学乡村服务社设立的龙山实验区,北平师范大学设立的乡村教育实验区,北平中法大学设立的温泉实验区,北平大学农学院设立的罗道庄实验区,江苏省立教育学院设立的无锡实验区(含黄巷、北夏、惠北三部分),国立中央大学设立的江宁和兰溪实验县,百泉乡村师范学校设立的辉县实验区,浙江省立湘湖农村师范学校设立的湘湖实验区,栖霞乡村师范学校设立的栖霞新村,南泉乡村师范学校设立的巴县实验区。属于社团的有:黄炎培领导的中华职业教育社设立的江苏昆山实验区(含徐公桥、黄墟、善人桥、沪郊等地),晏阳初领导的中华平民教育会设立的河北定县、衡山和新都实验区,梁漱溟领导的乡村建设研究院设立的山东邹平、菏泽和济宁实验区,早期以米鉴三、米迪刚父子为代表,其成员包括王鸿一、彭禹廷(实际主持者)、尹仲材、梁仲华、王怡柯、茹青浦等在内的"村治派"设立的河南镇平实验区,中华社会教育社(与河南省教育厅和洛阳县政府合

---

① 转引自刘重来:《卢作孚与民国乡村建设研究》,人民出版社,2007年,第52页。
② 《梁漱溟全集》第2卷,山东人民出版社,1989年,第582页。

作)设立的洛阳实验区,章元善领导的华洋义赈会在河北等地设立的实验区,江西基督教农村服务联合会设立的黎川实验区,苏州青年会在唯亭设立的农村服务处。属于政府机构的有:行政院农村复兴委员会、经济委员会农业处、实业部中央农业实验所,江宁县政府、兰溪县政府、青岛市政府等设立的实验区以及江苏省立南京民众教育馆设立的汤山、下蜀、大山和京郊实验区,河北省立实验乡村民众教育馆设立的包括武清县杨村等6个主村、10个副村在内的基本实验区以及包括第六自治区的朱马头等13个主村和北掘河等19个副村在内的扩大实验区,山东省立民众教育馆设立的祝甸实验区,江苏农矿厅在镇江黄墟、福建教育厅在闽侯五里亭、国民政府内政部在上海俞塘设立的实验区,卢作孚领导的北碚峡防局设立的嘉陵江三峡实验区等。属于个人的有:陶行知创办的晓庄学校,顾君义在秦县创设的顾高庄实验区。

晏阳初、梁漱溟和卢作孚是乡村建设运动的三位代表人物。

晏阳初(1890年—1990年),四川巴县人,少时熟读儒家经典,13岁入教会学堂接受西学教育,后到香港和耶鲁大学继续求学。因在乡村建设上作出过杰出贡献,他曾在美国一百多所大学和科研机构参与的评选活动中被评为"现代世界最具有革命性贡献的十大伟人"。早在1918年6月从耶鲁大学毕业后的第二天,他就毅然放弃收入丰厚的回国工作机会,而前往法国为那里的20多万被招募参战的华工服务,教他们识字、写简单的书信。当地华工的恶劣生存状况使晏阳初立下了与当时绝大多数留学生完全不同的人生志向:回国后不做官,不发财,把终身献给劳苦大众。

1922年,回国后不久的晏阳初发起全国性的识字运动,其中以长沙的声势最为热烈。在一百多位义务教员中,就有立志于改变中国命运的毛泽东。因此,认为毛泽东日后提出的改造中国农村的许多主张受到了晏阳初的影响,应该是有根据的。1923年,晏阳初在北京成立"中华平民教育促进会总会",先后在华北、华中、华南等地开展义务扫盲教育,并把工作的重点逐渐向乡村转移。1926年,晏阳初经过慎重选择,确定以河北省定县作为乡村平民教育实验区,并在该县翟城村设立华北实验区办事处。经过一段时间的准备后,晏阳初于1929年举家迁到定县,从此开始了大半个世纪的乡村实验改良运动,并把拯救中国的希望放在了复兴农村的基础之上。

晏阳初之所以把拯救中国的希望放在振兴农村的基础之上,可以从量和质两方面来理解。从量的方面来说,是因为中国的农村人口太多,"中国是以农立国,中国大多数的人民是农民,农村是中国85%以上人民的着落地,要想普及中国平民教育,应当到农村里去"。① 从质的方面来说,是因为乡村社会还保留着中国社会的传统美好价值。这些考虑与梁漱溟的想法不谋而合。晏阳初指出:

中国今日的生死问题,不是别的,是民族衰老,民族堕落,民族涣散,根本是"人"的问题;是构成中国的主人,害了几千年积累而成的很复杂的病,而且病至垂危,有无起死回生的方药的问题……农村运动,就是对着这个问题应运而生的。他对于民族的衰老,要培养它的生命;对于民族的堕落,要振拔它的新人格;对于民族的涣散,要促成它的新团结新组织。所以说中国的农村运动,担负着"民族再造"的使命。为什么"民族再造"的使命,要"农村运动"来担负呢? 因为中国的民族,人数有四万万,在农村生活的,要占80%。②

他曾一再指出:"若用中国式的古董教育,或西洋式的舶来教育,可说这不但不能达到民族再造的目的,反要促成'民族自杀'、'民族速死'悲惨的结果。"③晏阳初还深刻分析了中国现有教育与农村现实脱节的严重状况。他指出:"农村青年,未入学校以前,尚能帮助他的父母,拾柴拣粪,看牛耕田,不失为一个生产者,可是一旦入了学校,受了一些都市文明的教育,他简直变成一个在乡村不安,到城市无能,不文不武的无业游民。"中国教育的这一通病,自古已然,于今依然严重。因此,他主张在农村应该实行"实验地改造民族生活的教育"。如在倡导农民办合作社时,"目的不仅在增加农民的收入,而要在养成他们的合作精神、合作习惯、合作技能,以促

---

① 宋恩荣:《晏阳初文集》,教育科学出版社,1989 年,第53 页。
② 同①,第67—68 页。
③ 同①,第70 页。

成民族的新组织新团结"。① 这与他对近代以来中国社会的主要问题是愚、贫、弱、散或私的判断有直接的关系。

晏阳初提出的许多主张在近现代中国历史上产生了很大的影响。他曾指出:"农民虽然不知科学的名词。虽然未曾受过书本式的教育,然而对于实际生活的知识与技术,我敢说,值得我们去学。一个青年,小学而中学而大学而留学东洋西洋。结果,学校越进得多,离社会越远。一般人以为书本式的教育越受得多,便越有学识,越能了解社会。其实是很大的谬误。"② 他还指出,"要做农民的先生,首先必须做他们的学生",③用他的话说就是,"我们教'化农民',我们须先'农民化'"。而要农民化,就必须"抛下东洋眼镜,西洋眼镜,都市眼镜,换上一副农夫眼镜",④深入农村社会,"和农民在一起生活和工作"。⑤ 他认为,从事农业科学研究的科学家和学者,不仅要有"科学的头脑",而且要有"农夫的身手",只有和农民打成一片,才能使自己的学问有实用的价值。否则,"无论你有多大学问,人民不能接受,人民不懂,那就是没用"。⑥由于正规的大医院都设在城市里,而且收费昂贵,普通农民根本无法享受现代医疗服务,因此他主张在农村地区由村而区而县普遍建立一个系统的、以县为单位的乡村保健体系,县设保健院,区设保健所,村设保健员,"使各村农民,都有受得科学医药治疗的机会"。⑦

梁漱溟(1893 年—1988 年),广西桂林人,中国近现代史上另一位长期献身于乡村建设的著名人物。1917 年应蔡元培先生的邀请,梁漱溟到北京大学讲授印度哲学,1921 年因发表《中西文化及其哲学》而一举成为文化保守主义和新儒学的代表人物,1924 年离开北京大学。短暂的办

① 宋恩荣:《晏阳初文集》,教育科学出版社,1989 年,第72,70 页。
② 《晏阳初全集》(1),湖南教育出版社,1989 年,第221—222 页。
③ 晏阳初在菲律宾对危地马拉和哥伦比亚工作队的演讲。《晏阳初全集》(2),湖南教育出版社,1992 年,第 401 页。
④ 同②,第 221 页。
⑤ 同①,第 44 页。
⑥ 同②,第 247 页。
⑦ 同②,第 248 页。

学失败后,他在北京过起了闲居讲学的生活,直到 1927 年。在这段时间里,他对中国未来的前途命运做了深入思考,并最终有所体悟,即"否认了一切的西洋把戏,更不沾念",而相信中国"自有立国之道,更不虚怯"。①具体出路是什么呢? 这就是走"恢复农业生产力,复兴农村","从农业引发工业"之路。②从此,他把主要精力放在了从事乡村建设的工作方面。

在长期从事乡村建设的实践活动中,梁漱溟在农村问题上发表过大量极有见地的见解,这些见解至少在客观上对日后的中国产生了深远的影响。他认为,之所以要重视乡村建设,有"浅深四层"原因:从浅的一层来说,"是由于近些年来的乡村破坏而激起来的救济乡村运动";第二层——"乡村建设运动,实是乡村自救运动";第三层——"乡村建设运动实是图谋中国社会之积极建设的运动";第四层是"起于重建一新社会构造的要求","今日中国问题在于其千年相沿袭之社会组织构造既已崩溃,而新者未立;乡村建设运动,实为吾民族社会重建一新组织构造之运动"。他认为第四层原因最重要,"乃乡村建设真正意义所在"。③

梁漱溟高度重视乡村建设,但并不反对在中国实现工业化。只是在他看来,近代以来由于中国失去了西方资本主义国家工业化发动时的有利条件,因此不能重走他们的老路,而必须另辟蹊径,先进行乡村建设,然后再实现工业化。他指出:"当前的问题,即在急需恢复我们的生产力,增进我们的生产力;而农业与工业比较,种种条件显然是恢复增进农业生产力切近而容易。"④在农业生产发展的基础上,工业化建设也就获得了必要的有利条件,由此也便可实现工农业生产的协调发展。他指出:

我们口说恢复农业生产力,复兴农村,而其实旧农村是无法恢复的。农业在今日亦是只有两途,一是毁灭,一是进步……而所有进步的技术,没

① 《梁漱溟全集》第 5 卷,山东人民出版社,1992 年,第 13 页。
② 《梁漱溟全集》第 2 卷,山东人民出版社,1989 年,第 508-509 页。
③ 同②,第 149-161 页。
④ 同②,第 504-505 页。

有不是科学化的,没有不是工业化的……例如从土壤肥料等农业化学上问题,而引出化学工业,从农具农业机械农业工程,又引出机械工业等;从农产加工农产制造,也将引出许多工业。诸如此类,都是相因而至的。更要紧的是生产力抬头,一般购买力从而增进,自有许多工业因需要之刺激而兴起。换句话说,就是从农业生产农民消费两面来刺激工业起来。

梁漱溟主张中国要在"经济上实行社会主义(以能像苏联那样快速发展国民经济),政治上实行西方资本主义国家的民主主义(以避免在苏联发生的大肃反运动)",在经济发展方式上,梁漱溟主张采取统制经济、计划经济,因此在工农关系问题上,他隐约提出了要实行工农业的协调和统筹发展,就必须加强计划性的观点。他指出:"我们就为统筹工业建设,而不肯随便走那工业发达之路,所以才作乡村运动。假若我们也肯随便走那工业发达之路,我们就用不着讲乡村建设,作乡村运动了。"[①]

梁漱溟还认识到把农民组织起来的重要性。他指出:"农业的进步,一定要靠农民的合作才行。从大势上看,中国必然要成一合作国家。"[②] 在具体做法上,他提出,"必须仅(尽)可能地师取苏俄使农业集团化的那些法子","或者为土地之合并经营,或者为农具之合作利用",因为"非如此倒(到)底不能使农业进步,倒(到)底不能使农民当真组织起来"。[③]

除了走合作之路外,要振兴中国农业,还必须流通农村金融和引进科学技术。前者的目的在于遏止投机赢利之风,使资本用于生产。具体做法是,在内地乡镇设立金融机构,使资金返回农村,并建立长期和中期农业金融,完成健全的农业金融系统。后者包括改良种子,防病治虫,改良农具,改良土壤,改良农产制造,科学种田等。

农村经济要振兴,有待于农村社会的自我觉醒。"就是说乡下人自己要明白现在乡村的事情要自己干,不要再和从前一样,老是糊糊涂涂地过日子,迷迷糊糊地往下混,这样子是不成了。"如果自己不自觉,不起来自

---

① 《梁漱溟全集》第 5 卷,山东人民出版社,1992 年,第 549 页。
② 《梁漱溟全集》第 2 卷,山东人民出版社,1989 年,第 428 页。
③ 同②,第 542 页。

救,单靠乡村以外的人,那是救不了乡村的。因为乡村以外的人,往往资金、人才有限,就是资金、人才充足,但由于他们对乡村的情况不甚了解,不知道乡村需要的是什么,因而所使用的方法不合实际,结果往往不能把乡村救好,甚至反而会害了乡村。退一步说,即使乡村以外的人一时能把乡村救好了,但这种好也缺乏内部根基,一旦外人走了,好也就随之没了。因此,梁漱溟强调:"农民自觉,乡村自救,乡村的事情才有办法;所以我们说乡村建设顶要紧的第一点便是农民自觉。"① 这是因为,"天下事无论什么都要靠他本身有生机,有活气,本身有生机,有活气,才能吸收外边的养料"。②

知识分子必须深入农村社会,走与农民群众相结合的道路,才能不仅实现自身的价值,也有益于农村社会经济的发展。这是因为:第一,就乡村社会来说,"乡村问题的解决,第一固然要乡村人为主力;第二亦必须靠有知识、有眼光、有新的方法、新的技术(这些都是乡村人所没有的)的人与他合起来,方能解决问题"。第二,就知识分子本身来说,他们是由乡下人养活的,因此,他们应该而且有责任到乡村去用他们的知识为乡下人服务,还清自己的欠债。

知识分子到乡下去,一可扩增乡村"耳目",乡村最大的疾病是愚蔽,绝大多数乡下人一字不识,知识分子下乡可以给乡村带去新的知识、新的信息,开阔乡下人的眼界,最起码也能教他们认识几个字;二可为乡村增添"喉舌",乡村最大的缺憾是遭受祸害没人理会,乡下人自己不识字,无法唤起社会的注意,知识分子比较敏感,容易发现问题,他们又有文化,能说会写,可引起社会关注乡下问题;三可为乡下添一"头脑",知识分子可谋划一切建设事宜,如兴修水利、养猪养鱼、开垦荒山、植树造林、改良土壤、引进先进技术等,使自己成为乡村建设的行动者。在梁漱溟看来,如果知识分子真成了乡村社会的"耳目"、"喉舌"、"头脑",中国的民族前途就有了希望,整个中国问题也就有了解决之日。③

卢作孚(1893 年—1952 年),四川合川(现属重庆市)人,早年坚持从

---

① 《梁漱溟全集》第 1 卷,山东人民出版社,1989 年,第 618 页。

② 同①,第 617 页。

③ 《梁漱溟全集》第 5 卷,山东人民出版社,1990 年,第 227 页。

事"教育救国"的实践,后举办实业,创办民生实业公司,在长江上游开展航运业务。1927 年 2 月,他被四川军阀刘湘任命为江(北)、巴(县)、璧(山)、合(川)四县特组峡防团务局局长,从此开始了以北碚为中心的嘉陵江三峡地区 30 多个乡镇的乡村建设事业,在中国西部地区掀起了一场规模大、时间长、波及面广、影响深远的乡村建设运动。

在以北碚为中心的乡村建设实践中,卢作孚逐渐形成了以经济建设为中心,以交通建设为先行,以北碚城市化为带动,以文化教育为重点的方式,在嘉陵江地区展开了大规模的乡村建设实验。①

卢作孚指出,乡村建设的目标是实现乡村现代化,并成为其他地方效法的榜样。"中华民国根本的要求是要赶快将这一国家现代化起来",以供中国"小至于乡村大至于国家的经营的参考"。② 他认为:

要实现国家的现代化,政治、经济和文化这三方面的建设诚当并重,但更当以经济建设为中心,更当集中一切力量于经济建设,其他工作都是围绕并服务于这一中心工作的。为什么必须坚持以经济建设为中心呢?第一,任何建设,政治的或文化的,皆应以经济建设为基础……第二,必须增进人民的富力,乃能增进人民对于国家完纳赋税的负担力,而后其他建设乃能追随或并驾齐驱。第三,经济活动为国家最大多数人所必须参加的活动,一个国家只需最少数人作政治活动和文化活动。管理的效率愈高,运输与通讯的设备愈进步,愈可减少政治活动的人数;政治应为最大多数人谋最大幸福,对于最大多数人从事的经济活动,应首先予以帮助,故应先致全力于经济建设运动。③

卢作孚还提出了实现"四个现代化"的主张。在发表于 1934 年 1 月的《从四个运动做到中国统一》一文中,他提出了"产业运动、交通运动、文化运动、国防运动"都要现代化的观点。这大概是近代中国人最早提出的"四个现代化"思想。关于"四个现代化"的具体内容及其相互关系,他指出:

---

① 刘重来:《论卢作孚乡村建设模式》,《重庆社会科学》,2004 年创刊号。
② 《卢作孚文集》,北京大学出版社,1999 年,第 353 页。
③ 同②,第 602-604 页。

要从国防上建设现代的海陆空军;从交通上建设现代的铁路、汽车路、轮船、飞机、电报、电话;从产业上建设现代的矿山、工厂、农场;从文化上建设现代的科学研究机关,社会教育机关和学校。这些建设事业都是国家的根本。①

重庆地区多山,交通不便是经济发展的主要瓶颈。对此,卢作孚有着清醒的认识。因此,他反复强调,"交通建设是扫除一切障碍的先头部队"。"应在一切建设事业之先。"② 他还充分认识到了现代城市对区域社会经济的辐射带动作用。在他的精心策划下,北碚很快建设成为川北的一个新兴现代化城市,并发挥着对周边地区的辐射作用。

卢作孚也高度重视掌握现代科学文化知识的人在乡村现代化建设中的重要作用。他说道:"现代是由现代的物质建设和社会组织形成的,而现代的物质建设和社会组织又都是由人们协力经营起来的,人都是训练起来的。"③ 而要训练和培养大量掌握现代科学知识的新型人才,教育是必不可少的重要方法。他指出:

以职业的技能,新知识和群(众)的兴趣的培育为中心,作民众教育的试验;以教生产方法和创造新的社会环境为中心,作新的学校教育的试验;以调查生物——地上的出产、调查地质——地下的出产,又从而分析试验,作科学应用的研究;并设博物馆、图书馆、植物园、动物园以供参考或游览。如果在那山间、水间有这许多文化事业,可以形成一个文化区域。④

为了教育民众,必须利用一切有利条件。

卢作孚指出:

民众教育不仅仅是民众学校,是可以从多方面举行的。如像医院天

---

① 《卢作孚文集》,北京大学出版社,1999 年,第 344 页。1954 年周恩来在一届人大一次会议上最初提出的"四个现代化"也有"交通现代化"的内容,只是到 1963 年后才改为后来通行的表述。

② 《卢作孚文集》,北京大学出版社,1999 年,第 512、523 页。

③ 同②,第 353 页。

④ 同②,第 336 页。

天有病人,博物馆动物园天天有游人,图书馆天天有读书、看报的人;再则,如像上下木船的船夫子,当天的赶场人,都是我们应施教育的民众。各街茶房、酒馆都是我们值得布置教育环境的地方。各机关的职员都是担任教育的朋友。平时的夜晚,有时的白天,都是我们担任教育的时间。①

为了改变峡区人民的陈旧意识,使他们受到现代文化教育,卢作孚还发起了"四大运动"。第一是现代生活的运动,使民众获得国防、交通、产业、科学文化等最新知识,获得国内外包括峡区各方面的最新消息,获得各种生活常识;第二是识字的运动,用各种灵活方式,如正规学校或民众教育的方式,用电影、戏剧、动物园、博物馆等设施,多方面布置一种环境去"包围"那些不识字的人,促成他们识字;第三是职业的运动,通过发展和增加工业、商业、农副业和都市需要来增进人们谋生的机会和寻求职业的机会;第四是社会工作的运动,发动民众利用人们工余的时间做社会的工作,从而使"乡村现代化起来"。②

中华人民共和国成立之前,中国共产党人在民主革命过程中就很重视农村经济的改造和建设。

中国共产党在建党初期,工作重点在发动城市工人运动方面,对在农村发动农民的工作是不重视的。以毛泽东为例,一次恽代英写信给他,建议向陶行知学习,去做农村工作,毛泽东回答说:现在城市工作还做不过来,哪有空去做农村工作。但随着中国共产党对国情认识的深化以及革命斗争形势的发展,一些善于独立思考的领导人很快就认识到在中国这样的农业国家里,单靠城市工人运动无法取得民主革命的胜利,农民才是中国革命的主力军。据张国焘回忆,在中共三大上毛泽东提出:任何革命,农民问题都是最重要的;国民党在广东有今天这样的基础,无非是有些农民组成的军队;如果共产党也注重农民运动,把农民发

---

① 《卢作孚文集》,北京大学出版社,1999 年,第 221 页。
② 同①,第 356—359 页。

动起来,也不难形成像广东这样的局面。① 广东等省因彭湃、阮啸仙等人的卓越工作,对农民问题的认识最为深刻。在 1926 年 5 月召开的广东省农民协会第二次代表大会的决议案中就指出:"半殖民地的中国国民革命便是一个农民革命,换句话讲,半殖民地中国国民革命运动便是一个伟大的农民解放运动。

在经济的观点上和群众的观点上,农民问题是国民革命中的一个中心问题。国民革命能否进展和成功,必以农民运动能否进展和成功为转移。占人口最大多数和占经济地位最重要的农民如果不起来,中国的国民革命绝对不能有真正成功的希望。所以农民运动在中国革命运动中,是占一个最主要的地位,农民运动问题是国民革命运动中的根本问题。"② 不久,毛泽东在《国民革命与农民运动》一文中也明确指出:"农民问题乃国民革命的中心问题,农民不起来参加并拥护国民革命,国民革命不会成功;农民运动不赶速地做起来,农民问题不会解决;农民问题不在现在的革命运动中得到相当的解决,农民不会拥护这个革命。"因此,他认为:"所谓国民革命运动,其大部分即是农民运动。"③ 在此前后,瞿秋白发表了《国民革命中之农民问题》,谭平山发表了《国民革命中农民问题》,毛泽东发表了《中国社会各阶级的分析》、《中国农民中各阶级的分析及其对革命的态度》、《湖南农民问题考察报告》,李大钊发表了《土地与农民》等文章,反复强调农民问题的重要性,并具体分析了农村不同社会阶层对待民主革命的不同态度以及革命政党应采取的不同政策,提出了建立农民政权和农民武装的思想。

1939 年 12 月,毛泽东在《中国革命和中国共产党》一文中对农民问题作了抗战以来最为集中的论述:

农民则是中国革命的主力军,如果不帮助农民推翻封建地主阶级,就不能组成中国革命的强大的队伍而推翻帝国主义统治。

① 张国焘:《我的回忆》第 1 册,东方出版社,1998 年,第 294 页。
② 《广东省第二次农民代表大会关于农民运动在国民革命运动中之地位决议案》,1926 年 5 月;《第一次国内革命战争时期的农民运动资料》,人民出版社,1983 年,第 287 页。
③ 《毛泽东文集》第 1 卷,人民出版社,1993 年,第 37 页。

农民在全国总人口中大约占 80%,是现时中国国民经济的主要力量。

毛泽东认为,农民的内部处在激烈地分化过程中。富农约占农村人口 5% 左右(连地主一起共约占农村人口 10% 左右),被称为农村的资产阶级。富农一般的在农民群众反对帝国主义的斗争中可能投入一份力量,在反对地主的土地革命斗争中可能保持中立。因此不应把富农看成和地主无分别的阶级,不应过早地采取消灭富农的政策。

中农在中国农村人口中约占 20%。中农不但能够参加反对帝国主义的革命和土地革命,并且能够接受社会主义。因此,全部中农都可以成为无产阶级可靠的同盟者,是重要革命动力的一部分。

中国的贫农连同雇农在内,约占农村人口的 70%。贫农是没有土地或土地不足的广大农民群众,是农村中的半无产阶级,是中国革命队伍的主力军。

在《〈共产党人〉发刊词》、《新民主主义论》等论著中,毛泽东又反复指出:"中国共产党的斗争,就是无产阶级领导之下的农民战争。"[1]"中国的革命实质上就是农民革命,现在的抗日,实质上就是农民的抗日。新民主主义的政治,实质上就是授权给农民。新三民主义,真三民主义,实质上就是农民革命主义。大众文化,实质上就是提高农民文化。抗日战争,实质上就是农民战争。""抗日的一切,生活的一切实质上都是农民所给。"因此,"农民问题,就成了中国革命的基本问题,农民的力量,是中国革命的重要力量"。[2]

在 1945 年 4 月中共七大上所作口头报告中,毛泽东又指出:

人民大众最重要的部分是农民,其次是小资产阶级,再次才是别的民主分子。中国民主革命的主要力量是农民。忘记了农民,就没有中国的民主革命;没有中国的民主革命,也就没有中国的社会主义革命,也就没有一切革命。

---

[1] 《毛泽东选集》第 2 卷,人民出版社,1991 年,第 609 页。
[2] 同[1],第 692 页。

在解决了农民的土地问题后,发展农业生产便是建立和巩固农村革命根据地,保障军需民用,支援革命战争长期、持续发展,壮大人民革命力量的重要措施。为此,必须高度重视以农业生产为中心的经济建设事业,那种"以为革命战争的环境不应该进行经济建设的意见,是极端错误的"。对此,毛泽东指出:

革命战争的激烈发展,要求我们动员群众,立即开展经济战线上的运动,进行各项必要和可能的经济建设事业……为着争取物质上的条件去保障红军的给养和供应;为着改善人民群众的生活,由此更加激发人民群众参加革命战争的积极性;为着在经济战线上把广大人民群众组织起来,并且教育他们,使战争得着新的群众力量;为着从经济建设去巩固工人和农民的联盟,去巩固工农民主专政,去加强无产阶级的领导。为着这一切,就需要进行经济方面的建设工作……如果不进行经济建设,革命战争的物质条件就不能有保障,人民在长期的战争中就会感觉疲惫。[①]

在目前的条件下,农业生产是我们经济建设工作的第一位。它不但需要解决最重要的粮食问题,而且需要解决衣服、砂糖、纸张等项日常用品的原料即棉、麻、蔗、竹等的供应问题。森林的培养,畜产的增殖,也是农业的重要部分。[②]

为了发展农业生产,必须重视农田水利等基础设施建设。毛泽东指出:"水利是农业的命脉,我们也应予以极大的关注。"[③]当然,在紧张激烈的革命战争环境下,革命形势常常瞬息万变,因此,像和平时期的那种大规模、有计划的经济建设是不可能的,经济建设只能围绕并服从、服务于革命战争的需要。用毛泽东的话说就是:"革命战争是当前的中心任务,经济建设事业是为着它的,是围绕着它的,是服从于它的。"[④]

抗日战争时期,一方面由于敌后抗日根据地的普遍建立并不断发展壮

---

① 《毛泽东选集》第1卷,人民出版社,1991年,第119-120页。
② 同①,第131页。
③ 同①,第132页。
④ 同①,第123页。

大,另一方面由于皖南事变后,国民党政府不仅停止发给共产党领导下的八路军和新四军全部给养,其顽固势力还不断加大对各抗日根据地的包围封锁,再加上日本侵略者的疯狂进攻和野蛮掠夺,导致各抗日根据地从1941年开始先后遭受了极其严重的经济困难。

面对这一极其严峻的困难形势,各根据地坚决贯彻合理负担的政策,更为重要的则是在各抗日根据地普遍开展了大生产运动。由于大生产运动的发动,到1943年,陕甘宁边区生产自给的总额占财政总支出的64%,1944年、1945年,边区继续巩固生产自给运动的成果。1944年边区直属机关15个单位自己的创收占总开支的比例平均为51.07%;中央直属21个机关自己的生产折合小米56 650.58石,占总开支的77%。当年部队、机关、学校生产的粮食,除去自用部分以外,还上交86 982石。其中,部队一年共产细粮10万石以上,仅三五九旅就产细粮2万石,上交边区政府1万石公粮。①

1942年12月,毛泽东在《经济问题和财政问题》的长篇论文中总结边区农业生产迅速发展的原因时指出:第一是纠正了经济政策上的"左"倾错误,实行了休养生息的政策;第二是党中央发出了发展生产的号召,打破了农民怕发展生产的心理;第三是开展了移民;第四是实行了奖励政策;第五是减少劳动力的浪费与调剂劳动力,动员妇女参加生产;第六是政府发放了农贷。②

关于农村互助合作运动,中国共产党一向十分重视,积极在农村推进互助合作、组织农民的工作,并把它看做不断解决农民疾苦、提高农民政治觉悟、发展农业生产、改善农民生活的根本办法。1925年通过的《广东农民协会第一次代表大会会议宣言》中就有《关于农村合作运动决议案》,议案指出:"合作运动就是改革目前农民生活状况的一种有效

---

① 武力、郑有贵:《解决"三农"问题之路——中国共产党"三农"思想政策史》,中国经济出版社,2004年,第199页。

② 《毛泽东经济年谱》,中共中央党校出版社,1993年,第164页。

方法。"①

毛泽东指出:"农民为了经济自卫,必须组织合作社,实行共同买卖和消费。还须政府予以援助,使农民协会能组织信用(放款)合作社。""合作社,特别是消费、贩卖、信用三种合作社,确是农民所需要的。""农民既已有了广大的组织,便开始行动起来。于是在四个月中造成一个空前的农村大革命。""农民有了组织之后,第一个行动,便是从政治上把地主阶级特别是土豪劣绅的威风打下去……这个斗争不胜利,一切减租减息,要求土地及其它生产手段等的经济斗争,决无胜利之可能。"②

土地革命战争时期,由于有了相对巩固的革命根据地,在大力发展各种消费、贩卖、信用等合作社外,还着重发展了生产合作社。各革命根据地普遍组织了各种形式的耕地队和犁牛合作社,促进农业生产正常进行,以保证不断发展和日益扩大的人民军队的粮食等生活必需品的供给。1933年4月,中华苏维埃共和国临时中央政府土地人民委员部发布了《关于组织犁牛合作社的训令》,指出:"解决耕牛农器缺乏的困难问题,最好办法,是组织犁牛合作社。"为了解决组织犁牛合作社的资金缺乏问题,"人民委员会批准将从富农捐款中抽出一部分借给犁牛合作社购买耕牛"。③ 同年,中华苏维埃共和国临时中央政府及其土地人民委员部还颁布了《劳动互助社组织纲要》、《关于组织犁牛站的办法》等文件。

毛泽东于1934年1月在第二次全国工农兵代表大会上作了《我们的经济政策》的报告。他指出:"我们的经济建设事业的中心是发展农业生产,发展工业生产,发展对外贸易和发展合作社。""有组织地调动劳动力和推动妇女参加生产,是我们农业生产方面的最根本的任务。而劳动互助社和耕田队的组织,在春耕夏耕等重要季节我们对于整个农村民众的动员和督促,则是解决劳动力问题的必要的方法。不少的一部分农民(大约百分之二十五)缺乏耕牛,也是一个很大的问题。组织犁牛合作社,动员一切

① 史敬棠,等:《中国农业合作化运动史料》(上册),生活·读书·新知三联书店,1957年,第74页。

② 《毛泽东选集》第1卷,人民出版社,1991年,第38,40,14,23页。

③ 《红色中华》第71期,1933年4月20日。

无牛人家自动地合股买牛共同使用,是我们应该注意的事。""合作社经济和国营经济配合起来,经过长期的发展,将成为经济方面的巨大力量,将对私人经济逐渐占优势并取得领导地位。"①

抗日战争时期,毛泽东对发动农民组织各种形式的合作社给予了更多的重视。1942年12月和1943年10月,毛泽东先后两次在中共中央西北局召开的高级干部会议上,作了《经济问题和财政问题》和《论合作社》的报告,提出:"各县应以大力组织劳动互助,大大地发展农民的集体劳动。"为配合这次会议的召开,《解放日报》发表题为《把劳动力组织起来》的社论,指出:把劳动力组织起来,就"能发生雄厚无比的力量"。"互助的集体的生产组织形式,可以节省劳动力,集体劳动强过单干劳动。"

毛泽东之所以十分重视组织农民参加各种形式的合作社,是因为在他看来,加入合作社、组织起来,是农民获得解放的必由之路。他指出:"在农民群众方面,几千年来都是个体经济,一家一户就是一个生产单位,这种分散的个体生产,就是封建统治的经济基础,而使农民自己陷于永远的辛苦。克服这种状况的唯一办法,就是逐渐地集体化;而达到集体化的唯一道路,依据列宁所说,就是经过合作社。""这是人民群众得到解放的必由之路,由穷苦变富裕的必由之路。"②

在土地所有权私有基础上的农业互助合作,是完全建立在个体农民自愿基础上的,是为了解决农业生产活动中的人力、畜力或农具不足等现实问题而组织起来的。一般来说,这类农业互助合作组织范围不大,又基本不涉及所有制的变更问题,③而且确实能对农业生产起到明显的促进和推动作用,因而也就得到广大农民的真心拥护。而凝结在其中的成功经验,也为日后中国共产党在全国范围内发动大规模的农业互助合作运动提供了极其重要的历史启示。

---

① 《毛泽东选集》第1卷,人民出版社,1991年,第130—134页。
② 《毛泽东选集》第3卷,人民出版社,1991年,第928,931—932页。
③ 只有极个别合作社是完全社会主义性质的,如陕北安塞县就出现过一个这样的合作社。《毛泽东选集》第5卷,人民出版社,1977年,第170页。

中国共产党在民主革命时期对解决农村、农民和农业问题的艰辛探索及其为解决这些问题而提出的基本思路,为新中国成立后开展"三农"工作积累了丰富的经验教训。

第二章

农业集体化道路的确立（1949年—1956年）

——以毛泽东为核心的中共第一代领导集体的『三农』思想

中国民主革命是靠了广大农民的大力支持和积极参与才取得成功的。因此,在新中国成立以后,毛泽东曾语重心长地指出:不要忘记革命根据地的老大娘、老大爷。没有千千万万农村老大娘、老大爷的支持,革命要取得胜利是不可想象的。他说,占人口80%以上的农民是不能脱离的,脱离了他们是永不翻身的,要克服那种心目中没有或者几乎没有农民的倾向和恶习。①“我们作计划、办事、想问题,都要从我国有6亿人口这一点出发,千万不要忘记这一点。”② 他说:“我国有5亿多农业人口,农民的情况如何,对于我国经济的发展和政权的巩固,关系极大。”③ 1961年3月,在广州会议上,毛泽东再次说道:中国有5亿多农民,如果不团结他们,你有多少工业,鞍钢再大,也不行的,也会被推翻的。同年5月,他在同中央负责人的谈话中再次说道:中国这个国家,离开农民休想干出什么事情来。新中国成立后毛泽东高度重视“三农”问题的解决,就是建立在上述认识基础上的。

新中国成立后毛泽东解决“三农”问题的思路可以分为两个阶段。1958年以前,出于尽快为国家工业化提供资金并实现农村社会经济的快速恢复和发展的目的,他在全国胜利后不久就发动了新解放区的土地改革运动,随后又不失时机地引导农民走互助合作化道路,并于1956年下半年提前完成了农业社会主义改造。为了推动农业社会主义改造的高速进行,他多次对主管农村社会主义改造工作的中共中央农村工作部提出严厉批评,同意对主要农副产品实行统购统销,发动了对著名民主人士梁漱溟的批判运动。

第一节　城市领导农村与城乡互助政策的确立

解放战争后期,随着一系列大城市相继被攻克,党的工作中心势必要

---

① 郭书田:《毛泽东与中国农业》,新华出版社,1995年,第6页。
② 《毛泽东选集》第5卷,人民出版社,1977年,第387页。
③ 《毛泽东文集》第7卷,人民出版社,1999年,第219页。

随之向城市转移,这就面临着一个必须要解决的问题:如何对此前一直执行、事实证明也必须执行、且行之有效的以农村为中心的战略决策根据变化了的形势进行适时必要的调整和修改。以毛泽东为代表的共产党人清醒地认识到历史转折点的到来,鲜明地提出了"城乡互助"、建立新型城乡关系的思想。

早在 1947 年 12 月,毛泽东就指出:"中国人民的革命战争,现在已经达到了一个转折点。"[①] 这一转折包含两个方面的具体内容:一是即将宣告国民党反动统治的结束,二是宣告帝国主义对中国侵略历史的终结。也就是说,这是蒋介石 20 年反革命统治由发展到消灭的转折点,也是 100 多年以来帝国主义在中国的统治由发展到消灭的转折点。在这一转折面前,毛泽东和中共中央提出了"军队向前进,生产长一寸"的口号,要求改变此前攻克城市后对国民党统治时的固定设施进行破坏的做法,注意保护原有的厂房、交通等基础设施,以利于生产事业的恢复和发展。

1948 年 5 月,中共中央发出党内指示:"必须将城市工作和农村工作,将工业生产和农业生产任务,放在各中央局、分局、区党委、省委、地委和市委的领导工作的适当位置。即是说,不要因为领导土地改革工作和农业生产工作,而忽视或放松对于城市工作和工业生产工作的领导。我们现在已经有了许多大中小城市和广大的工矿交通企业,如果各有关领导机关忽视或放松这一方面的工作,我们就要犯错误。"[②]

随着所攻占的大中城市的数量日益增多,中共中央不失时机地提出了党的工作中心由乡村转向城市的命题。据学者考证,中共党内最早提出党的工作中心由乡村转向城市的是李富春。早在 1947 年春,东北地区已有95% 的土地被解放,只有少数几个城市如长春、沈阳等大城市还被国民党分割占领。在这种情况下,负责东北财经工作的李富春提出了东北财经工作应由乡村转到城市。[③] 1948 年 9 月,中共中央发出《关于九月会议的通

① 《毛泽东选集》第 4 卷,人民出版社,1991 年,第 1243-1244 页。

② 同①,第 1333 页。

③ 武力、郑有贵:《解决"三农"问题之路——中国共产党"三农"思想政策史》,中国经济出版社,2004 年,第 260 页。

知》，向全党提出了党的工作中心由乡村转向城市的问题，通知指出："必须尽一切可能修理和掌握铁路、公路、轮船等近代交通工具，加强城市和工业的管理工作，使党的工作的重心逐步地由乡村转到城市。"[1]

1949年2月，毛泽东在给第二、第三野战军的复电中指出："今后将一反过去二十年先乡村后城市的方式，而改变为先城市后乡村的方式。"因此，"军队干部应当全体学会接收城市和管理城市，懂得在城市中善于对付帝国主义和国民党反动派，善于对付资产阶级，善于领导工作和组织工作，善于动员和组织青年，善于团结和训练新区的干部，善于管理工业和商业，善于管理学校、报纸、通讯社和广播电台，善于处理外交事务，善于处理各民主党派、人民团体的问题，善于调剂城市和乡村的关系，解决粮食、煤炭和其他必需品的问题，善于处理金融和财政问题"。"总之，过去军队干部和战士们所不熟悉的一切城市问题，今后应全部负担在自己的身上。"[2]上述一系列城市工作新任务的提出，表明中国共产党已明确认识到城市工作的艰巨和重要，为全党工作重心的转移作了未雨绸缪的准备工作。

在接着召开的中共七届二中全会上，毛泽东又指出：

从1927年到现在，我们的工作重心是在乡村，在乡村聚集力量，用乡村包围城市，然后夺取城市。采取这样一种工作方式的时期现在已经完结。从现在起，开始了由城市到乡村并由城市领导乡村的时期。党的工作重心由乡村移到了城市。

……从我们接管城市的第一天起，我们的眼睛就要向着这个城市的生产事业的恢复和发展……为了这一点，我们的同志必须用极大的努力去学习生产的技术和管理生产的方法，必须去学习同生产有密切联系的商业工作、银行工作和其他工作。[3]

会议通过的决议肯定了毛泽东报告中的思想，但各地在讨论七届二中全会决议时提出了这样的疑问："（中国）农村多、农民多，城市少、工人少，

---

① 《毛泽东选集》第4卷，人民出版社，1991年，第1349页。
② 同①，第1405—1406页。
③ 同①，第1427—1428页。

农民在长期革命战争中贡献大,城市解放晚,工人对长期革命战争的贡献又不如农民,为什么将工作重心移到城市,并由城市来领导农村?"①有些地方在干部和群众中还普遍存在着"贫雇农打江山坐江山"的狭隘、落后思想。这说明,建立新型的城乡关系,必须时刻注意克服农民作为小生产者的狭隘自私思想。

中共中央对农民的落后观念进行了批评,并重申了城市领导乡村、工业领导农业、工人领导农民的思想。毛泽东指出,所谓"贫雇农打江山坐江山"的口号是错误的,正确的提法应该是:"在乡村,是雇农、贫农、中农和其他劳动人民联合一道,在共产党领导下打江山坐江山,而不是单独由贫雇农打江山坐江山。在全国,是工人,农民(包括新富农),独立工商业者,被反动势力所压迫和损害的中小资本家,学生、教员、教授、一般知识分子,自由职业者,开明绅士,一般公务人员,被压迫的少数民族和海外华侨,联合一道,在工人阶级(经过共产党)的领导之下,打江山坐江山,而不是少数人打江山坐江山。"②在《论人民民主专政》一文中,毛泽东又明确指出:"严重的问题是教育农民。"③

1949年5月,刘少奇到当时北方最大的工业城市天津,就城市工作和工业生产的恢复与建设中存在的问题进行调查研究,为中央制定有关政策获取第一手情况。在其发表的著名的"天津讲话"中,刘少奇指出:"最近中共中央七届二中全会,决定应该以城市工作为重心。城市是工商业集中的地方,因此,城市是领导乡村的,不但在今天城市领导乡村,历来都是城市领导乡村的,过去如此,将来社会主义时还是如此。一直到将来把乡村变成城市一样,城乡隔阂消灭,全是电气化,机械化了。那个时候,城乡才差不多。目前城市集中的经济、工商业经济应该领导乡村分散的经济。工人应该领导农民。必须要搞好城市,不然就不能领导乡村。城市工作、工会工作、工业工作、商业工作、文化工作搞不好,就领导不好乡村,不但城市人民痛苦,乡村人民也痛苦。因此必须注意城乡关系,原料是乡村来的,生

---

① 《华北解放区财政经济史资料选编》第1辑,中国财政经济出版社,1996年,第571页。
② 《毛泽东选集》第4卷,人民出版社,1991年,第1268-1269页。
③ 同②,1991年,第1482页。

产品又是买给农民,关系是非常密切的。"①

1949 年 12 月,周恩来指出:"在谁领导谁的问题上,今天我们确定了城市领导乡村、工业领导农业的方针。城市领导乡村、工业领导农业,资本主义社会就是如此,社会主义社会更是如此。从我国的国民经济构成来说,农业和手工业占 90% 左右,现代工业占 10% 左右,乡村比重大,城市比重小,但并不能认为因此就可以取消或减弱城市领导乡村、工业领导农业的作用。""城市离不开乡村而且要依靠乡村,工业离不开农业而且要以农业为基础。"② 这是因为,一方面,城市是现代工业相对集中的地区,而现代工业一般都是用科学技术武装起来的,城市领导乡村实际上也是用现代科学技术改变乡村传统的生产生活习惯;另一方面,城市现代工业的发展又能把在最新科学技术指导下取得的物质成果送到乡村社会中去,可以在很大程度上改变农民的生产和生活习惯,使之尽快适应现代经济建设的要求。

主张城市领导乡村、工业领导农业、工人领导农民,绝不是说乡村、农业、农民要完全无条件地服从城市、工业和工人,而是要更好地处理城乡、工农之间的关系,实现相互间的协调、可持续发展,是在"城乡互助"原则下实现城市对乡村、工业对农业、工人对农民的领导。

较早提出城乡互助思想的是张闻天。在 1948 年 8 月召开的东北城市工作会议上,张闻天指出:"过去我们说,城市要为乡村服务。现在我们要增加一条:乡村也要为城市服务。就是说,城市和乡村要互助合作。这同旧的殖民地的城乡关系有根本的区别。那时是城乡对立,城市剥削乡村。农民害怕城市,仇恨城市……但是,一般的说城乡互助合作还不够。还应该指出,城市对乡村起领导作用,城市领导乡村。城市在城乡互助合作中领导乡村,其实质就是:工业与农业并重,工业领导农业;工农联盟,工人阶级领导农民。城市代表更高的生产力,代表工业、技术、科学与文化。城市代表最先进的工人阶级。因此,它应该而且有资格领导乡村。"③

---

① 《刘少奇论新中国经济建设》,中央文献出版社,1993 年,第 115 页。
② 《周恩来选集》(下卷),人民出版社,1984 年,第 8-9 页。
③ 《张闻天选集》,人民出版社,1985 年,第 389 页。

不久,新华社在题为《按照新的情况制定今年的农业增产计划》的短评中指出:"十年来在紧张的战争中,重要城市和近代化的工厂多被敌人占领。因此我们的农业生产,便与城市人民及城市工业逐渐隔离。且因敌人分隔封锁,运输调剂困难,而形成了地方性的自足自给状态。现在情况已经变化,这种地方性的自足自给状态必须适当地迅速地改变,必须使乡村与城市相结合,否则我们的经济建设便不可能前进一步。"①《人民日报》的社论则提出:"必须一反二十年来的做法把先乡村后城市的做法,改变为先城市后乡村的做法。如果我们不能把城市工作做好,也就不可能使中国由农业国变为工业国,而人民革命政权就不会巩固,中国人民就还不可能做到彻底翻身。"这就要求把原先大部分消费性的城市变为生产性城市。②

"城乡互助"的思想后来进一步发展为"公私兼顾、劳资两利、城乡互助、内外交流"这一"四面八方"的新民主主义的基本经济政策。按照刘少奇的解释:"(所谓)四面八方的关系,就是全面的关系。照顾四面八方就是照顾到全面,所以也叫全面关系。如果哪一方哪一面照顾不到,就犯严重错误,就不能在党的总路线下实现发展生产的目标。"他指出:"必须切实地、迅速地沟通城乡关系。城乡之间过去是对立的,今天要使之畅通,使货畅其流。城乡物资周转宜灵活,过去打断了,今后要改善这种状况,使城市工业品与乡村农产品相互交流的关系发达起来,灵活起来。"③

新中国成立初期,中共中央、政务院把组织工业产品下乡、到农村收购农副产品等作为稳定物价、统一财经的重要措施以加强城乡联系,并很快取得了明显成效。1951年3月,中共中央在《关于召开土产会议的指示》中指出:"由于土地改革和全国解放后两年来的提倡生产,使我国的农业正在迅速恢复,一部分地区已经接近于战前水平。因而,推销大量的商品粮食、经济作物、出口物资和占农业收入很大比重的农副产品,就成为目前广

---

①　《中共中央文件选集》第18册(1948年),中共中央党校出版社,1992年,第465页。
②　同①,第495页。
③　《刘少奇论新中国经济建设》,中央文献出版社,1993年,第80,83页。

大农民最迫切的要求。"①

在调整工商业期间,中共中央于 1952 年 11 月发出指示,把消除城乡物资交流作为一项重要内容,并为此作了专门规定:"为了保障人民利益,畅通城乡交流,为了提高私营经营的积极性,除了合理调整价格与适当划分经营范围之外,还应取消各地对于私商的各种不适当的限制,禁止各地交易所的独占垄断行为。"②

第二节　新解放区土地改革运动的发动

新中国成立时,中国共产党已在 11 900 万农业人口(总人口 13 400万)的老解放区完成或基本上完成了土地革命,但尚有约 29 000 万农业人口(总人口约 33 600 万)的新解放区还没有进行土地改革。③ 为了满足新解放区广大农民对土地的要求,废除那里封建剥削制度的经济基础——地主阶级的土地所有制,调动农民的政治和生产积极性,新解放区的土地改革势在必行。

新中国成立后,尽快恢复国民经济、巩固新生的人民政权成为当务之急,对新解放区的土地改革当然也必须服从并服务于这一总目标。因此,新区土改提上了议事日程,同时又必须根据变化了的形势,对解放战争时期的土改政策做相应修改。为此,1949 年 8 月中共中央在《关于新区农村工作问题的指示》中提出:"在中央政府成立后,《中国土地法大纲》需要有所修改。除上述一点外(即'中间不动两头平'、完全不动中农土地的办法),在南方及其他新区实行改革土地制度,必须在某些政策上(例如不要

---

① 《1949—1952 中华人民共和国经济档案资料选编·商业卷》,中国物资出版社,1995 年,第 425 页。
② 中共中央文献研究室:《建国以来重要文献选编》第 4 册,中央文献出版社,1993 年,第419 页。
③ 杜润生:《中国的土地改革》,中国社会科学出版社,1996 年,第 265 页。

使地富扫地出门等)及工作方法上(例如要开区、乡农民代表会议等)改正过去在北方土改上做得不好的地方;而且各级党的领导机关必须掌握全部农村运动的领导,绝不许再有过去那样无政府无纪律的状态出现。除河南等若干地方外,更广大的新区,今年及明年的全年都不是实行分配土地的时期,而是准备分配土地的时期。"①

这种修改主要表现在对不同地区的具体时间安排以及富农经济的态度等问题上。1949年11月,毛泽东在中央政治局会议上一再强调,在南方土改中一定要"慎重对待富农"、"暂时不动富农"。1950年1月,中共中央就新区的土地改革、征收公粮、减租减息等问题,向新区各中央局发出通知。其中就有关土地改革问题,作出如下规定:

(1)党外人士要求规定并公布一个各地进行土地改革的时间,我们认为苏、浙、闽、皖、赣、鄂、湘、粤、桂、陕、甘等11省应准备在1950年秋收以后分配土地,宁、青两省在完全汉人居住的地区亦须准备秋收后进行土地改革,少数民族居住的地区及汉人与少数民族杂居地区则不进行;云、贵、川、康则在1950年还不能进行土地改革,须待1951年秋收后进行。确定这样一个时间,是有必要的,将这个分配土地的时间公布似乎也有必要,可使党内党外农民和地主能摸到底,都有所准备,对今年春耕及在冬季准备春耕都有好处。否则,农民和地主均不好准备今年的春耕。

(2)确定在上述13省今年冬季进行土地改革,而在其他地区不进行,同时必须规定并公布没有进行土地改革以前的土地关系,即土地改革以前地主及旧式富农的土地,仍归地主及旧式富农所有,农民租种后向农民收租仍是合法的。这种关系在土地改革以前,即上述13省在今年冬季以前,西南各省在1951年冬季以前,确定不变,对生产是有好处的。

(3)农村的情况要求必须在今年和明年冬季实行土地改革,因此,各区必须抓紧目前的时间迅速地紧张地进行准备。这些准备工作是:第一,规定分配土地的法令和详细办法,并进行典型试验。第二,训练分配土地的干部,分为领导干部与一般干部两种训练班进行训练,其数量需要很多,

---

① 《中共中央文件选集》第18册(1949年),中共中央党校出版社,1992年,第415页。

必须充分准备。第三,组织农会、农民代表会议及各级人民代表会议,在群众中进行充分的准备。如果公开宣布了分配土地的时间,在农民代表会上即可公开进行分配土地的宣传,使农民在思想上组织上有所准备。第四,某些地方土匪还未肃清者自应迅速肃清。某些地方因某种原因今年冬季还不能分配土地者,自应根据情况作出适当的决定。①

这些规定显然是为了配合尽早稳定农村乃至整个社会局势、集中精力发展生产、恢复国民经济的宏观政治安排,同时也表明新中国成立后的土改政策已发生了明显变化——由此前更多依靠群众、自下而上发动群众进行土改转变为自上而下有领导、有秩序地进行。

1951年3月12日,毛泽东就新区土改问题给各中央局负责人写信,指出:今冬开始的土地改革,不但不动资本主义富农,而且不动半封建富农。之所以这样做,其原因为:土改规模空前,容易发生过左偏向,如果只动地主不动富农,则更能孤立地主、保护中农,并防止乱打乱杀,否则很难防止;在全局性战争已基本结束的情况下,土改给予社会的震动会显得特别重大,地主的声音将显得特别尖锐,如果暂时不动半封建富农,待到几年之后再动,则将显得我们更加有理由,即更加有政治上的主动权;为稳定已与我们结成统一战线的民族资产阶级情绪,暂时不动半封建富农也是较妥当的。其后不久,毛泽东还写信给新解放区各中央局领导人,希望他们就不动富农土地的问题进行调查研究并提出建议。②

在各地进行充分讨论的基础上,1950年6月召开的中共七届三中全会经过充分讨论后,通过了《中华人民共和国土地改革法》(简称《土地改革法》)。后又经中国人民政治协商会议和中央人民政府委员会反复讨论,于6月30日正式公布执行。与1947年9月全国土地会议通过的《中国土地法大纲》相比,《土地改革法》有以下几方面的变化:一是变没收富农多余的土地与财产为保存富农经济;二是对地主只没收其土地、耕畜、农具、多余的粮食及其在农村中多余的房屋等财产,对其他财产如现金、衣物等

---

① 中国人民解放军国防大学党史党建政工教研室:《中共党史教学参考资料》第19册(内部资料),第93—94页。

② 杜润生:《中国的土地改革》,中国社会科学出版社,1996年,第276—277页。

不予没收,对其经营的工商业更要予以保护;三是提高小土地出租者保留土地的标准,规定革命军人、烈士家属、工人、职员、自由职业者、小贩以及因从事其他职业或因缺乏劳动力而出租小量土地者,均不得以地主论,其每人平均所有土地数量不超过当地每人平均土地数 200% 者,均保留不动;四是对中农的土地由原先的彻底平分变为完全不动。此外,对少数民族地区的土地改革、债务政策、农民组织等也专门作了规定。《土地改革法》还规定:土改完成后,由人民政府发给土地所有权证,并承认一切土地所有者自由经营、买卖及出租其土地的权利,土改以前的土地契约一律作废。

《土地改革法》公布后,新解放区从 1950 年冬季开始相继进行了土地改革,到 1953 年春所有新解放区普遍完成。少数民族地区的土地改革情况较为复杂,中央未做统一规定。如西藏地区直到 1959 年才进行土改。

经过土地改革,全国有 3 亿多无地或少地的农民(包括老解放区农民在内)无偿分得了大约 4 660 万公顷的土地和大量生产资料,每年免收地租达 350 亿公斤粮食。

土改彻底消灭了几千年来的封建剥削土地制度,打倒了地主阶级。从此,广大劳动人民翻身做了主人,正如他们所说:"过去头顶的是地主的天,脚踏地主的地,现在都是我们的了。"土改极大地提高了广大农民的政治觉悟,加强了工农联盟,巩固了人民民主政权,有力地支援了抗美援朝战争。同时,土改也解放了农村生产力,激发了农民的生产积极性,为国民经济的恢复和发展及国家工业化和农业的社会主义改造创造了有利条件。

第三节　粮食等农副产品的统购统销

从 1953 年开始,随着国家大规模建设工作的开始,城乡居民生活和工业生产用粮数量增加很快,粮食形势很快由国民经济恢复时期的短暂缓和转向供需矛盾的尖锐突出。具体来说,有以下几个方面的原因:一是由于生活水平的提高,农民把土改后增加的粮食大部分用于改善自己的生活;

二是社会对粮食的需求量明显增大。1953年的城市人口比1949年增加
2 061万人,增加的这部分人口不仅无法自己解决粮食问题,还要依靠国家
予以提供。同时,随着国家建设事业的发展,经济作物的种植面积不断扩
大,全国经济作物种植区有1亿人口需要国家提供粮食。再加上私营商人
的投机操纵,粮食价格频繁走高,从而严重影响了广大人民群众和国家正
常生产生活的进行。

　　在江苏南部、河南、江西、安徽、山西、山东、河北、陕西等地区,因受自
然灾害的影响,粮食形势本已紧张,再加上一些私营粮商乘机在农村、交通
道口设立收粮点,高价收购粮食,因而使得粮食形势更趋紧张。1952年10
月、11月间,苏南个别私商收购粮食比重高达90%以上。江西吉安市1952
年12月18日到22日的5天内,所有上市稻谷全被私商收去。1953年,江
苏省徐州专区各县黄豆上市时,国营粮食部门和合作社以合理价格挂牌收
购,但不法私商王雨农、马彦清、陈生、黄荣等从无锡、苏州等地赶来抢购。
他们勾结当地粮贩子,深入农村抢购。其中王雨农在邳县、新沂等县的集
镇上设立10多家代理店,抢购黄豆50多万斤。陈生用高价收购的办法,
一次就收购黄豆6万多斤。不法私商还在农村大肆购买青苗和禾花谷,
1953年青黄不接的时候,湖北省潜江县腰河乡被私商买去青苗13多万斤;
浙江省温州专署粮食局在温州蒲江乡36个村调查,发现有74%的农民卖
了青苗或禾花谷。

　　私商大肆抢购粮食,致使粮价大幅上涨。一些地方的粮食市价与牌价
相差很大,市价一般均高出10%～20%,有的地方甚至高出30%。如江西
赣州稻谷牌价每担5.05元,而私商将其抬高到5.50元～5.80元,使国家
的粮食收购比重由占上市量的70%,下降到只占2.9%。湖南、湖北两省
产粮地区国家粮食收购比重由原来的60%～70%下降到10%～30%。
1953年6月2日,粮食部向中央报告:1952年7月1日到1953年6月30
日粮食年度内,国家共收入粮食547亿斤,支出587亿斤,赤字40亿斤。①

　　全国不少地方从1952年下半年起都出现了抢购粮食的现象。严重的

---

　　① 赵发生:《当代中国的粮食工作》,中国社会科学出版社,1988年,第69—70页。

河南省南阳市各粮食供应点经常有上千人排队抢购粮食。江苏省如皋县的白蒲镇竟发生万人请愿，要求卖掉棉花、生猪而购买粮食的事情。这种情况到1953年夏变得更加严重。在一些受灾地区，经常有数千人乃至上万人在国家售粮点前排长龙争购粮食。到8、9月份，形势更加严峻，一些城市的粮食已开始严重不足，如北京、天津的面粉已到了不得不配售的地步。

为了解决粮食供需紧张的矛盾，起初毛泽东、陈云等都主张用加快农业合作化速度和垦荒等办法来加以解决。如毛泽东曾指出，"个体农民，增产有限，必须发展互助合作"，解决供求矛盾，"就要解决所有制与生产力的矛盾问题"。① 但远水解不了近渴，面对日甚一日的粮食紧张形势，毛泽东要求中央财政经济委员会(简称中财委)拿出切实可行的解决办法。其时，陈云正在因病休养，中财委在副主任薄一波的主持下对这一问题进行了研究，但未能找到可行的办法。1953年7月，陈云回到北京参加完中财委的会议后，就遵照毛泽东的指示全力以赴研究解决这个问题。经过广泛征求意见，反复权衡，陈云认为，没有别的选择，唯一的办法就是实行粮食征购和配售。

1953年10月1日国庆之夜，在天安门城楼的会客厅里，陈云将自己的想法向毛泽东等中央领导作了汇报。毛泽东听后，因觉得实在没有更好的选择，表示赞成，其他领导人也一致同意。于是，毛泽东当场拍板，决定由陈云负责起草《关于召开全国粮食会议的通知》，邓小平负责起草决议，迅速召开全国粮食会议，把这一方案付诸实施。

早在1950年2月，中财委领导下的贸易部就公布了《关于出口货物统购统销的决定》：对钨、锑、锡金属矿砂实行统购统销，大豆、猪鬃实行统销，猪鬃在东北实行统购。10月，中财委发出《关于防止物价波动问题的指示》，提出：为了稳定物价，政府在特殊情况下，可以对较缺乏而又与人民生活关系重大的商品，"采取统购统销及配售禁卖办法"。② 1951年底，陈云

① 《毛泽东选集》第5卷，人民出版社，1977年，第117、119页。
② 《陈云年谱(1905—1995)》(中卷)，中央文献出版社，2000年，第34、68—69页。

又酝酿要对粮食等主要农副产品实行统购统销。当时在由他主持起草的《1952 年财经工作方针和任务》报告中,曾指出:"由于今后若干年内我国粮食将不是宽裕的,而且城市人口将逐年增加,政府还必须有粮食储备(备荒及必需的对外贸易),因此征购粮食是必要的。"① 他准备在 1952 年进行试点,并将其成功的经验向全国推广,但因一些地方干部认为这一问题事关重大,希望从缓推行,试点工作因此没有进行。

由于形势紧急,陈云于 1953 年国庆当晚就起草了会议通知,并于 10 月 2 日晨送到了毛泽东处。毛泽东迅即对通知做了修改,并决定当晚 7 时召开政治局扩大会议。

在毛泽东主持召开的政治局扩大会议上,陈云作了主题报告,提出在农村实行征购、在城市实行配给的办法。陈云先是针对当时的粮食形势算了一笔账,认为原定的计划收购任务肯定无法完成,要少 30 亿斤,而原定销售数量则要多出 87 亿斤,两者相加达 117 亿斤。算完账后,陈云指出:这一缺口,既无法用增加公粮任务来解决,又无法通过减少销售量来解决,减少出口量也不行,军队、机关的用粮也无法减少,国家的粮食储备更不能减少,挖库存的结果则是吃尽卖光,扫地出门,十分危险。因此只能是在农村实行征购,在城市实行配售。否则,粮食紊乱的局势一定会出现,物价必然会出现大的波动。结果是人心恐慌,建设计划也将受到严重影响。②

与会者一致表示同意陈云的意见。毛泽东在发言中赞成陈云的报告,并说:这也是要打一仗,一面对付出粮的,一面对付吃粮的,不能打无准备之仗,要充分准备,紧急动员。他还说:这样做可能出的毛病,第一农民不满,第二市民不满,第三外国舆论不满。问题看我们的工作。宣传问题,要大张旗鼓,但报纸一字不登。③

在随后召开的全国粮食会议上,各大区的负责同志在听了陈云的报告和邓小平的讲话后,进行了认真的讨论,一致认为实行征购和配给是调剂粮食产需矛盾的最佳方案。于是,对粮食实行征购和配给的办法基本定了

① 《陈云文选》第 2 卷, 人民出版社,1995 年, 第 160 页。
② 金冲及, 等:《陈云传》(上),中央文献出版社,2005 年,第 844-845 页。
③ 《毛泽东文集》第 6 卷,人民出版社,1999 年,第 295,297 页。

下来。在听取汇报时,毛泽东觉得征购和配售的名称不好听,希望改一个名称。当时的粮食部部长章乃器想了一个名称,把在农村实行征购叫"计划收购",大家觉得这个名称比较好,于是征购被定名为"计划收购",配售也相应的被称为"计划供应"。两者简称"统购统销"。1953 年 10 月 16 日,中共中央作出《关于实行粮食的计划收购与计划供应的决议》(以下简称《决议》),接着,政务院制定了《关于实行粮食的计划收购和计划供应的命令》(以下简称《命令》)。上述《决议》和《命令》于 1953 年 12 月初开始实施,统购统销政策由此正式确定。它包括"计划收购(简称统购)、计划供应(简称统销)、由国家严格控制粮食市场和中央对粮食实行统一管理"4 个方面的具体内容,4 个方面相互关联,缺一不可。[1]

统购统销政策的制定和实行,起到了一石数鸟的作用。

第一,由于这一政策的实行,加快了社会主义改造的速度,由此建立了以集中统一为主要特征的计划经济体制。统购统销政策制定后,毛泽东曾指出:"我国经济的主体是国营经济,它有两个臂膀即两翼,一翼是国家资本主义(对私人资本主义的改造),一翼是互助合作、粮食征购(对农民的改造)。"[2] 他还明确说道:"统购统销是实行社会主义的一个重要步骤。"[3] 他又强调:"讲粮食征购一定要联系过渡时期总路线去讲。"[4] 在讨论这一政策时,邓小平和刘澜涛等人在发言中根据毛泽东的指示,均将其与农业社会主义改造联系起来加以论述,认为是过渡时期总路线在农村工作中的具体体现。[5] 1953 年 10 月 16 日,中共中央作出的《关于实行粮食的计划收购与计划供应的决议》明确指出:对粮食实行统购统销"是把分散的小农经济纳入国家计划建设的轨道之内,引导农民走向互助合作的社会主义道路,和对农业实行社会主义的改造,所必须采取的一个重要步骤,它是党

---

[1] 中共中央文献研究室:《建国以来重要文件选编》第 4 册,中央文献出版社,1993 年,第 478 页。

[2] 《毛泽东文集》第 6 卷,人民出版社,1999 年,第 295 页。

[3] 《毛泽东选集》第 5 卷,人民出版社,1977 年,第 335 页。

[4] 薄一波:《若干重大决策与事件的回顾(修订本)》(上卷),人民出版社,1997 年,第 274-275 页。参见薄一波《统购统销的实行》,《中共党史研究》,1991 年第 3 期。

[5] 赵发生,等:《当代中国的粮食工作》,中国社会科学出版社,1988 年,第 72-73 页。

在过渡时期的总路线的一个不可缺少的组成部分"。① 这一政策意图连最基层的农民也看得十分清楚,用他们的语言来说就是:"只发展互助合作,不实行统购统销,参加互助组的有些农民是半条心搞社会主义,半条心搞资本主义,结果是生产越发展,他们手里的粮食越多,资本主义自发势力越滋长,互助合作就难以巩固,势必垮台。"②

那么,统购统销政策究竟在哪些方面与农业社会主义改造存在着内部联系呢? 首先,它的出台割断了城乡资本主义之间的内部联系,国家由此掌握了粮食和工业原料,资本家想要原料,就得把工业品拿出来卖给国家,就得搞国家资本主义。资本家不干,就不给原料,横直卡死了。这就把资产阶级要搞自由市场、自由取得原料、自由销售工业品这一资本主义道路制住了,并且在政治上使资产阶级孤立起来。③ 同时,也在客观上推进了城市资本主义工商业的社会主义改造。④

其次,这一政策的实行限制了农村资本主义自发势力的发展,加快了农业社会主义改造的步伐。统购统销政策出台后,农业生产合作社不再经营商业,统由"供销合作社去进行",从而"把广大农民引向国家计划经济轨道"。⑤农民既不受私商的限制,"也可以不变成剥削旁人的私商"。⑥ 这就"在农村这个最广阔的土地上根绝了资本主义的来源"。⑦ 为配合这一政策的实施,农业合作化运动很快掀起了一个以建立初级社为中心内容的新高潮。以苏州地区为例,1954 年夏,地处长江流域的苏州地区遭遇了历史上罕见的大水灾害,党和政府在带领农民战胜了自然灾害后,从 8 月开

---

① 中共中央文献研究室:《建国以来重要文献选编》第 4 册,中央文献出版社,1993 年,第479 页。

② 陈惠康:《江南农村的一场变革》,苏州大学出版社,1998 年,第 64 页。

③ 《毛泽东选集》第 5 卷,人民出版社,1977 年,第 197-198 页。

④ 中共苏州市委办公室:《关于贯彻省财委(财)对加强市场管理、进行私营商业的社会主义改造、实施棉布统购统销、棉花计划收购指示的部署报告》,1954 年 8 月 26 日;《苏州专区关于对私营商业改造与实施棉布统购统销的资料》,具体时间不详(苏州市档案馆资料)。

⑤ 《农业集体化重要文件汇编(1949—1957)》(上),中共中央党校出版社,1981 年,第 217-218,220 页。

⑥ 同①,第 716 页。

⑦ 同③,第 196 页。

始即将工作重点转到以发展农业生产互助合作为中心内容的工作上来。各地在建社前,都做了比较充分的准备,层层制订发展计划;通过老社的整顿工作,总结办社经验,提高领导水平;地、县委还分工分期训练了12 300多个办社骨干;采取群众自报互评和领导审查批准相结合的群众路线的办法,慎重选择办社对象和确定分批的次序。办社过程中运用了"层层抓点,步步先行,连环带动,分批展开"和"支部包,老社带"的领导方法,特别是通过老社总结生产、分配试算工作,有意识地开展群众性的评比工作,发动准备办社的群众到老社参观访问,由老社各类人物现身说法,讲解办社的方针、政策、做法和步骤等关节问题,解答各种疑问,搞通思想,达到自愿办社。一些条件较好的老社,还采用了"请进社"、"送上门"的办法,经常、具体地帮助新社解决问题,特别是处理各项具体政策问题,如解决贫农入社的资金缺乏问题等,有效地弥补了领导力量的不足,及时帮助新社解决了建社中的困难,加快了工作进度。因此全区建社工作进展较为顺利和正常,一般只要15天左右即可把一个社建好,做到了既稳且快,基本贯彻了中央"积极领导,稳步前进"的方针。全区仅7、8、9三个月就发展了2 000多个合作社,合作社总数由696个增加到3 107个,参加农户从18 118户增加到74 880户,占总农户数的6.68%。在合作社的带动下,互助组也获得很大发展,到1954年11月,共有互助组76 868个,参加农户737 579户,占总农户数的65.79%,其中常年组占总组数的60%左右。参加互助组和合作社的农户占总农户数的72.47%。①

　　农业合作化速度的加快,农业集体化程度的提高,反过来又更有利于统购统销工作的开展。因为在个体经济条件下,统购的对象是为数众多的单个小农,要估实其粮食产量、弄清其余缺是很困难的。因此,只能采取政治动员、上级政府控制数字、发动群众民主评议、最后核定公布等措施,结果往往难免会出现有的农户购过头、有的征购不足等问题,而向合作社征购粮食就能在很大程度上克服这些问题。对此,陈云曾指出:对粮食等农

① 中共苏州地委生产合作部:《关于7、8、9三个月互助合作运动情况报告》,1954年11月28日。另见中共苏州地委农业生产合作部:《苏州专区一年来农业生产合作社生产情况报告》,1955年1月5日(苏州市档案馆资料)。

副产品实行统购统销的"困难不单来自我们对于统购统销缺少经验,主要的是对这样众多的农户,要估实产量,分清余缺及其数量,很不容易"。而"向农业生产合作社进行统购统销的工作,也要容易得多,合理得多"。① 正如有学者指出的那样:"按合作社的账本进行征税和设定售粮定额,远比对付 1 亿个分散的家庭容易得多。最重要的是,在粮食流入农民手中之前,国家就先从这些合作社中取走了应交的定额。"②

1955 年以后,统购统销工作之所以未再出现较大反复,一方面固然是因为这一工作已开展了近两年时间,各级领导部门已驾轻就熟,各项规章制度和操作规范日益完备,如实行"三定"政策等,③而且广大农民也已有了足够的心理认同;但从另一方面来说,与合作化速度的加快以及由此带来的集体化程度的提高,也有很大关系。对此,薄一波指出:"合作化后,国家不再跟农户发生直接的粮食关系。国家在农村统购统销的户头,就由原来的一亿几千万农户简化成了几十万个合作社。这为加快粮食收购进度、简化购销手段、推行合同预购等都带来了便利。"④事实正是如此。1956 年10 月,根据农业合作化高潮后出现的新形势,国务院发出了《关于农业生产合作社统购统销的规定》,指出农业合作化后粮食统购和农村统销一般以社为单位,统一计算和核定。这样,国家就不再跟单个农户发生直接的粮食关系,农村地区的统购统销对象由原来的一亿几千万户简化为几十万个农业生产合作社,太多的"小辫子梳成(较少的)大辫子",⑤ 于是统购工作大大简化和方便了。

不仅如此,城乡资本主义联系被割断,也加快了资本主义工商业的社会主义改造。1954 年开始出现了个别行业的公私合营,1955 年下半年开

① 《陈云文选》第 2 卷,人民出版社,1995 年,第 276 页。
② [美]弗里曼,等:《中国乡村,社会主义国家》,陶鹤山译,社会科学文献出版社,2002 年,第 216 页。
③ 中共苏州地方委员会:《关于贯彻粮食"三定"工作情报报告》,1955 年 3 月 24 日;《关于粮食三定到户有关政策的具体问题的通知》,1955 年 9 月 1 日(苏州市档案馆资料)。
④ 薄一波:《若干重大决策与事件的回顾(修订本)》(上卷),人民出版社,1997 年,第 285 页。参见杜润生《当代中国的农业合作制》(上),当代中国出版社,2002 年,第 206 页。
⑤ 高化民:《农业合作化运动始末》,中国青年出版社,1999 年,第 115 页。

始,在"农村社会主义高潮"的推动下,以农产品为主要原料、以农村为主要商品销售市场的中小资本家,在城乡经济联系被割断的情况下,只能"敲锣打鼓"申请接受公私合营。资本主义工商业的社会主义改造很快宣告完成,手工业的社会主义改造也同步完成,以集中统一为主要特征的社会主义计划经济体制由此得到确立。

　　第二,历史地看,对粮食等主要农副产品实行统购统销,有利于满足城乡居民对粮食等农副产品的基本需求,同时也有利于国家通过这一政策从农村中提取农业剩余,满足工业化的资金需求,在很大程度上缓解农业基础薄弱和工业化建设快速发展的矛盾。首先,实行统购统销可以稳定农产品供给,从而保证城镇人口的粮食供应,满足工业化对农产品不断增加的需要。仅以苏州地区为例,在统购统销政策实行的30多年时间里,就为国家贡献了上千亿斤的粮食。其次,实行统购统销后,政府通过控制农产品价格,使物价的总体水平保持稳定,进而保持有利于工业发展的贸易条件。再次,从制度上保证了通过"剪刀差"方式从农业增产部分中得到加快工业化建设亟须的财政收入。对此,陈云指出:"粮食不充足,是我国较长时期内的一个基本状况,在这种情况下,采取征购的措施是不可避免的。"又说:"为了进口机器装备(实现国家的工业化),我们必须用出口物资去交换。我国现在还是一个农业国家,能够出口的主要物品是农产品。如果在国内消费方面,不能节省出农产品去出口,那么,我国就不可能进口机器装备来进行工业建设。"[①]陈云的这番话清楚地道出了统购统销政策出台并长期维持的真正原因。统购统销政策实行期间,国家虽然也多次提高农产品的收购价格,但工农业产品间的"剪刀差"仍呈现出不断扩大的趋势。据测算,"剪刀差"的相对量1952年为12%,1957年为18.7%,1965年升至28%,1978年进一步上升为28.1%。[②]20多年积累下来,农业通过剪刀差向工业提供的资本积累高达6 000多亿元,相当于1982年全部国营企业

①　《陈云文选》第2卷,人民出版社,1995年,第217,257页。
②　农业部经济政策研究中心:《中国农村:政策研究备忘录》,农业出版社,1989年,第41页。

固定资产原值。①

当然,统购统销政策的实行也产生了明显的问题,这就是使得农民和农村经济组织的剩余几乎被全部提取,从而削弱了农民的生产积极性和改善农业生产条件的能力。1978年,每个人民公社的财产仅有543万元(不包括土地);每个生产大队的集体积累不到1万元;农户家庭平均拥有的财产估值不超过550元;农业人口的年均收入只有70多元,其中1/4的生产队社员年收入在50元以下。② 苏州农村虽然人均收入较全国水平为高,但从20世纪60年代中期到80年代以前一直维持在100元~150元之间,集体经济总收入中直接分给农民的一般在45%~55%之间。其中还有少数年份的少数生产队在年终分配时甚至出现了收入比上年减少的不正常情况。③ 农村经济越来越失去发展的后劲和活力。这也正是统购统销政策最终退出历史舞台的重要原因。

第四节 工业优先经济发展思路的强化

1953年9月8日,全国政协在北京召开第19次常委扩大会议。周恩来在会上作了关于过渡时期总路线的报告。梁漱溟于9月9日、11日先后两次在会上作了发言,表示拥护总路线,然后提出了三点意见。其中,第二

① 董辅礽:《中华人民共和国经济史》(上卷),经济科学出版社,1999年,第39页。关于通过工农产品"剪刀差"方式,由农业向工业提供资金积累的具体数量,学术界争论较大。可参见武力《1949—1978年中国"剪刀差"差额辨正》(《中国经济史研究》,2001年第4期)及李溦《农业剩余与工业化资本积累》(云南人民出版社,1993年)等研究成果。不过,对统购统销政策的资金提取功能,学界则是没有争议的。

② 董辅礽:《中华人民共和国经济史》(上卷),经济科学出版社,1999年,第39页。

③ 这方面的材料是非常多的。代表性的有:《关于夏季预分会议情况报告》,1959年6月8日;《关于秋分配试点工作会议的情况报告》,1959年9月21日;《夏秋季分配工作总结》,H5-11963-67;《农业生产收益、分配情况(1966年与1976年的比较)》;《苏州全区1981年农村人民公社基本核算单位收益分配》(二)(苏州市档案馆资料)。农村经济较为发达的苏州地区尚且地区,其他地区的类似情况当更为普遍。

次发言是在主持会议的周恩来一再要求下才做的。

梁漱溟的第一、第二点意见是希望多参与和了解国家计划的制订,其中最重要的、也是后来引起轩然大波的是关于农民和农村问题的第三点意见。梁漱溟指出:"农民问题或乡村问题,在这方面我还不知道计划如何。在此农业生产为主,而其相连的相因相待的事情太多了,必须有一整套计划,各方面配合好,才能推进农业进步。而所有一切都期待农民或乡村居民积极起来。如何动员农民呢?是农会吗?当然应是农会,但农会现在是什么情形呢?除了土改中起作用外,今日已不然,今日只有党政干部,(民主党派不到农村),其次团、妇女会。这够不够呢?感觉着不够。(1)农村中党亦就是政,政亦就[是]党。一切事情很能做得主。但行政命令传达有之,教育意味不够,群众工作谈不到,此从近几年强迫命令包办代替作风之严重即可说明。(2)而且量亦不够。有党有团之地方照顾而不够,党团所不到之处更不够。总之农民比较落空的。"他还说:过去20年的革命全在于发动农民、依靠农民。依靠农民所以成功在此,而农民在革命中亦有成长,但进入城市后,工作重点转移到城市,成长起来的农民亦都随着到了城市。一切较好的干部都来做城市工作,此无可奈何者。最后,梁漱溟提出了照顾农民的要求。他指出:今建设重点在工业,精神所注更在此。生活之差,工人九天,农民九地。农民往城市里跑,不许他跑。人才财力集中都市,虽不说遗弃吧,不说脱节吧,恐多少有点儿。然而农民就是人民,人民就是农民。对人民照顾不足,教育不足,安顿不好,建国如此?当初革命时农民受日本侵略,受国民党反动派暴虐,与共产党亲如一家人,今日已不存在此形势。①

---

① 《梁漱溟全集》第7卷,山东人民出版社,1993年,第5—6页。另据梁回忆,在他发言的最后,提出了如下看法:中国共产党是依靠在农民所生存的乡村地区建立革命根据地而夺取政权的,但自进入大城市之后,工作重点转移于城市,干部也都转入城市,因此乡村不免空虚。特别是近几年来,城里的工人生活提高得快,农民的生活依然很苦,便都往城里跑,城里无法容纳,只好又把他们往乡下赶,因此形成矛盾。有人说,如今工人的生活在九天,农民的生活在九地,有"九天九地"之差,这话值得引起重视。我们的建国运动如果忽略或遗漏了中国人口中最大多数的农民,不仅是不相宜的,而且也使人会说,共产党进城后嫌弃他们了。此外,他还说道,中国人口最多的农民却没有自己可以依靠的组织,而乡村干部往往作风粗暴,强迫命令。见汪东林:《毛泽东与梁漱溟》,吉林人民出版社,1989年,第21—22页。

上述发言实际上涉及了4个敏感问题:一是希望多参与国事;二是对农村政权党政不分、农会不起作用表露出不满意,这实际上涉及基层政权问题;三是认为农民太苦;四是说共产党脱离了农民。

毛泽东本来没有出席政协会议,他是听了别人的汇报后才得知梁漱溟的上述发言的。他认为,梁漱溟的发言存在严重问题,于是决定反击。9月12日,毛泽东在中央人民政府委员会第24次会议上对梁漱溟作了不点名批评,认为梁漱溟要求照顾农民的观点是"施仁政"的思想。但是,他指出:仁政有大小之分,抗美援朝、实现国家工业化是大仁政,照顾农民是小仁政。重点应该放在大仁政上,照顾小仁政,妨碍大仁政,是施仁政的偏向,"实际上是代表美帝国主义"。① 或许正是这最后一句话,引起了梁漱溟的反感。

对于梁漱溟这样的民主人士来说,没有什么比名节更重要的了。民主革命时期,他之所以屡次拒绝国民党高官厚禄的引诱,新中国成立后又不愿到中央政府担任实际职务,恐怕更多的是为了保持一定的独立或超脱的身份,发表议论,建言献策。如今因一些善意的提醒,竟被当做美帝国主义的代言人,对于抱有"可杀而不可辱"这一人生信条的梁漱溟来说,无论如何都是难以接受的。于是他当场给毛泽东写信,要求毛泽东安排时间让他当面复述在政协会议上的全部发言,以便澄清真相,解除误会。然而此举却招致毛泽东更为猛烈也更为严厉的批判以及中央人民政府委员会第27次会议上对他的围攻。对于梁漱溟所提出的问题,毛泽东则予以全盘否定。比如,对梁漱溟提到的农村工作"落后"、乡村干部"违法乱纪"问题,毛泽东指出,90%的乡村和干部都是好的,落后的乡村和有问题的干部也主要是打击反革命分子的问题;对梁漱溟提到的工人在九天之上,农民在九地之下,毛泽东认为,工农联盟很好,这一基础不容破坏。毛泽东还认为,共产党比梁漱溟更了解农民,梁漱溟的观点并不代表农民,而是代表地主阶级。

时过境迁之后,人们不得不发出这样的疑问:毛泽东为什么会突然对

① 《毛泽东选集》第5卷,人民出版社,1977年,第105-106页。

一向礼遇有加的梁漱溟先生提出严厉批评？这一批评又产生了怎样的效果？从这一批评中，我们能看到的毛泽东在发展农业和处理工农关系上的基本思路究竟是什么。

第一，当时党内外在如何开展农业合作化以及如何解决农业特别是粮食等问题上存在明显的意见分歧，为了平息这些意见分歧，在毛泽东看来，有必要采取不同形式的斗争对各种错误意见予以批评和反击，实现团结，只有这样才有利于各项工作的顺利展开。这是他发动对梁漱溟批判的最主要的原因。但需要指出的是，说对梁漱溟进行批判是错误的，是今天的认识和判断，而在当时及其后相当长的时间里，党及其领导人不但没有认识到对梁漱溟的批判有什么不妥，反而认为是非常必要和十分及时的。

在共和国的历史上，1953 年是一个多事之秋。这一年，中国共产党正式提出并公布了实现国家工业化与社会主义改造同时并举的过渡时期总路线，大规模的工业化建设由此全面展开。受苏联经验影响，我国工业化起步时，实行了重工业优先的发展战略。对此，周恩来指出："一五"计划的方针是"集中主要力量发展重工业，建立国家工业化和国防现代化的基础"。① 众所周知，重工业是一个资金和技术密集、自身积累慢、建设周期长的产业，在新中国建立初期的特定形势下，大量的资金缺口只能从农业中提取。正如陈云指出的那样："中国是个农业国，工业化的投资不能不从农业上打主意。"②

但在当时的生产力水平下，农业所能提供的剩余是非常有限的，粮食问题成了制约经济快速发展的严重瓶颈。为了解决供不应求的粮食问题，新中国成立之初采取了征、购并举的做法，但各方面就农业税负担过重问题一直有不少批评之声。为此，中共中央不得不在 1953 年 5 月就做好农业税工作给各级党委发出通知，指出：今后国家掌握商品粮应实行"少征多购"的方针，把征收公粮的数目稳定在 1952 年的水平上。③ 随着工业经济

① 《周恩来选集》（下卷），人民出版社，1984 年，第 133 页。
② 朱佳木：《陈云与中国工业化起步过程中若干基本问题的解决》，《当代中国史研究》，1995 年第 3 期，第 19 页。
③ 薄一波：《若干重大决策与事件的回顾（修订本）》（上卷），人民出版社，1997 年，第 266 页。

的迅速发展,粮食问题日益突出,国家无法通过单纯的经济手段从市场上购买到足够多的粮食,实现供求平衡。在1952年7月到1953年6月粮食年度里,粮食购少销多的矛盾更加尖锐,国家的粮食库存量急剧减少。于是,国家同农民的关系趋于紧张。党内外普遍存在着"农村苦,不大妙,措施不合乎小农经济"、"农村苦,(苦得)不得了了"等议论。①

为了从根本上尽快解决粮食等主要农副产品供不应求的矛盾,毛泽东决定加速农业合作化运动的速度。但由于广大干部群众普遍缺乏农业合作化的实践经验和心理准备,多数农民对于把刚刚到手的土地拿出去搞互助合作一时难以接受。时任中共中央农村工作部部长的邓子恢坚决主张应充分发挥农民个体生产和互助合作两个方面的积极性,主张要按照客观需要和现实可能,在提高干部领导能力和群众思想觉悟并积累了互助合作的丰富经验的基础上,循序渐进地引导农民走合作化道路。他指出,农业合作化的速度不能太快,"集体化搞不好,就要影响粮食生产",欲速而不达;② 合作化的规模不宜太大,"搞的过大了反而妨碍生产",③并明确指出,"急躁冒进是主要的偏向,是主要的危险"。④ 因此,他积极主张放慢农业合作化的步伐,并对已经组成的合作社进行整顿。这一主张起初也曾得到过毛泽东的支持,但在整顿工作中由于缺乏经验,又出现了另外一种倾向:有些不该解散的合作社被解散或转为互助组了,全国的合作化步伐不仅明显放慢,少数地方则完全停止了。据第三次全国互助合作会议反映,有些地方还出现了不敢宣传社会主义的情绪,一些群众中的积极分子和干部的互助合作积极性受挫,甚至迷失了方向。⑤ 这些情况的出现,引起了毛泽东的重视,他对邓子恢进行了严厉批评,认为是"言不及社会主义",是资产阶级右倾思想在党内的反映。⑥

此前不久,中财委出台并实施了以"公私一律、平等纳税"为指导思想

---

① 《毛泽东选集》第5卷,人民出版社,1977年,第121—122页。
② 蒋伯英:《邓子恢与中国农村变革》,福建人民出版社,2004年,第341页。
③ 高化民:《农业合作化运动始末》,中国青年出版社,1999年,第89页。
④ 《邓子恢文集》,人民出版社,1996年,第345页。
⑤ 同③,第119—120页。
⑥ 同①,第116—124页。

和原则的"新税制"。毛泽东同样将之归于"资产阶级思想在党内的反映"而予以严厉批评。与此同时,高岗、饶漱石利用党内高层领导间在一系列具体工作问题上的意见分歧进行了不正常的组织活动,使党面临分裂的危险。

在毛泽东看来,正当党内高层领导集体内部出现意见分歧之际,作为团结和改造对象的民主人士梁漱溟不是主动与中国共产党党内主导意见保持高度一致,并据此发表建设性的建议,反而就当时已极为敏感的农业和农村形势发表不同意见,出发点显然是有问题的。于是,对梁漱溟的批评产生了。如果说在"新税制"问题上对薄一波和在合作化问题上对邓子恢等"党内资产阶级思想"批评的目的是为了统一认识,加快实现向社会主义过渡的话,那么对梁漱溟的批判则是为了统一党外民主人士的思想,使其认清社会主义的前途和方向。正如毛泽东在批评梁漱溟时说的那样:梁漱溟"能欺骗一部分人,还有一点欺骗的作用","他的问题带有全国性",因此,"批评梁漱溟,不是对他这一个人的问题,而是借他这个人揭露他代表的这种反动思想","跟他辩论可以把问题搞清楚。"①

第二,毛泽东、梁漱溟思考问题的出发点的明显差异是导致梁漱溟被错误批评的直接原因。而梁漱溟作为公认的乡村建设派领袖人物,在此敏感时刻就他所熟悉的农村问题发表见解,且抓住了问题的要害,在客观上似有挑动工农关系、跟共产党争取群众之嫌,② 这在中国共产党执政之初、立足尚处在进一步稳定之时,不能不引起毛泽东的高度重视。

对梁漱溟的批评虽然有小题大做之嫌,但问题的要害在于,在当时的具体国情下有无妥善周全的办法,既能充分照顾农民的现实困难,又能顺利推进以重工业为中心的工业化建设? 这大概是所有后发现代化国家在经济起飞阶段必然遇到且又亟待解决的共同难题,而这也正是毛泽东与梁漱溟等人出现重大分歧的关键所在。于是,冲突难以避免地发生了。

因此,毛泽东在对梁漱溟的批评中首先强调:我们今天的政权基础,工

---

① 《毛泽东选集》第 5 卷,人民出版社,1977 年,第 112,115 页。

② 武力、郑有贵:《解决"三农"问题之路——中国共产党"三农"思想政策史》,中国经济出版社,2004 年,第 340 页。

人农民在根本利益上是一致的,这一基础是不容分裂、不容破坏的。① 在随后的批评中,毛泽东进一步指出:如果照梁漱溟的办法去做,不是依靠农民自己劳动生产来增加他们的收入,而是把工人的工资同农民的收入平均一下,拿一部分给农民,那就要毁灭中国的工业化,"就要亡国亡党"。他又说,中国现在有两种联盟:一种是工人阶级跟农民阶级的联盟,一种是工人阶级跟资本家、大学教授、高级技术人员、起义将军、宗教首领、民主党派、无党派民主人士的联盟。在这两种联盟中,同农民的联盟是基础,也是最重要的。梁漱溟虽然也承认工农联盟的重要性,但是他开出的药方不对头。按照梁漱溟的资产阶级路线,"结果就要亡国,中国就要回到半殖民地半封建的老路"。②

显然,毛泽东和梁漱溟的出发点是有明显区别的。对于农业合作化运动,毛泽东始终高度重视、直接指导并努力纠正其中的偏差,并且随着朝鲜战争的结束便稳定了农业税负担。但在毛泽东看来,所有这些工作不仅没有获得梁漱溟的认可,还几乎被他给全盘否定了,他却还在口口声声一再强调自己并不反对总路线。这就不能不令毛泽东怀疑梁漱溟的真实企图了。毛泽东因此说道:"倘若明言反对总路线,主张注重农业,虽见解糊涂却是善意,可原谅;而你不明反对,实则反对,是恶意的。"梁漱溟所说的"工人在九天之上,农民在九地之下","工人有工会可靠,农会却靠不住,党、团、妇联等也靠不住,质量都不行,比工商联也差"等,则是"完全的彻底的反动思想,这是反动化的建议"。③ 而梁漱溟之所以拒不接受批评,在毛泽东看来,只是他不愿承认,或至少是不得自明而已。④ 因此,毛泽东进一步断定梁漱溟是"野心家,伪君子"。⑤

第三,梁漱溟作为始终关注"三农"问题的乡村建设派领袖,不仅有自己一套系统的、与中共大相径庭的解决乡村问题的主张和见解,而且在社

---

① 《毛泽东选集》第5卷,人民出版社,1977年,第105-106页;汪东林:《毛泽东与梁漱溟》,吉林人民出版社,1989年,第22-23页。

② 《毛泽东选集》第5卷,人民出版社,1977年,第113-114页。

③ 林蕴晖:《共和国年轮·1953》,河北人民出版社,2001年,第89页。

④ 袁阳:《浪漫的补天者——梁漱溟的心路历程寻迹》,四川文艺出版社,1999年,第261页。

⑤ 同②,第111页。

会上和知识界颇有影响力。

在新中国成立前,梁漱溟在一定程度上属于那种被美国政府寄予期望的"民主个人主义者"。按照美国政府的设想,这些人肩负着在中国新政权内部发挥作用、使之不断走向"民主"从而能逐渐被西方世界所接纳的历史使命。这在新中国建立前美国政府发表的对华关系《白皮书》中有清楚明白的宣示。因此,从筹建新中国时起,毛泽东就一直非常关注民主人士的言行举止,一再提醒他们要真正抛弃走"第三条道路"的幻想,不要成为美国等所希望的"民主个人主义者"。新中国成立后,毛泽东对港台报纸上有关民主人士的报道一直十分敏感。如 1952 年 9 月,他在对《社会情报辑要》第 31 号的批语中就对台湾广播称赞梁漱溟表示关注。① 在批判梁漱溟时又提到:梁漱溟被台湾的广播和香港的报纸称为"最有骨气的人",尽管这些人是少数,"但是很值得注意"。②

由于梁漱溟等人原本并不赞成社会主义的目标和前途,但却一再声称自己并不反对总路线,甚至认为自己的主张与新民主主义理论的"理想和目标大体却相同",③ 然而却又每每对中国共产党的决策提出不同意见,并采取与新政权若即若离和以"国士"(以对新政权进行批评监督、建言献策为主要任务)自居的态度,这无疑会使毛泽东怀疑梁漱溟的真实用心。在毛泽东看来,新中国的建立颇为不易,必须抓住稍纵即逝的任何机遇,团结全国人民,加快经济恢复和发展的速度,以实现几代救国先驱的富强梦想。这是中国共产党肩负的历史重任,像梁漱溟这样饱经旧社会磨难的著名民主人士如果真心爱国的话,就理应积极主动地从正面提出各种建设性的意见和建议,和中国共产党一道共谋发展,而不是以旁观者的身份对新政权制定的各项方针政策说三道四、评头论足,即使要进行批评,也应该直截了当,而不是欲说还羞、遮遮掩掩、藏头露尾,明言拥护,实则反对。但在梁漱溟看来,作为一位身历三朝且与政治经常打交道的人,以他观察问题的独有角度,很自然地认为,判断一个政权是否值得支持与拥戴,主要不是看它

---

① 《建国以来毛泽东文稿》第 3 册,中央文献出版社,1989 年,第 565 页。
② 《毛泽东选集》第 5 卷,人民出版社,1977 年,第 110 页。
③ 转引自马勇:《梁漱溟评传》,安徽人民出版社,1992 年,第 386 页。

宣誓了什么,更主要的是看它具体做了什么及其结果如何。况且作为民主人士,其主要任务不就是向领导党提意见、当参谋吗? 如果与新政权完全融为一体,不就失去了自己作为民主人士的依据了吗? 正是出于这一考虑,在梁漱溟看来,纵使自己所提意见不够确当,表达方式或许也有问题,但那也至多属于"见解糊涂",怎么会上升到"思想反动"的政治高度了呢? 此外,梁漱溟这一代知识分子普遍自视甚高,十分爱惜自己的名声,用他自己的话来说,就是"三军可夺帅,匹夫不可夺志"。在大庭广众之下公开受辱,而使他受辱的又是一位在他内心深处多少保有某种敬重,同时也是一位具有允许不同意见发表且乐于与之争论的民主雅量的执政党领袖,因此,当冲突突然不期而至且批评和否定又是那么严厉和决绝时,梁漱溟在情感和理智上无论如何都是难以接受的,而这又成了批评不断升级的诱因。

第四,就梁漱溟个人而言,在历史上与中国共产党的交往中是分歧多于合作和一致。

历史上梁漱溟的一些所作所为,早已令毛泽东有所不快。如梁漱溟一直不赞成共产党的阶级斗争学说,而且在山东进行乡村建设实验时就一再表示:其从事乡村建设的目的之一就是要"消除共产党的农民运动"。因为"自某一意义上来看,共产党的作为,实是中国的一种农民运动",只有乡村建设起来"为中国农民运动的正轨",共产党领导的农民运动"才可以没有"。他还攻击共产党"杀人放火,其危害亦与土匪差不多",认为农村腐败、匪患和共产党是乡村建设运动必须解决的三大问题。① 尽管对梁漱溟的上述态度要具体问题具体分析,也就是说要看到梁漱溟的上述表态有当时具体的政治环境的制约,他的乡村建设实验不得不寻求当地政府的支持,至少不会遭到反对,而当时山东处在叛主求荣、投靠蒋介石的反动军阀韩复榘的军事独裁统治之下,梁漱溟当然不能漠视这一特殊的政治形势,因此才要反复表示自己的乡村建设实验与共产党所从事的土地革命不同。实际上,只要看看梁漱溟在历史转折关头所毅然做出追随共产党的政治抉择就能多少明白他当时的真实政治心态。当然,也要看到,作为中间派人

---

① 《梁漱溟全集》第2卷,山东人民出版社,1990年,第407页。

士的梁漱溟在当时的认识条件和政治环境下,肯定也不会赞成共产党的
主张。

对他宣扬的中国没有阶级冲突,因而阶级斗争学说不适合中国的论
调,中国共产党始终是不赞成并给予批评的。客观说来,梁漱溟在民主革
命时期是始终把斗争的矛头指向国民党一边的,但他在大敌当前、中华民
族面临生死存亡的危急关头,却不赞成中国共产党主张的阶级斗争学说,
而主张通过乡村建设来挽救国家和民族的前途与命运,也在不自觉中起到
了与中国共产党争夺群众甚至是误导民众的作用。这正是毛泽东批评梁
漱溟"反动透顶"、"用笔杀人"的起因。梁漱溟在 1938 年和 1946 年两次
到延安与毛泽东的长谈中都受到毛泽东的委婉批评,但在民主革命时期,
为了把斗争目标集中指向国民党蒋介石的反动统治,团结一切可以团结的
力量,梁漱溟在总体上属于中国共产党团结和争取的统战对象,但新中国
建立后,情形就完全不同了。对于肩负振兴中华民族重任的中国共产党来
说,一直有着只争朝夕的时间紧迫感,再加上在长期革命战争中所累积起
来的高度自信,不愿意也容不得把时间花费在烦琐的讨论和争论上,要的
是全国一盘棋的尽快付诸行动。因此,当梁漱溟在发言中要求多听听政府
的建设计划并每每对此发表不同意见时,实在有违毛泽东当初坚邀其参加
政府工作的初衷(而梁的矜持甚或还有对新政权不看好的观望态度也令毛
心生不快)。

最后,还有论者认为,毛泽东与梁漱溟之争还反映了新中国成立初新
政权与旧知识分子之间的内在张力和矛盾。在毛泽东看来,梁漱溟在国共
两党进行生死搏斗的关头,大谈什么"中国没有阶级"、"中国的问题是一
个文化失调的问题"等,毫无疑问至少是从政治上帮助蒋介石,是企图取消
中国革命。在中国革命胜利后,梁漱溟又自称自己的理论很接近于新民主
主义或社会主义,而过渡时期总路线"原是人人意中所有","几十年来我
一直怀抱计划建国的理想,虽不晓得新民主主义之说,但其理想和目标却
大体相合"等,给人的感觉其言外之意不过是说,你中国共产党也不见得有
什么高明!正当中国共产党加紧对知识分子进行思想改造,希望知识分子
尽快作出新的理性判断成为中国共产党的坚定支持者的时候,他的这些话

很像是同中国共产党分庭抗礼,举起了一面反抗知识分子思想改造的大旗。这或许是毛泽东之所以如此激烈批判梁漱溟的原因所在。[①] 应该说,这一分析是很有见地的。

对梁漱溟的批评以梁漱溟请长假"闭门思过"而暂时结束,梁漱溟虽然没有因此而获致任何处分,但毛泽东的所作所为也给后人留下小题大做的印象,并由此压制了参政议政的民主党派和人士的不同声音,实际上断了言路。[②] 此后在党内外和社会上再也听不到像梁漱溟这样既对中国"三农"问题有过长期深入研究、亲自实践并取得过公认成就,又敢于负责地提出自己见解的人就工农关系问题所发表的不同意见了,而由此也强化了"(重)工业优先"的经济发展思路,因而一直未能出现如当初所提出的要很好地处理工农关系、实现彼此协调发展的良好局面。

第五节　农业社会主义改造的提前完成

在中国建立社会主义制度,引导农民走合作化道路,是中国共产党的既定政策。但在民主革命时期,提倡"组织起来"、鼓励农民走合作化道路,更多的是为了培养集体主义精神和增加农业产量,新中国建立后才把逐步引导农民走互助合作道路同完成农业社会主义改造、在农村建立社会主义制度的目标统一起来。

不过,在如何实现这一目标上,党内是有意见分歧的。大致说来,在1952年9月毛泽东开始酝酿提出过渡时期总路线以前,先机械化后农业社会化、先工业化后农业集体化在中共党内占主导地位;1952年9月以后,出现了工业化和农业集体化同时并举的思想;1955年5月以后,则确立了先农业集体化后实现国家工业化的思想。

---

① 安贞元:《人民公社化运动研究》,中央文献出版社,2003年,第64~65页。

② 武力、郑有贵:《解决"三农"问题之路——中国共产党"三农"思想政策史》,中国经济出版社,2004年,第340~341页。

　　早在 1944 年毛泽东就说过，未来的新民主主义社会，不能放置在分散的、个别农民经济的基础上，"因为中国社会的进步将主要依靠工业的发展。工业因此必须是新民主主义的主要经济基础"。① 同年 8 月底，他在写给秦邦宪的信中又说："民主革命的中心目的就是从侵略者、地主、买办手下解放农民，建立近代工业社会。""新民主主义社会的基础是工厂（社会生产，公营的与私营的）与合作社（变工队在内），不是分散的个体经济。分散的个体经济——家庭农业与家庭手工业是封建社会的基础，不是民主社会（旧民主、新民主、社会主义，一概在内）的基础。""新民主主义社会的基础是机器，不是手工。"② 因此，尽管这一时期毛泽东反复强调要大力发展互助合作运动，但其前提始终是坚持农民和手工业者的个体所有制。"我们的合作社目前还是建立在个体经济基础上（私有财产基础上）的集体劳动组织。"③

　　1945 年 4 月，在党的七大上，毛泽东在作《论联合政府》的报告时，又指出：新民主主义社会的任务，就是要使中国由农业国地位上升到工业国地位。因此必须"蓬蓬勃勃地发展大规模的轻重工业"，"建设真正大规模的全国性的工业"，形成"强大的民族工业"，并"使农业从旧式的落后的水平进到近代化的水平"，形成进步的比较现时发达得多的农业，"实现农业近代化"。④ 他说："没有新民主主义的国家经济的发展，没有私人资本主义经济和合作社经济的发展……要想在殖民地半殖民地半封建的废墟上建立起社会主义社会来，那只是完全的空想。"⑤ 他还指出："在新民主主义的政治条件获得之后，中国人民及其政府必须采取切实的步骤，在若干年内逐步地建立重工业和轻工业，使中国由农业国变为工业国。新民主主义的国家，如无巩固的经济做它的基础，如无进步的比较现时发达得多的农业，如无大规模的在全国经济比重上占极大优势的工业以及与此相适应的

---

　　① 许之桢：《毛泽东印象记》，东北书店，1947 年，第 26 页。转引自王占阳：《毛泽东的建国方略与当代中国的改革开放》，吉林人民出版社，1993 年，第 123 页。

　　② 《毛泽东书信选集》，人民出版社，1983 年，第 237—239 页。

　　③ 《毛泽东选集》第 3 卷，人民出版社，1991 年，第 931 页。

　　④ 毛泽东：《论联合政府》，《解放日报》，1945 年 5 月 2 日。

　　⑤ 同③，第 1060 页。

交通、货易、金融等事业做它的基础,是不能巩固的。"①

　　1948年7月,新华社信箱在回答"什么是农业社会主义"的问题时指出:"要达到社会主义,实现社会主义的工业和农业,必须经过新民主主义经济一个时期的发展,在新民主主义社会中大量地发展公私近代化工业,制造大批供给农民使用的农业机器,并因此将农民的个体经济逐步转变为集体农场经济之后,才有可能。没有工业的大量发展,没有大量的成千成万的农业机器供给农民使用,并使农民有可能团结于集体农场之中,而要实行社会主义的农业,那只能是反动的空想。"② 同年9月,毛泽东在中央政治局会议上指出:"我国在经济上完成民族独立,还要一二十年时间。我们要努力发展经济,由发展新民主主义经济过渡到社会主义。"③ 他又说:"我们反对农业社会主义,所指的是脱离工业的,只要农业来搞社会主义。"④ 同年12月,刘少奇在华北财经委员会上作报告时也指出:"今天我们对农业合作社不能有过高的要求,只有在有了农业机器时,生产合作社才可能发展和巩固。"⑤ 1949年1月,毛泽东在中央政治局会议上又说:"中共28年,再加29年、30年两年,完成全国革命任务,这是铲除地基,花30年。但是起房子,这个任务要几十年工夫。"⑥ 同年3月,他在七届二中全会上指出:由于中国经济的极度落后,特别是现代经济成分所占比例太低,因此必须"在革命胜利以后,迅速地恢复和发展生产,对付国外的帝国主义,使中国稳步地由农业国转变为工业国,把中国建设成一个伟大的社会主义国家"。⑦ 在《论人民民主专政》一文中他指出:"农民的经济是分散的,根据苏联的经验,需要很长的时间和细心的工作,才能做到农业社会化。没有农业社会化,就没有全部的巩固的社会主义。而欲农业社会化,

　　① 《毛泽东选集》第3卷,人民出版社,1991年,第1081页。
　　② 中华人民共和国国家农业委员会办公厅:《农业集体化重要文件汇编(1949-1957)》(上),中共中央党校出版社,1981年,第26-27页。
　　③ 《毛泽东文集》第5卷,人民出版社,1996年,第146页。
　　④ 薄一波:《若干重大决策与事件的回顾(修订本)》(上卷),人民出版社,1997年,第217页。
　　⑤ 《刘少奇论合作社经济》,中国财政经济出版社,1987年,第23-24页。
　　⑥ 同③,第236页注[8]。
　　⑦ 《毛泽东选集》第4卷,人民出版社,1991年,第1437页。

必须发展以国有企业为主体的强大的工业。"最后一句话在新中国成立后公开发表时改为"农业社会化的步骤,必须和以国有企业为主体的强大的工业的发展相适应"。①

1949 年 6 月,刘少奇在一篇当时没有公开发表的文稿中也指出:"只有在经过长期积累资金、建设国家工业的过程之后,在各方面有了准备之后,才能向城市资产阶级举行第一个社会主义的进攻,把私人大企业及一部分中等企业收归国家经营。只有在重工业大大发展并能生产大批农业机器之后,才能在乡村中向富农经济实行社会主义的进攻,实行农业集体化。"② 1950 年初在就东北局关于富农党员等问题的谈话中,他又指出:变工互助能否发展成为将来的集体农庄? 这是不可能的。这是两个不同的阶段。不能把新民主主义阶段同社会主义阶段混为一谈。由个体生产到集体农庄,这是生产方式上的革命。没有机器工具的集体农庄是巩固不了的。③

这种大力进行工业化建设、农业先近代化后社会化的基本思路,直到新中国成立初始终没有发生变化。1950 年 6 月,在全国政协一届二次会议上致闭幕词时,毛泽东说:"我们的国家就是这样地稳步前进,经过战争,经过新民主主义的改革,而在将来,在国家经济事业和文化事业大为兴盛了以后,在各种条件具备了以后,在全国人民考虑成熟并在大家同意了以后,就可以从容地和妥善地走进社会主义新时期。"④ 基于这一考虑,毛泽东在 1951 年 2 月曾提出"三年准备、十年计划经济建设"的思想。他指出:"'三年准备、十年计划经济建设'的思想,要使省市级以上干部都明白……必须从各方面加紧进行工作。"⑤ 并且他强调:"没有农业社会化,就没有全部的巩固的社会主义,而欲农业社会化,必须发展以国有企业为主体的强大的工业。人民民主专政的国家必须有步骤地解决这个国家工业

---

① 高化民:《农业合作化的经验》,《当代中国史研究》,1995 年第 4 期。
② 《刘少奇选集》(上卷),人民出版社,1981 年,第 430 页。
③ 薄一波:《若干重大决策与事件的回顾(修订本)》(上卷),人民出版社,1997 年,第 195 页。
④ 《毛泽东文集》第 6 卷,人民出版社,1999 年,第 80 页。
⑤ 中共中央文献研究室:《建国以来重要文献选编》第 2 册,中央文献出版社,1992 年,第 39 页。

化的问题。"①

正是基于这一认识,刘少奇在1951年春夏的几次谈话和报告中都一再强调了"先工业化后集体化"的思想。1951年7月,他在对马列学院第一班学员所作的报告中指出:"(集体化)现在不能普遍搞,因为没有拖拉机,搞起来也会垮台。所以,搞集体化要有机器作后备条件。""进入社会主义主要是这两步:工业国有化,农业集体化。""新民主主义阶段是过渡阶段也是准备阶段,即准备进入社会主义。三年准备十年建设是为工业国有化作准备的;再过几年,至少十五年以后才能搞农业集体化。""农业集体化要依靠城市工人阶级……这是农业集体化的路线,因为离开城市工人阶级、离开强大的国家工业,乡村农业集体化就不可能。工人阶级能供给农民大量拖拉机,贷给机器。有人说,不必依靠工人阶级,不必依靠强大的城市工业,只依靠农民,这是空想,是空想的农业社会主义。"②他在对中共山西省委关于《把老区的互助组织提高一步》的报告的批评中进一步指出:"没有拖拉机,没有化肥,不要急于搞农业生产合作社。""农业社会化要依靠工业。"③"现在是3年准备10年建设,13年或15年之后,才可以考虑到社会主义问题,将来实行社会主义,不是先从农村,而是先城市,即先工业国有化,然后才是农业集体化。""农业集体化必须要等机器,不要机器不妥当。农业集体化必须以国家工业化使农业能用机器耕种和土地国有为条件。"④

考虑到中国经济文化基础极为落后的事实,毛泽东等认为向社会主义过渡是几十年以后的事情。毛泽东指出:"在中国,为民主主义奋斗还是长期的。"⑤1948年9月,他在中央政治局会议上说:"到底何时开始全线进攻?也许全国胜利后还要15年。"⑥一届政协期间,毛泽东在回答民主人

① 《人民日报》,1951年7月29日。

② 《刘少奇论新中国经济建设》,中央文献出版社,1993年,第197—222页。

③ 薄一波:《若干重大决策与事件的回顾(修订本)》(上卷),人民出版社,1991年,第193—194页。

④ 陶鲁笳:《一个省委书记回忆毛主席》,山西人民出版社,1993年,第20—22页。

⑤ 《毛泽东选集》第3卷,人民出版社,1991年,第1060页。

⑥ 同②,第7页。

士关于何时实行社会主义的问题时说:"大概二三十年吧!"《共同纲领》中也规定:"要在中国采取相当严重的社会主义的步骤,还是相当长久的将来的事情。"刘少奇也指出:由于中国的国家经济"在数量上是比较少的一部分",因而"过早的采取社会主义政策是要不得的"。① 1949 年 12 月,在华北财经委员会会议上他又指出:到 10 到 15 年后,大势所趋,消灭资本主义,过渡到社会主义。在七届三中全会上,毛泽东严厉批评了有些人认为"可以提早消灭资本主义实行社会主义"的主张,指出这是"错误的,是不适合我们国家的情况的"。② 刘少奇也指出,革命胜利后要和资产阶级"搭伙 10 年到 15 年"。③ 这显然是考虑到在中国这样经济极度落后的国家里,要实现国家的工业化不是一件容易的事,非有几十年的时间不可,而在实现工业化之前是无法进行社会主义改造、建立社会主义制度的。

毛泽东等人还多次指出,在大工业没有充分发展的情况下就急于试图实现向社会主义的过渡,这实际上是一种农业社会主义思想,他对此进行了多次严肃的批判。1948 年 4 月,毛泽东在晋绥干部会议上的讲话中说:"现在农村中流行的一种破坏工商业,在分配土地的问题上主张绝对平均主义的思想,是一种农业社会主义的思想。这种思想的性质是反动的、落后的、倒退的,我们应当批判这种思想。"④ 刘少奇也多次指出:"逐步地动摇、削弱直至否定私有基础,把农业生产互助组织提高到农业生产合作社,以此作为新因素,去'战胜农民的自发因素'。这是一种错误的、危险的、空想的农业社会主义思想。"⑤ 他认为,在中国这样经济文化十分落后的国家里,只能先工业化后农业社会化,先供销合作后生产合作,最终实现向社会主义的过渡。在没有工业化的情况下,幻想仅通过农业的互助合作就能实现向社会主义的过渡是反动的、空想的、农业社会主义的思想。这一思想集中地体现在他于 1950 年初就东北局关于富农党员等问题的谈话和

---

① 《党的文献》,1989 年第 5 期,第 11 页。
② 《毛泽东选集》第 5 卷,人民出版社,1977 年,第 19 页。
③ 《刘少奇论新中国经济建设》,中央文献出版社,1993 年,第 48 页。
④ 《农业集体化重要文件汇编(1949—1957)》(上册),中共中央党校出版社,1981 年,第 23 页。
⑤ 陶鲁笳:《一个省委书记回忆毛主席》,山西人民出版社,1993 年,第 23 页。

1951 年春夏对中共山西省委关于"把老区互助组织提高一步"主张的批评中。① 他指出:变工互助能否发展成为将来的集体农庄? 我认为是不可能的。这是两个不同的阶段。不能把新民主主义阶段同社会主义阶段混为一谈。由个体生产到集体农庄,这是生产方式上的革命。没有机器工具的集体农庄是巩固不了的。② 在对中共山西省委的批评中,他进一步指出:山西农村的农业生产合作社(苏联叫共耕社),虽然"是有社会主义性质的,可是单用这一种农业合作社、互助组的办法,使我们中国的农业直接走到社会主义化是不可能的"。"那是一种空想的农业社会主义,是实现不了的。""农业社会化要依靠工业。""企图在互助组内逐步动摇、削弱、直至否定私有制走上农业集体化。这是完全的空想。"③ 他指出:"靠十家八家组织的农业生产合作社走到社会主义去是不可能的。如果相信这个理论,就是幻想的社会主义,就是空想的社会主义,也叫空想的农业社会主义,它是实现不了的。"④ 他认为:"目前的互助组或供销合作社都不能逐渐提高到集体农场。"⑤

受这一思想的影响,薄一波于 1950 年 6 月 29 日在《人民日报》发表了《加强党在农村中的政治工作》一文,指出:没有强大的国营工业,就不能有全体规模的集体化。在互助组内逐步动摇、削弱直至否定私有财产来达到农业集体化,这样的农业集体化道路,是一种完全的空想。随后,中共中央华北局又于 7 月 25 日向中央作了《关于华北农村互助合作会议的报告》,也明确指出:农业合作化须以国家工业化和使用机器耕种,以及土地国有为条件。没有这些条件,便无法改变小农的分散性、落后性,而达到农业集体化。将来在这些条件下普遍组织起来的集体农场,对于目前的农业劳动互助来说,是一种全新的组织。山西省委提出在互助组内对私有财产

---

① 与山西省委意见较为一致的还有东北地区的领导人高岗等。见武力、郑有贵:《解决"三农"问题之路——中国共产党"三农"思想政策史》,中国经济出版社,2004 年,第 305-306 页。

② 薄一波:《若干重大决策与事件的回顾(修订本)》(上卷),人民出版社,1997 年,第 205-206 页。

③ 刘崇文,等:《刘少奇年谱》(下卷),中央文献出版社,1996 年,第 240 页。

④ 《刘少奇论新中国经济建设》,中央文献出版社,1993 年,第 183 页。

⑤ 《党的文献》,1989 年 1 期,第 12 页。

不是巩固，而是逐步动摇、削弱以至否定，并企图由此走上集体化的方针是错误的，是根本违反互助组在私有财产基础上的等价原则的，其思想实质是一种空想的农业社会主义思想。

毛泽东虽然不同意刘少奇等对山西省委"关于把老区互助组织提高一步"的批评与指责，并责成中央书记处起草了《中共中央关于农业生产互助合作的决议（草案）》，提出各地应当积极创造条件去引导农民走互助合作的道路，但是他在审阅这一决议时，亲自加上了"在农民完全同意并有机器条件的地方，亦可试办少数社会主义性质的集体农庄"的表述。① 能大规模地为农业生产提供机器设备，显然是在工业化建设具备了一定的基础后才能实现的。这表明此时的毛泽东虽然主张大力发展农业生产合作社，但要办完全社会主义性质的农业合作社，仍必须有机器的支持。

但也就是在对刘少奇对中共山西省委"关于把老区互助组织提高一步"的批评提出不同意见时，毛泽东的思想发生了变化，即从过去一直强调社会主义改造必须以实现国家工业化为前提转变到社会主义改造可以和国家工业化同时并举。他指出："既然西方资本主义在其发展过程中有一个工场手工业阶段，即尚未采用蒸汽动力机械、而依靠工场分工以形成新生产力的阶段，则中国的合作社，依靠统一经营形成新生产力，去动摇私有基础，也是可行的。"② 这说明此时的毛泽东已经产生了合作化不必要等到工业化实现以后再进行的想法。

因此，经过毛泽东修改的《中共中央关于农业生产互助合作的决议（草案）》，重点强调了组织农民开展互助合作运动的重要性。《决议（草案）》明确写道：对农业互助合作运动采取消极态度，"看不出这是我党引导广大农民从小生产个体经济逐渐走向大规模的使用机器耕种和收割的集体经济所必经的道路，否认现在业已出现的各种农业生产合作社是走向农业社会主义化的过渡的形式，否认他们带有社会主义的因素。这是右倾

---

① 《建国以来毛泽东文稿》第 2 册，中央文献出版社，1988 年，第 579 页。
② 薄一波：《若干重大决策与事件的回顾（修订本）》（上卷），人民出版社，1997 年，第 197-198 页。

的错误的思想"。①

在过渡时期总路线的酝酿过程中,毛泽东于1952年9月在中央书记处会议上谈到:10年到15年基本上完成社会主义,而不是10年以后才过渡到社会主义。这里实际上已经比较明确地包含了社会主义改造和国家工业化同时并举的思想。

1953年2月,毛泽东又将1951年由他本人亲笔加在《中共中央关于农业生产互助合作的决议(草案)》上的"在农民完全同意并有机器条件的地方,亦可试办少数社会主义性质的集体农庄"一句话中的"并有机器条件"修改为"和适当经济条件"。②

后来,毛泽东又把他在《论人民民主专政》中所说的"没有农业的社会化,就没有全部的巩固的社会主义。而欲农业社会化,必须发展以国有企业为主体的强大的工业"这句话中的后一句修改为"农业社会化的步骤,必须和以国有企业为主体的强大的工业的发展相适应",表明了国家的工业化建设可以和农业社会化同步发展,而不是要在国家工业化后再实现农业社会化的思想。

考虑到中国的工业基础极为薄弱,同时也是为了与此前先工业化后农业社会化的认识相衔接,过渡时期总路线提出后,毛泽东在对这条总路线进行解释和说明时强调:工业化是主体,社会主义改造是两翼。他说:"我们经济的主体是国营经济,有两个翅膀即两翼,一翼是国家资本主义(对私人资本主义的改造),一翼是互助合作、粮食征购(对农民的改造)。"直到1955年7月,他仍强调:"我们对于工业和农业、社会主义的工业化和社会主义的农业改造这样两件事,决不可以分割起来和互相孤立起来去看,决不可以只强调一方面,减弱另一方面。"③

他当时还认为,农业集体化能快速提高农业产量,满足国家工业化建设对农副产品及以农产品为主要原料的轻工业发展的需要。

负责领导全国农业社会主义改造工作的邓子恢在1953年初指出,国

① 《农业集体化重要文献汇编》(上),中共中央党校出版社,1981年,第40页。
② 高化民:《农业合作化运动始末》,中国青年出版社,1999年,第264页。
③ 《毛泽东选集》第5卷,人民出版社,1977年,第182页。

家工业化的发展,需要农业提供更多的商品粮、工业原料和城市的副食品供应,这就要求农业必须有一个相应的发展。国家工业化不能没有农业的发展,不能没有农业的集体化。1953 年 3 月,《人民日报》发表杜润生起草的社论《领导农业生产的关键所在》,指出:我们不能长期停留在小农经济的基础上面,因为它不能满足农业生产的不断增长和人民物质文化生活不断提高的要求。我们必须随着国家工业化的进程,把农业集体化当做农村中主要的建设任务,必须按照中央的指示,领导农民积极而又稳步地开展互助合作运动,逐步地过渡到社会主义制度。

　　但就在毛泽东提出并且一再强调农业社会主义改造要和国家工业化同时并举的时候,他关心得更多的却是如何尽快地完成农业社会主义改造,以促进经济的快速发展。在国家过渡时期总路线正式提出后不久,他就指出:"总路线就是过渡到社会主义。"① 他还多次指出:"党在过渡时期的总路线的实质,就是使生产资料的社会主义所有制成为我国国家和社会的唯一的经济基础。""我们所以必须这样做,是因为只有完成了由生产资料的私人所有制到社会主义所有制的过渡,才利于社会生产力的迅速向前发展,才利于在技术上起一个革命,把我国绝大部分经济中使用简单的落后的工具农具去工作的情况,改变为使用各类机器直至最先进的机器去工作的情况,借以达到大规模地出产各种工业和农业产品,满足人民日益增长着的需要,提高人民的生活水平,确有把握地增强经济力量,反对帝国主义的侵略,以及最后地巩固人民政权,防止反革命复辟这些目的。"② 他又说:"总路线也可以说就是解决所有制问题。"③ "总路线就是逐步改变生产关系。"④ 后来,毛泽东更将这一认识上升为带有规律性的结论:"先要改变生产关系,然后才有可能大大地发展社会生产力,这是普遍的规律。"⑤这一变化说明毛泽东"忽略了在我国经济水平比较落后的情况下,需要在

---

① 《缅怀毛泽东》(下),中央文献出版社,1999 年,第 377 页。
② 《建国以来毛泽东文稿》第 4 册,中央文献出版社,1992 年,第 405-406 页。
③ 《毛泽东选集》第 5 卷,人民出版社,1977 年,第 119 页。
④ 同③,第 123 页。
⑤ 《党的文献》,1993 年第 4 期,第 12 页。

发展生产力的同时去解放生产力的客观要求"。①

后来,毛泽东进一步指出:在我国"必须先有合作化,然后才能使用大机器"。② 在这种思想的指导下,毛泽东特别强调要尽快完成社会主义改造。正如著名党史专家石仲泉所说的那样,从1955年下半年开始,毛泽东全力以赴地推动农业社会主义改造高潮的到来。

在毛泽东的影响下,周恩来也指出:"什么叫社会主义? 社会主义最基本的就是完成了社会主义改造,就是取消了生产资料的私人资本主义所有制,归国家所有了,就是农业、手工业集体化了。"③从而把社会主义社会的一个更为重要的特征、也是更为重要的历史任务——发展社会生产力,放到了次要位置上,严重地影响了日后的社会主义建设事业,中国人民为此付出了惨重的代价。

正是在毛泽东的一再大力推动下,中国农村从1955年下半年起出现前所未有的"社会主义高潮"。

1955年以前,同样是由于毛泽东的推动,在农业合作化运动中连续出现过两次"高潮"(一次是1952年底到1953年春的以生产互助为特点的高潮;一次是1954年以土地入股、土地分红为特点的高潮)后,农业生产合作社迅速由1954年底的18万个增加到1955年初的67万个,加上购了"过头粮",农村里的生产力与生产关系出现了紧张局面。1954年底,全国各地普遍出现生产力"暴动",大批牲畜被卖被杀,农村中的党群、干群关系全面紧张。对此,毛泽东敏锐地指出:"生产关系要适应生产力发展的要求,否则生产力会起来暴动。"④在这种情况下,他于1955年3月上旬在听取中央农村工作部负责人邓子恢的汇报时提出了"停缩发"三字方针。其后,他又向邓子恢提出:在三个五年计划期间,合作化各完成1/3。邓子恢听后,提出在"一五"期间发展50%农户入社的设想,毛泽东立即表示不同

① 房广顺、吕明军:《必须注意经济工作——毛泽东的经济观》,中国政法大学出版社,1993年,第54页。

② 《毛泽东选集》第5卷,人民出版社,1977年,第182页。

③ 《周恩来选集》(下卷),人民出版社,1984年,第105页。

④ 《中国农业合作化史资料》,1989年第5期,第4页。

意,认为粮食已到了界限,购粮任务是 900 亿斤,再多一点都不行,农业生产合作化在一五期间发展 1/3,不要 50% 了。毛泽东还对谭震林说过:到 1956 年 10 月,停止发展。根据同一精神,刘少奇在 1955 年 3 月党的全国代表会议期间召集各省负责人谈话时也说:"为了发展,就要巩固。因为已不可能再快,干部没有训练出来,经验不成熟,如果再像去年那样的速度发展下去是冒险的。"① 4 月,他在中央书记处召开的农村工作汇报会上再次指出,"合作社已发展到 67 万个,其中过多的省份有超过 2 万~3 万社的,主观力量控制不了,要收缩一些"。② 随后,邓子恢在 4 月 21 日至 5 月 7 日召开的第三次全国农村工作会议上,传达了毛泽东提出的"停缩发"三字方针。会后,出现问题较多的浙江、山东、河北等省对合作化运动作了整顿,解散了 2 万多个不合条件的高级社,使得一度紧张起来的农村形势有了缓和。

但是,5 月 9 日晚,毛泽东在中南海颐年堂先后约见了李先念、邓子恢等人,告诉他们中央认为原定的征购 900 亿斤粮食,可考虑压至 870 亿斤,这也是一个让步,粮食上减少一点,换来一个社会主义。他还谈到:今后两三年是农业合作化的紧要关头,必须在这三年内打下合作化的基础,并问:1957 年化个 40%,可不可以? 邓子恢则坚持说:"上次说 1/3,还是 1/3 左右为好。"毛泽东虽答复"1/3 也可以",但又表示,农民对社会主义改造是矛盾的,农民是要"自由"的。党内也有一批干部反映农民的这种情绪,不赞成搞社会主义,并提到据上海局柯庆施说,党内有 30% 的高、中级和基层干部反映农民的情绪,不赞成搞社会主义。③

5 月 17 日,毛泽东在召集的华东、中南二区和京津等省市书记会议上,就合作化问题发表讲话:"合作社问题,也是乱子不少,大体是好的。不强调大体好,那就会犯错误。在合作化的问题上,有种消极情绪,我看必须改变。再不改变,就会犯大错误。""对于合作化,一曰停,二曰缩,三曰发。缩有全缩,有半缩,有多缩,有少缩。缩必须按实际情况。片面的缩,势必

---

① 《党史研究资料》,1981 年第 5 期,第 3~4 页。
② 《中国农业合作化史资料》,1989 年 5 期,第 4 页。
③ 同①,第 6 页。

伤害干部和群众的积极性,后解放区就是要发,不是停,不是缩,基本是发;有的地方也要停,但一般是发。华北、东北等老解放区里面,也有要发的,譬如山东30%的村子没有社,那里就不是停,不是缩,那里社都没有,停什么?那里就是发。"①"发展合作社的原则是自愿互利。牲口(连地主富农的在内)入社,都要合理作价,贫农不要在这方面占便宜。""不要揩油。""发展合作社对国家是有利的,对你们各个地区也有利。"②6月14日,中央政治局在听取农村工作部的汇报后,批准了1956年由现有65万个社发展到100万个的计划。刘少奇说:"明春发展到100万个,关一下门,办好了,让中农自愿来敲门,关键是保证中农自愿。"③会后,毛泽东找邓子恢谈话,建议由65万个翻一番,达到130万个,邓则仍坚持翻半番100万个的计划。7月26日,毛泽东在中央农工部二处整理的《农业合作化运动最近简情》上批示说:在发展农业合作化问题上,"目前不是批评冒进的问题,不是批评'超过了客观可能性'的问题,而是批评不进的问题,而是批评不认识和不去利用'客观可能性'的问题"。"要有坚定的方向,不要动摇。要别人不动摇就要自己首先不动摇……要看到问题的本质方面,要看到事物的主导或主流方面,这样才能不动摇。"④7月31日,毛泽东在中央召集的省市自治区党委书记会议上作《关于农业合作化问题》的报告,进一步批评邓子恢"是站在资产阶级、富农或者具有资本主义自发倾向的富裕中农的立场上替较少的人打主意,而没有站在工人阶级的立场上替整个国家和全体人民打主意";认为邓子恢等人"像小脚女人"走路一样,执行了错误的方针;并指出"我们应当爱惜农民和干部任何一点微小的社会主义积极性而不应当去挫折它";批评浙江等省解散合作社的做法是"很不妥当的",是"在一种惊惶失措的情绪支配下定出来的。这样一件大事不得中央同意就去做,也是不妥当的"。⑤

---

① 逄先知,等:《毛泽东传(1949—1976)》(上),中央文献出版社,2003年,第376-377页。
② 高化民:《农业合作化运动始末》,中国青年出版社,1999年,第183页。
③ 《中国农业合作化史资料》,1989年第5期,第6页。
④ 同③,第13页。
⑤ 《毛泽东选集》第5卷,人民出版社,1977年,第183,174页。

同年 10 月,在中共七届六中全会上,毛泽东作了《农业合作化的一场争论和当前的阶级斗争》的总结报告,把党内关于农业合作化问题上的争论,提高到了阶级斗争的高度。会议根据毛泽东 7 月 31 日的讲话通过了《关于农业合作化问题的决议》。毛泽东进一步批评邓子恢犯了右倾机会主义亦即"慢机会主义"的错误,并"对于党的决议或者长期提倡的一些政策、一些纲领,根本不理,自己单另搞一套","是很喜欢分散主义,闹独立性,甚至闹独立王国,觉得独裁很有味道"。① 会议通过的决议则认为邓子恢的右倾机会主义"反映了资产阶级和农村资本主义自发势力的要求"。

在一再批评邓子恢所谓"右倾保守"思想的形势下,全国范围内的农村社会主义改造高潮迅速到来。早在 1955 年 7 月的省市自治区书记会议上,毛泽东就指出:"目前农村合作化的社会改革的高潮,有些地方已经到来,全国也即将到来。""这是不可避免的。"② 根据这一讲话精神,各省相继召开省、地、市委书记会议,检查"右倾"思想,修正本地区农业合作化的发展规划,出现了你追我赶的热潮。《关于农业合作化问题的决议》公开发表后,更进一步激发了广大干群创办农业合作社的积极性。全国各地都争先恐后地建立起了新的农业生产合作社,在许多地方还出现了整村整乡农户集体入社的盛况。不仅贫农、下中农积极参加合作社,中农也改变了观望的态度,一批批地加入合作社。形势发展之快,超出了人们的正常想象。为了进一步推动农业合作化运动向前发展,毛泽东亲自主持编辑了《中国农村的社会主义高潮》这部中国"农业合作化运动百科全书",并写了两篇序言和 104 篇按语,高度评价广大农民走社会主义道路的积极性。由此,农业合作化运动发展速度更加迅猛。1955 年底,全国只有农业合作社 190.4 万多个,其中 1.7 万多个高级社,入社农户 7 500 万多户,占全国总农户的 63.3%。到 1956 年 5 月底,全国总农户的 91.2% 已经加入合作社,其中的 61.9% 已参加了高级社。农村的社会主义高潮真可谓波澜壮阔。速度之快,可以想见。

---

① 《毛泽东选集》第 5 卷,人民出版社,1977 年,第 209 页。
② 同①,第 188 页。

那么,有哪些具体原因促使毛泽东于 1955 年 5 月决定加速农村社会主义高潮的到来?

第一,在客观上,落后的农业生产已不能满足大规模、有计划的经济建设的需要,这引起了毛泽东的高度重视,他希望通过农业合作化来推动农业生产的快速发展。新中国成立前后,中国共产党对生产关系与生产力这一对矛盾的基本看法是:必须大力变革落后的生产关系以促进生产力的发展。1948 年 9 月,张闻天在为东北局起草的《关于东北经济构成及经济建设基本方针的提纲》一文中就提出:农业生产互助合作社"可以提高生产力,以增加生产品,增加小生产者的劳动互助的习惯,给将来农民的集体化准备若干有利条件"。[①] 1951 年 3 月通过(12 月下发)的《中共中央关于农业生产互助合作的决议(草案)》也指出:"党中央从来认为要克服很多农民在分散经营中所发生的困难,要使广大贫困的农民能够迅速地增加生产而走上丰衣足食的道路,要使国家得到比现在多得多的商品粮食及其他工业原料,同时也就提高农民的购买力,使国家的工业品得到广大的销场,就必须提倡'组织起来',按照自愿和互利的原则,发展农民互助合作的积极性。"[②] 因此,毛泽东在 1953 年批评邓子恢"言不及社会主义"时,一条重要的理由就是,改变私有制"为集体所有制和国营所有制(经过公私合营,统一于社会主义),这才能提高生产力,完成国家工业化"。[③] 事实上,当有计划的大规模经济建设刚一开始之时,落后的农业生产现实和经济快速发展之间的尖锐矛盾就表现出来了,农业生产特别是粮食生产不能满足工业生产的矛盾日趋严重。中共中央不得不于 1953 年 10 月作出对粮食等主要副产品实行统购统销政策的决定,并指出:在粮食"供销方面所表现的紧张性,其本质是反映了国家计划经济与小农经济和自由市场之间的矛盾,反映了工人阶级领导与农民自发势力和资产阶级反限制的市场之间的矛盾,归根结底,是反映了社会主义因素与资本主义因素之间的矛盾"。因而必须"把分散的小农经济纳入国家计划建设的轨道之内,引导农民走向互助

---

① 《张闻天选集》,人民出版社,1985 年,第 400 页。
② 黄道霞,等:《建国以来农业合作史料汇编》,中共党史出版社,1992 年,第 51 页。
③ 《毛泽东选集》第 5 卷,人民出版社,1977 年,第 119 页。

合作的社会主义道路"。① 1955 年,当经济计划有所提高时,农村出现"生产力暴动",城市出现罢工和学潮。如果说在统购统销政策提出以前,粮食紧张状况主要是由城乡资本主义相勾结与国营经济争夺商品市场领导权而引起的话,那么在这之后,则主要是由小农经济生产力低下、规模过小、技术落后而引起的。怎样才能解决工业化速度同农民小私有制之间的矛盾呢? 毛泽东强调要大力加快农业社会主义改造的速度,通过不断变革农村生产关系来满足工业化迅速发展对农副产品不断增加的需求。所以毛泽东在批评邓子恢时仍强调"农业生产合作社,在生产上,必须比较单干户和互助组增加农作物的产量"。② 他指出:"发展合作社,也要做到数多、质量(高)、成本低。所谓成本低,就是不出废品;出了废品,浪费农民的精力,整个影响很坏,政治上蚀了本,少打了粮食。最后的结果是要多产粮食、棉花、甘蔗、蔬菜等。不能多打粮食,是没有出路的,于国于民都不利。"③ 他又说:"如果我们不能在大约 3 个五年计划的时期内基本上解决农业合作化的问题,即农业由使用畜力农具的小规模经营跃进到使用机器的大规模经营……我们就不能解决年年增长的商品粮食和工业原料的需要同现时主要农作物一般产量很稀薄之间的矛盾,我们的社会主义工业化就会遇到绝大的困难,我们就不可能完成社会主义工业化。""社会主义工业化的一个最重要的部门——重工业,它的拖拉机的生产,它的供农业使用的现代运输工具的生产,它的供农业使用的煤油和电力的生产,等等,所有这些,只有在农业已经形成了合作化的大规模经营的基础上才有使用的可能,或者才能大量地使用。""为了完成国家工业化和农业技术改造所需要的大量资金,其中有一个相当大的部分是要从农业方面积累起来的。"④

第二,对农民的合作化热情和政治觉悟估计过高。在中国共产党的长期教育和领导下,广大贫苦农民有着较高的农业合作热情,他们相信,在党

---

① 中共中央文献研究室:《建国以来重要文献选编》第 4 册,中央文献出版社,1993 年,第 478-479 页。

② 《毛泽东选集》第 5 卷,人民出版社,1977 年,第 176 页。

③ 同②,第 118 页。

④ 同②,第 181-182 页。

的领导下,通过走合作化道路就能迅速改变农村的落后面貌。土改后,获得土地的农民初尝到农业互助合作的好处:大量农民集中起来,在兴修水利、交流生产经验、推广农业技术、抵御水旱虫灾等方面,是个体农民所无法企望的,从而使广大农民尤其是贫苦农民坚定了走互助合作道路的信心。这从合作化过程中许多贫苦农民不愿退社的大量事实中就能看出来。当年,中共中央和毛泽东在决定加快农业社会主义改造步伐时的信心和依据也正在于此。他指出:由于中国人口多,耕地少,时有严重灾荒和经营方法落后,广大农民在土地改革后,生活仍有很大困难,"因此大多数农民有一种走社会主义道路的积极性"。① 他又说:"所谓反冒进,不但是停止发展,而且是成批地强迫解散(一名'砍掉')已经建成的合作社,引起了干部和农民的不满意,有些农民气得不吃饭,或者躺在床上不起来,或者几天不出工。他们说:'叫办也是你们,叫散也是你们'。叫散,富裕中农高兴,贫农发愁。湖北的贫农听了停或散的消息,感到'冷了半截',有些中农则说,'等于朝了一次木兰山'。"② 其实,农民作为个体小生产者,除了具有互助合作的积极性外,还有个体经营的积极性。就是对广大农民所表现出来的互助合作积极性,也必须有科学的分析。当年毛泽东决定加快农业合作化步伐,正是对农民的合作化积极性缺乏辩证分析导致的结果。

第三,对农业合作化的条件有了新的认识。原来一直强调在合作化过程中要坚持自愿和互利原则,不得损害中农的利益,同时对单干户要一视同仁,并强调要考虑到干部与群众的经验水平、领导能力及接受程度。但到后来,毛泽东更多的是强调要教育农民,克服单干意识,要求中农"照顾大局,只要能增产,只要产量收入比过去多,小小的入社时的不公道可以就算了"。他认为对待中农不能全妥协,否则"就没有社会主义了","又团结、又斗争是我们的方针"。在省市自治区党委书记会议上,他又指出:即使办得不够理想的合作社,也可以通过整顿而逐步完善和巩固起来,而没有必要加以解散。关于干部和群众的"经验水平"和"觉悟程度",他是这样认为的:"不错,社会

---

① 《毛泽东选集》第5卷,人民出版社,1977年,第179页。
② 同①,第218-219页。

主义革命是一场新的革命。过去我们只有资产阶级民主革命的经验,没有社会主义革命的经验。但是怎样去取得这种经验呢? 是用坐着不动的方法去取得呢,还是用走进社会主义革命的斗争中去、在斗争中学习的方法去取得呢? ……不去领导农民在每乡每村都办起一个至几个农业生产合作社来,试问'干部的经验水平'从何得来,又从何处提高呢? 显然,所谓现时农业生产合作社的发展状况'超过了干部的经验水平'这样一种思想,是一种错误的思想。"同样,他认为"农业生产合作社'超过了实际可能','超过了群众的觉悟水平',这是看见了较小量的富裕农民,忘记了最大量的贫农和非富裕农民"的思想,同时也是"一种错误的思想"。①

第四,认为农业合作化的发展速度关系到工农联盟的巩固。1953 年,城乡资本主义势力相勾结,从事粮食等主要农副产品的投机活动,引起了城乡、工农、供求关系的普遍紧张。对此,毛泽东提出应当加快农业合作化的发展进程以割断城乡资本主义联结的纽带,并为彻底消灭资本主义因素准备条件。他认为:"对于农村的阵地,社会主义不去占领,资本主义就必然去占领。""如果不搞资本主义,那资本主义势必要泛滥起来。"② 1955 年,他进一步分析道:"在土地改革后,农民发生了分化。如果我们没有新东西给农民,不能帮助农民提高生产力,增加收入,共同富裕起来,那些穷人就不相信我们,他们会觉得跟共产党走没有意思。""那些富裕的,变成富农的或很富裕的,他们也不相信我们,觉得共产党的政策总是不合自己的胃口。结果两下都不相信……那么工农联盟就很不巩固了。要巩固工农联盟,我们就得领导农民走社会主义道路。"③ 他还明确指出:"我们现在有两个联盟:一个是同农民的联盟,一个是同民族资产阶级的联盟。这两个联盟对我们都很必要的,同农民的联盟是基本的,第一位的;同资产阶级的联盟是暂时的,第二位的。"④ 只有大力发展农业合作化运动,才能巩固工农联盟。

---

① 《毛泽东选集》第 5 卷,人民出版社,1977 年,第 180 页。
② 同①,第 117 页。
③ 同①,第 196-197 页。
④ 同①,第 198 页。

第五，怀疑邓子恢等人不愿立即走社会主义道路。1955 年 3、4 月间，毛泽东为合作化问题进行了"走马观花"式的调查研究，对原来的认识有了发展。他认为农村中粮食的紧张状况主要是"地主、富农以及富裕中农的叫嚣"，[①]并提出党内也有人不赞成搞社会主义，邓子恢就是其中的代表人物。早在 1953 年 6 月和 11 月，毛泽东就批评邓子恢的"确保私有"等观点是"好行小惠"，"言不及社会主义"。[②] 到 1955 年 5 月，当邓子恢仍坚持稳步前进的方针时，毛泽东便认为这表明他不愿搞社会主义，除了"不能在事物冒了一些头就要能够抓到"，没有看到"农村中不久就将出现一个全国性的社会主义改造的高潮"以外，还在于他很喜欢搞分散主义，闹独立王国。从而，毛泽东便认为他是有意违反党的决议，站在地主富农和富裕中农的立场上讲话。1962 年，在中共八届十中全会上，毛泽东说邓子恢"对形势的看法几乎是一片黑暗"，"对包产到户大力提倡"，"这是与他在 1955 年夏季会议以前一贯不愿搞合作社，下令砍掉几十万个，毫无爱惜之心，而在这以前则竭力提倡四大自由，'好行小惠、言不及义'是相联系的"，他"是站在一个资产阶级民主主义者的立场上，因而犯了反对建立社会主义集体农业经济的错误"。[③]

最后，从工作方法上看，在强调农业合作化的时候，毛泽东多次说过："这两年的工作很要紧"，"关键在今后两年，主要在今后 5 个月，就是今冬明春"。[④] 这实际上是毛泽东"不断革命"思想的反映。1958 年，他把这一思想概括为："10 年看 3 年"、"3 年看前年"、"当前看前冬"。既然要在三个五年计划 15 年内完成社会主义改造任务，那么，包括 1955 年在内的两三年时间，当然就是很关键的，必须在此期间内打下合作化的基础。

"农村社会主义高潮"的到来产生了巨大的影响，具体表现在以下几个方面。

第一，"农村社会主义高潮"的到来使得三大改造的步伐大大加快，结

---

① 《毛泽东选集》第 5 卷，人民出版社，1977 年，第 202 页。

② 同①，第 120 页。

③ 《邓子恢传》编写组：《邓子恢传》，人民出版社，1996 年，第 569 页。

④ 同①，第 205 页。

果只用了不到 7 年的时间就完成了原定需要 15 年或者更长时间才能完成的社会制度的根本性变革。农业方面,到 1956 年底,全国的合作社达到76.4 万多个,中高级社为 48.85 万个,占 63%;入社户为 11 782.9 万多,占总农户的 96.3%,农业社会主义改造基本完成(西藏等少数民族地区除外)。手工业方面,在农业社会主义改造高潮的推动下,1955 年 12 月在北京召开了第五次全国手工业生产合作会议。会议批判和检查了保守落后的右倾思想,要求各地订出手工业改造的全面规划,改变过去零打碎敲的建社方针,进行全行业分期、分批、分片的改造,积极发展,积极过渡。会后,在全国范围内迅速掀起了一个声势浩大的手工业社会主义改造高潮。私营工商业方面,1955 年 10 月,毛泽东邀请全国工商业联合会执委会委员到中南海座谈私营工商业的社会主义改造问题。他指出:现在,农业合作化了,手工业合作化了。大家都搞社会主义,你们不搞,心里是十五个吊桶,七上八下。你们要认清社会发展规律,走社会主义道路,自己掌握自己的命运,进一步接受社会主义改造。11 月 16 日至 24 日,中央召集各省市自治区和人口在 50 万以上的大中城市党委负责同志会议,讨论通过了《关于资本主义工商业改造的决议(草案)》,指出:我们现在已经有了充分有利的条件和完全的必要把对资本主义工商业的改造工作推进到了一个新的阶段,即推进到在一切重要的行业中实行全部或大部公私合营的阶段。会后,各地纷纷按照决议草案的精神,向中央提出关于改造资本主义工商业的规划,迅速掀起了资本主义工商业的社会主义改造高潮。

1956 年 9 月,刘少奇代表中共中央在第八次全国代表大会上宣布:"改变生产资料私有制为社会主义公有制这个极其复杂和困难的历史任务,现在在我国已经基本上完成了。"这表明社会主义制度已经基本建立起来。但由于"在农业、手工业和资本主义工商业的社会主义改造过程中,我们的工作并不是没有缺点和错误的,我们的政策并不是一开始就成熟的,在政策的执行中也出现过局部的偏差",[1] 出现了诸如"要求过急,工作过粗,改变过快、形式也过于简单划一"等问题。历史地评价这一社会制度的

---

① 《刘少奇选集》(下卷),人民出版社,1985 年,第 218—219 页。

根本性变革,我们必须看到:社会主义中国出现在世界舞台上,有力地推动了国际共产主义运动和人类进步事业向前发展;社会主义制度在中国的确立,彻底地废除了人剥削人、人压迫人这种极不合理的政治经济制度在中国的存在和复辟的可能,广大人民第一次真正做了国家的主人,从而极大地促进了我国社会主义革命和建设事业的顺利发展。从这一点来看,在毛泽东看来,它的意义要比1949年革命胜利的意义还要大。同时也要看到:社会主义制度来得极为急促,使得人们缺乏必要的心理准备,对这一社会制度的本质特征未能有深刻的认识。八大政治报告的决议曾正确地指出,社会主义制度的建立,使得我国社会的主要矛盾发生了变化:已经由解放生产力变成保护和发展生产力,已经是人民对于建立先进的工业国的要求同落后的农业国的现实之间的矛盾,已经是人民对于经济文化迅速发展的需要同当前经济文化不能满足人民需要的状况之间的矛盾,也就是先进的社会制度同落后的生产力之间的矛盾。由此决定了我们党的工作重心应放到经济建设上来,应团结一切可以团结的力量"向自然开战,发展我们的经济,发展我们的文化"。① 但时隔不久,由于国际上反共反华事件的接连出现以及国内反右派斗争的扩大化,我们党偏离了八大的正确认识。在八届三中全会上,毛泽东断言:"无产阶级和资产阶级的矛盾,社会主义道路和资本主义道路的矛盾,毫无疑问,这是当前我国社会的主要矛盾。"② 八大二次会议正式接受了这一错误观点。这之后,又提出要以"阶级斗争为纲",从而使中共工作重心偏离了正确轨道。应该说,这些失误的发生,与中共对由"社会主义高潮"的大力推动而提前到来的社会主义社会的本质特征认识存在很大局限性是有密切关系的。

第二,"农村社会主义高潮"的迅速来临,虽然"不是偶然的,而是1949年以来我国各种社会条件发展成熟的必然结果";③ 但由于过分强调了只要不断变革生产关系就能促进生产力迅速发展的这一既有悖于马克思主义关于生产关系的变革一定要适合生产力发展水平、只有当生产关系不能

---

① 《毛泽东选集》第5卷,人民出版社,1977年,第375页。
② 同①,第475页。
③ 《刘少奇选集》(下卷),人民出版社,1985年,第208页。

适应生产力发展水平的时候才须加以变革的基本原理,也有悖于党在过渡时期总路线关于"一化三改"辩证关系的表述,结果,作为"两翼"的"三改"高飞了,作为"主体"的"一化"却严重滞后。20 世纪 50 年代前期,当我国的社会生产力还处于极端低下的情况时,应当在充分估计广大农民要求走合作化道路的积极性并作科学分析的同时,严格坚持自愿互利、典型示范、国家帮助等原则,绝不能简单行事。但问题正出于此。毛泽东提出了要使"资本主义绝种,小生产也绝种"的观点,① 不适当地强调了"大社的优越性"。随后于 1958 年,伴随着"大跃进"运动的兴起,在生产关系上又进行了一次重大的变革。在全国范围内,仅用两三个月的时间就实现了由高级社向以"一大二公"为主要特征的人民公社的转变,提出逐步变集体所有制为全民所有制,作为向共产主义过渡的"桥梁"。在"文革"期间,又提出"抓革命、促生产","割资本主义尾巴"等口号,认为私有制就是资本主义。所有这些"左"的理论与做法,虽然是一步一步发展起来的,但却肇始于 1955 年的"农村社会主义高潮"。

第三,"农村社会主义高潮"的到来,对社会主义建设方略的选择产生了巨大的影响,"助长了生产建设中的'高指标'和浮夸风的苗头"。② 1955 年 12 月,毛泽东在《〈中国农村的社会主义高潮〉的序言》(二) 中提出,"现在提到全党和全国人民面前的问题,已经不是批判在农业的社会主义改造速度方面的右倾保守思想的问题","也不是在资本主义工商业的按行业实行全面公私合营的速度方面的问题","手工业的社会主义改造的速度问题……也会容易解决的"。"现在的问题,不是在这些方面,而是在其他方面。这里有农业的生产,工业(包括国营、公私合营和合作社营)和手工业的生产,工业和交通运输的基本建设的规模和速度,商业同其他经济部门的配合,科学、文化、教育、卫生等项工作同各项经济事业的配合等等方面。在这些方面,都存在着对于情况估计不足的缺点的,都应当加以批判和克服,使之适应整个情况的发展。人们的思想

---

① 《毛泽东选集》第 5 卷,人民出版社,1977 年,第 198 页。

② 薄一波:《若干重大决策与事件的回顾(修订本)》(上卷),人民出版社,1997 年,第 373-374 页。

必须适应已经变化了的情况。当然,任何人不可以无根据地胡思乱想,不可以超越客观情况所许可的条件去计划自己的行动,不要勉强地去做那些实在做不到的事情。但是现在的问题,还是右倾保守思想在许多方面作怪,使许多方面的工作不能适应客观情况的发展。现在的问题是经过努力本来可以做到的事情,却有很多人认为做不到。因此,不断地批判那些确实存在的右倾保守思想,就有完全的必要了。"[1]自此,毛泽东决定把反对右倾保守思想作为当前工作的主要内容,并以此来准备即将召开的中共八大的有关文件。《人民日报》1956年元旦的社论断言:"我们有很大的潜能,把这些潜在能力发掘出来,就可以争取实现更高的发展速度,争取实现一种先进的平均定额。"1月25日,毛泽东在最高国务会议上又说:"去年夏季以前在农业方面存在的许多困难情况现在基本上已经改变了,许多曾经被认为办不到的事情现在也可以办到了。""我国人民应该有一个远大的规划,要在几十年内,努力改变我国在经济上和科学文化上的落后状况,迅速达到世界上的先进水平。"随后,毛泽东把上述内容概括成"多快好省"4个字,明确提出社会主义建设要多一点、快一点、好一点,要争取多、争取快、争取好,并决定在一切工作部门中开展反对右倾保守思想的斗争,使得经济工作中的冒进倾向日趋严重。对此,周恩来等努力加以纠正,并取得了一定成效。但从1957年9月党的八届三中全会起,毛泽东开始严厉批评"反冒进",认为"反冒进"是反马克思主义的,犯了右倾错误;"反冒进"反掉了多快好省、农业40条纲要和促进委员会。在这种情况下,他提出了鼓足干劲、力争上游、多快好省地建设社会主义的社会主义建设总路线,确立了跃进(其实是冒进)的发展战略,并强调总路线的灵魂就是高速度,从而导致了"大跃进"运动的兴起,使得国民经济的发展陷于严重比例失调的境地。薄一波在回顾这一情况时指出:"我们后来在建设和工作中,多次发生急于求成、急躁冒进和其他严重的'左'倾错误,而受到客观规律的惩罚,也不能

---

[1] 《毛泽东选集》第5卷,人民出版社,1977年,第223—224页。

不说与此(指社会主义改造的提前完成)是有关联的。"①

第四,压制不同意见,对党的民主生活产生了消极影响。毛泽东在七届六中全会上的总结讲话中,批评了分散主义和闹独立性,提出要注意反对两种机会主义倾向和防止犯经验主义、骄傲自满的错误,一般说来,这是对的。但是,毛泽东把党内的不同意见,甚至是正确的意见一概当做机会主义来批判,就失之偏颇了。特别是他认为邓子恢犯了路线性质的错误,并认为他违背了七届二中全会等党的决议的规定,更是与事实不符。邓子恢生前多次表明:"我的错误我自己负责,但不是背着中央,更没有反中央。"②对邓子恢以及与这一问题有关的同志的不正确批评,严重地压制了不同意见的发表,对农业合作化运动进而对整个社会主义改造运动和社会主义建设方略的选择产生了消极影响,同时对党的民主建设也带来了较为严重的不良后果。③此后,毛泽东越来越听不进不同意见,不管这种意见正确与否,都常常将其视为反党言论,视为机会主义分子和修正主义分子对党发动的猖狂进攻。八届三中全会开始了对"反冒进"的批评,1958年成都会议上提出要有正确的个人崇拜,1959年庐山会议上对所谓"彭德怀反党集团"的批判,八届十中全会上对"单干风、黑暗风、翻案风"的批判,一次比一次激烈,使得党的民主集中制原则遭到严重破坏,理论上的失误也愈陷愈深,直至酿成"文化大革命"的悲剧,其教训是极为深刻和惨痛的。

第六节　《1956 年到 1967 年全国农业发展纲要》的制定

在社会主义高潮到来后不久,一方面,毛泽东于 1956 年 1 月提出了

---

① 薄一波:《若干重大决策与事件的回顾(修订本)》(上卷),人民出版社,1997 年,第 236 页。
② 《中国农业合作化史资料》,1989 年 5 期,第 3 页。
③ 同①,第 372 页。

"社会主义革命的目的是为了解放生产力"的重要论断,① 因此必须逐步把全党的工作重心转移到经济建设上去;另一方面,为了适应社会主义改造快速发展的形势,他提出要不断批评社会主义建设中"小脚女人"式的右倾保守思想,反对一步三摇,慢条斯理。为此,他提出要加强农业生产的规划编制工作,反对放任自流。在当时的生产条件下,农业生产仍以手工劳动为主,没有改变主要靠天吃饭的基本局面,因此也就最不容易按照人们预先设想的计划进行,由此影响了整个国民经济计划的执行。正因为农业生产是整个计划经济建设中的软肋,因此在毛泽东看来就更需要加强计划性。

基于上述考虑,毛泽东在 1955 年 7 月到 1956 年上半年的大半年时间里,不仅在不同场合、以多种方式一再强调编制农业生产和合作社计划的重要性,多次向有关方面推荐这方面的成功经验,提出指导性意见,而且亲自主持农业生产计划的编制工作。他历来认为,"摊派而不强迫,不是命令主义",② 而是防止放任自流、加强计划的具体表现。

1955 年 7 月,毛泽东在省、市、自治区党委书记会议上指出:"要有全国的、全省的、全专区的、全县的、全区的、全乡的关于合作化分期实行的规划。并且要根据实际工作的发展情况,不断地修正自己的规划。"他强调:"全面规划,加强领导,这就是我们的方针。"③

在给北京市农林局规划工作组所编制的《黄安坨农林牧生产合作社的远景规划》一文所写的按语中,毛泽东肯定性地指出:"这是一个十三年的长远计划,可以作为各地的参考。这种计划的用处,是有一个长远的目标,使人们的眼光不被限制在眼前走出的一步。这种计划只是一个大的方向,还要用每一个五年计划和每一年的年度计划去加以具体化。由于几个年度计划的实行,远景计划会要一再加以修改的。"④

1955 年 10 月,毛泽东又在《农业合作化的全面规划和加强领导问题》

① 《建国以来毛泽东文稿》第 6 册,中央文献出版社,1992 年,第 22 页。
② 《毛泽东选集》第 5 卷,人民出版社,1977 年,第 116 页。
③ 同①,第 189,191 页。
④ 《毛泽东文集》第 6 卷,人民出版社,1999 年,第 452 页。

一文中对制订农业生产规划作了较为全面、详细的阐述。

全面规划应当包括：第一，合作社的规划；第二，农业生产的规划；第三，全部的经济规划。农村全部的经济规划包括副业、手工业，多种经营，综合经营，短距离的开荒和移民，供销合作，信用合作，银行，技术推广站等等，还有绿化荒山和村庄。

还有什么规划呢？还有文化教育规划，包括识字扫盲，办小学，办适合农村需要的中学，中学里面增加一点农业课程，出版适合农民需要的通俗读物和书籍，发展农村广播网、电影放映队，组织文化娱乐等等。还有整党建党、整团建团、妇女工作，还有镇压反革命。在整个规划里面都要有这些部分。

规划应当有这么几种：（一）乡村合作社规划。每个合作社应当有个规划，虽然小也应当有规划，让他们学会搞这一套。（二）全乡的规划。我们全国有二十二万多个乡，搞二十二万多个乡的规划。（三）全县的规划。我们希望每一个县搞一个。现在，有的县已经搞出来了很好的规划，看了很有味道。他们思想解放，天不怕地不怕，没有什么脚镣手铐的束缚，规划搞得很生动。（四）全省（或自治区、各市郊区）的规划。这里面着重全乡的规划，全县的规划。要抓住这两个环节，迅速作出一批，比如一个省里面搞三四个县的规划，发出来要各地仿照办理。

合作化的规划，要分别不同地区规定发展的速度。①

在给中共离山县委书记上报的《依靠合作化开展大规模的水土保持工作》一文所写的按语中，毛泽东提出如下要求："全国各县，都应当在1956年，由县委领导，作出一个全面规划，包括合作化，农、林、牧、副、渔业，工业或者手工业，水利，肥料，农具，改良工作技术，改良种子，商业，金融，文化，教育，卫生等等各项内容。如果不能这样全面，首先抓住几个主要的项目也好。计划包括的时间，三年，五年，或者七年，都可以。如能计算到十二年（即第三个五年计划的最后一年），当然更好。省应当督促所有地、县、区、乡都这样做，着重点放在县、乡。做得粗糙一点，也不要紧，可以在

---

① 《毛泽东选集》第5卷，人民出版社，1977年，第203—204页。

1957 年加以修正,使之具体化和完善化,1958 年再加以修正,使之进一步具体化和完善化。"① 他强调:"一切合作社,均应做一个几年的生产规划,经过社员多次讨论,加以修改,然后付诸实施。"②

在给中共淮阴地委生产合作部提供的一份《农业社会主义改造全面规划调查报告》所写的按语中,毛泽东又指出:"这个乡做了一个合作化、增产措施、水利、整党整团、文化教育等项工作的两年计划,全国各乡也应当这样做。有些人说计划难做,为什么这个乡能做呢? 1956 年,全国各县、区、乡都要做一个全面性的计划,包括的项目,比这个计划还应当多一些,例如副业、商业、金融、绿化、卫生等。哪怕粗糙一点,不尽符合实际,总比没有好些。一个省只要一两个县、一两个区、一两个乡做出了相当像样的计划,就可以迅速传播开去,叫其他县其他区其他乡仿照办理。说起来怎样困难,其实是并不那么困难的。"③

在给中共贵州省贵定县盘江工作组提交的《贵定县盘江乡平堡农业生产合作社发展生产建设的三年规划》所写的按语中,毛泽东明确肯定了该文作者的观点,指出:"'制订生产规划的整个过程,就是先进思想和保守思想斗争的过程。'保守思想现在几乎在到处作怪。为了克服这种保守思想,使生产力和生产向前发展一大步,一切地方,一切合作社,都要做出自己的长期计划来。"④

在给中共甘肃省皋兰县委《关于大力全面开展以互助合作为中心的农业增产运动的计划》所写的按语中,毛泽东再次发出倡议:"我们建议每个县都在国家和省(区)的计划所许可的范围以内,根据当地的实际情况,做出一个可行的全面的计划,送省(区)批准实行。甘肃省委农村工作部对于各县做计划这件事,认为可以先由县级将计划的轮廓发给区乡,由各区乡依据县的计划和当地的情况,制定本区本乡的计划,报告到县,然后由县

① 《建国以来毛泽东文稿》第 5 册,中央文献出版社,1991 年,第 499 页。
② 同①,第 509 页。
③ 同①,第 515 页。
④ 同①,第 540 页。

综合起来,再行决定县的计划。我们认为这个意见是好的。"①

这一时期,毛泽东不仅一再号召各地制订适合本地情况的农业发展规划,他本人更是积极带头编制全国的农业发展规划,这就是《1956 年到 1967 年我国农业发展纲要(草案)》(简称《发展纲要》)。《发展纲要》是从最初的《农业十七条》发展而来的。

1955 年 11 月中旬,在"农村社会主义高潮"到来之际,在兴趣已明显转向思考和酝酿高潮到来后的下一步工作问题的情况下,毛泽东先后在杭州和天津召集华东、中南、东北和华北 15 个省市自治区党委书记开会,展望农业合作化和农业生产发展的远景,他将会议讨论的农村发展设想归纳为《农业十七条》(以下简称《十七条》),下发各地并要求继续加以讨论,提出意见。其主要内容如下。

(1)关于农业合作化的进度。《十七条》提出,1956 年下半年基本上完成初级形式的建社工作,省、市、自治区一级的指标以要求完成 75% 的农户入社为宜,让下面超过一点,达到 80% ~ 85%。合作化的高级形式是否可以缩短一年,争取于 1959 年基本上完成。为此,需要于 1956 年由县最好由区直接掌握每县或者每区办一个至几个大型(100 户以上的)高级社,再于 1957 年办一批,这两批高级社应占农户 25% 左右,以为榜样。这样是否可能? 由小社变为大社,规模如何? 一乡几社,一乡一社,数乡一社,三者是否都可行? 全国总社数 30 万个或者 40 万个,或者 50 万个,究以何者为宜? 先并社后升级为好,还是并社升级同时进行为好,还是升级后并社为好? 以上各点最好一并加以研究。

(2)关于地主、富农入社。《十七条》主张,1956 年是否即照安徽、山西、黑龙江等省的意见办理,即好的许其入社,不好不坏的许其在社生产,不给社员称号,坏的由社管制生产,凡干部强的老社均可这样做。这样做好处很多,但是有一个缺点就是势必逼使那些目前还不愿入社的上中农勉强入社,并且让他们先入社,然后再让地富入社,才使他们面子上过得去。这样是否有利。或者推迟一年,即到 1957 年才行上述办法。这二者哪一

---

① 《建国以来毛泽东文稿》第 5 册,中央文献出版社,1991 年,第 545 页。

种有利些,请加以研究。

(3)关于长期规划。《十七条》提出,1956 年一切省、地、县、区、乡都要作出一个包括一切必要项目的全面长期规划,着重县、乡的计划,于上半年完成初稿,下半年定稿,以后还可修改。计划包括的时间,至少 3 年,最好 7 年,可以到 12 年。此事必须抓紧去做。因为无经验,有许多可能是很粗糙的,但是必须争取少数县、乡的计划比较接近实际,以利推广。

此外,《十七条》还包括合作社的领导成分,增产条件,耕畜和家禽的保护与繁殖,7 年内的兴修水利与防治水旱自然灾害,农作物病虫害的防治以及消灭若干危害人畜疾病,12 年内的荒山荒地的绿化,肥料以及粮食和其他农作物的亩产量,7 年内基本消灭老鼠、麻雀、苍蝇、蚊子"四害",基本扫除文盲,按规格修好各种必要的道路,建立有线广播网,完成乡和大型合作社的电话网等内容。

1955 年 12 月,毛泽东给各省、市、自治区党委写信,要求各地于 1956 年 1 月 3 日以前讨论完毕,以便在 1956 年 1 月 10 日中央召集的各省委、市委、自治区党委书记参加的会议上加以确定。[①]

1956 年 1 月初,毛泽东在杭州召集部分省委书记讨论修改《农业十七条》。经过讨论,会议将 17 条扩展为 40 条,定名为《1956 年到 1967 年我国农业发展纲要(草案)》(以下简称《农业发展纲要(草案)》),并送中央政治局讨论。1956 年 1 月 9 日,刘少奇主持中央政治局会议,对《农业发展纲要(草案)》进行了讨论。

1956 年 1 月 14 日,中共中央将《农业发展纲要(草案)》印发出席全国知识分子会议的代表进行讨论,同时邀请在北京的工业、农业、文教卫生、社会科学等方面的专家、民主党派、文化教育界的人士 1 375 人,对《农业发展纲要(草案)》进行讨论。在此基础上,1 月 23 日,中央政治局讨论通过了《农业发展纲要(草案)》修改稿,并提交最高国务会议继续讨论。

1 月 25 日,毛泽东主持最高国务会议,讨论《农业发展纲要(草案)》。他指出:"农业和手工业由个体所有制变为社会主义的集体所有制,私营工

---

① 《毛泽东文集》第 6 卷,人民出版社,1999 年,第 507-510 页。

商业由资本主义所有制变为社会主义所有制,必然使生产力大大地获得解放。这样就为大大地发展工业和农业的生产创造了社会条件。"他还指出:"去年夏季以前在农业方面存在的许多困难情况现在已经基本上改变了,许多曾经被认为办不到的事情现在可以办到了。"《农业发展纲要》就是在这个基础上提出来的。"农业以外的各项工作,也都必须迅速赶上,以适应社会主义高潮的新形势。"①

1月26日,《人民日报》公开发表了毛泽东的讲话要点和《农业发展纲要(草案)》,以及农业部长廖鲁言的说明。1957年10月,《农业发展纲要》修正草案公布,《人民日报》还为此专门发表了题为《建设社会主义农村的伟大纲领》的社论。从此,《农业发展纲要》在一个很长的时期里成为我国农村经济发展的纲领性文件。它的主要内容除上述17条外,就其对中国农村社会经济发展的影响程度来说,还包括如下几方面:

(1)农业合作社要对缺乏劳动能力、生活无依靠的鳏寡孤独和伤残军人实行"五保",即保吃、保穿、保烧、保教、保葬,使他们的生养死葬都有依靠;(2)发展新式农具,在3到5年内推广双轮双铧犁600万部和相应数量的播种机、中耕机、喷雾器、喷粉器、收割机、脱粒机、铡草机等,逐步实行机械化;(3)多种高产作物,首先是扩大稻谷种植面积,12年内增加3.1亿亩水稻、1.5亿亩玉米和1亿亩薯类;(4)发展国营农场,12年内国营农场面积由1955年1 336万亩增加到1.4亿亩;(5)提高农村劳动力的利用率,在7年内做到农村男子全劳动力每年至少做250个工作日,女子全劳动力至少做120个工作日;(6)开展扫盲运动,按照各地情况,分别在5年或者7年内基本扫除文盲,在每个乡设立业余文化学校,在7年或12年内基本上普及小学义务教育。此外,还有关于储备粮食、发展农业科技、交通、通讯、广播、文化体育、商业、金融等内容。

《农业发展纲要》不仅在1956年到1967年间对我国的农业生产起到了重要的指导作用,有些内容在"文革"中仍在发挥作用。应该说,这一纲领提出的出发点是好的,在指导和推动中国农村的社会经济发展的主导方

---

① 《建国以来毛泽东文稿》第6册,中央文献出版社,1992年,第22—23页。

面是积极的。但由于在制定这一纲领时,党内的"左"倾冒进情绪已有明显滋长,因此在一些指标的确定上存在明显偏高的现象,有些要求明显脱离了当时中国的具体实际。如要求在5到7年内基本扫除文盲、7年内基本消灭水旱自然灾害、12年内绿化一切荒山荒地等,就明显要求过急、过高。有些内容则不够科学,如把麻雀和老鼠、苍蝇等并列,作为"四害"来看待并要加以彻底消灭,姑且不论能否消灭得了,仅就这一认识本身来说,也是不科学的。有些没有经过认真的调查研究,主观色彩较浓。如推广双轮双铧犁,由于中国绝大多数地方人多地少,而且各地自然条件千差万别,像双轮双铧犁这类农具并不具备在全国普遍推广的条件,尤其在南方水田地区其适用性更差。有些内容存在那个时代难以避免的历史局限性,如对粮食作物的重要性强调过头,没有更好地体现多种经营的思想,而且所提出的增长任务也难以完成。经过毛泽东修改审定的廖鲁言在最高国务会议上对《农业发展纲要》的说明中提出,到1967年全国的粮食和棉花产量要分别由1955年的3 652亿斤、3 007万担增加到10 000亿斤、1亿担,也就是说每年要分别以8.8%、10.5%的速度递增,[1]尽管在公开发表时改为分别比1955年增加一倍半、两倍,[2]但仍然是偏高的,实际上也是无法完成的。

因为没有经验、盲目冒进等而出现的这些不足,虽然影响了《农业发展纲要》的可行性,但并不能由此从总体上就全盘否定农业生产计划的编制工作。在20世纪五六十年代的中国,国家不可能有足够的资金用于改善农业生产条件,但农业的基础性战略地位又是毋庸置疑的,《农业发展纲要》的编制从政策和思想层面说明中国共产党的主要领导人高度重视农业和农村问题,并希望由此推动党的各级地方领导人也能重视"三农"问题的解决,积极探索解决"三农"问题的有效途径。

---

① 武力、郑有贵:《解决"三农"问题之路——中国共产党"三农"思想政策史》,中国经济出版社,2001年,第400页。

② 《中国农业集体化重要文献汇编》(上),中共中央党校出版社,1981年,第780页。

第七节　《中国农村的社会主义高潮》的出版

　　毛泽东历来认为,调查研究是了解情况、制定政策的主要依据。他曾提出过一个著名的口号:"没有调查,就没有发言权。"但在新中国成立以后,由于多种原因的共同作用,像 20 世纪 20 至 30 年代那样大规模的农村调查,毛泽东做得少了,然而只要条件允许或者他认为有必要,还是尽可能地作了一些调查研究。其中规模较大、影响也较深远的要数 1955 年下半年为了编辑《中国农村的社会主义高潮》(以下简称《高潮》)这部被誉为"农业合作化运动百科全书"而做的调查研究了。他曾说过:"我用 11 天工夫,看了 120 几篇报告,包括改文章写按语在内,我就'周游列国',比孔夫子走得宽,云南、新疆一概'走'到了。"[1] 1961 年 3 月,在广州会议上毛泽东又说:解放后 11 年,我做过两次调查研究,一次为农业合作化问题,看过一百几十篇材料,每省有几篇,出了一本书,叫做《农村社会主义高潮》。每篇都看,有些看过几遍,研究他们为什么搞得好。[2] 可见,毛泽东本人是十分看重这次调查研究的。

　　《高潮》是在《怎样办农业生产合作社》(以下简称《怎样办》)的基础上补充、修订出版的。1955 年 10 月中共七届六中全会后,面对难以阻遏的农村社会主义高潮,不少地方领导人普遍感到缺乏必要的实践经验和足够的心理准备,因此难以站在运动的前头因势利导,担心犯"右倾保守"错误,他们希望中共中央和毛泽东能够就如何领导农业互助合作运动提供一些具体的、可具实践操作性的指导意见。

　　《怎样办》于 1955 年 9 月开始编辑,收入 121 篇材料。由于到 10 月召开七届六中全会时农业合作化形势有了突飞猛进的发展,不少与会者认为

---

[1]　《毛泽东选集》第 5 卷,人民出版社,1977 年,第 206 页。
[2]　《毛泽东文集》第 8 卷,人民出版社,1999 年,第 260-261 页。

有些材料已经过时,提出需要补充新的材料,毛泽东采纳了他们的意见。

到 10 月 25 日,大部分省市区都送来了新材料。11 月初,中央办公厅又有针对性地组织了部分材料。毛泽东在综合整理、分类编辑这些材料时,从《怎样办》中保留了 91 篇,新增 85 篇,合计 176 篇,定名为《中国农村的社会主义高潮》,1956 年 1 月正式出版。

编辑出版《高潮》一书的目的本来是为了给各地的农业社会主义改造提供经验支持和理论指导。对此,毛泽东曾明确指出:在合作化"问题上的主要的缺点,是在很多的地方,党的领导没有赶上去,他们没有把整个运动的领导拿到自己的手里来,没有一省一县一区一乡的完整的规划,只是零敲碎打地在那里做,他们缺乏一种主动的积极的高兴的欢迎的全力以赴的精神"。因此,"当然要闹出一些乱子来"。而"一俟党委根据中央的方针跑上去做了适当的指导,那里的问题就立即解决了。这些材料很有说服力,它们可以使那些对于这个运动到现在还是采取消极态度的人们积极起来,他们可以使那些到现在还不知道怎样办合作社的人们找到办合作社的办法,他们更可以使那些动不动喜欢'砍掉'合作社的人们闭口无言。"① 这就清楚地说出了编辑这本书的目的,即展现农业合作化运动的规模、方向和前景;动员各级党委全力以赴,切实把农业合作化运动的主动权拿在自己手里;进一步批判农业对合作化运动的"动摇"态度和"动不动喜欢'砍掉'合作社的人们";总结经验,让那些不会办合作社的人们也学会怎样办农业生产合作社。其中的关键是批判"右倾保守"思想。②

但在这部著作的编辑出版过程中,中国农村的社会主义改造在主要是人为因素的一再推动下,高潮迭起,迅速实现了合作化,形势的发展大大出乎毛泽东的预料。在这种情况下,他不得不先后两次给《高潮》写了序言,并为其中的 104 篇材料写了按语。在序言和按语中,毛泽东提出了一系列重要思想,较为全面地反映了他在 20 世纪 50 年代中期"关于我国农业合作化和对社会主义建设若干主要问题的基本指导思想"。③ 其中较为重要

---

① 《毛泽东选集》第 5 卷,人民出版社,1977 年,第 220-221 页。
② 薄一波:《若干重大决策与事件的回顾(修订本)》(上卷),人民出版社,1997 年,第 390 页。
③ 同②,第 388 页。

的有:(1) 关于政治工作是一切经济工作生命线的思想;(2) 关于勤俭建国的思想;(3) 关于以是否增产和增产程度作为检验一切合作社是否健全的思想;(4) 关于合作社要坚持多种经营的思想;(5) 关于用积极的态度来克服困难、治穷致富的思想;(6) 关于改进领导方法和工作方法的思想。

这些内容中有的虽不是在序言和按语中首次提出的,但毫无疑问的是,这里的论述更为集中、丰富、系统和全面了。如在为《严重的教训》(原题为《山西省解虞县三娄寺农业生产合作社的教训》)所写的按语中,毛泽东提出,"提倡以集体利益和个人利益相结合的原则为一切言论行动的标准的社会主义精神",① 是从最初的"提倡以集体利益为一切言论行动的标准的社会主义精神"修改而来的,不仅提法更为科学,而且为后来进一步提出要妥善处理好国家、集体(生产单位)和生产者个人三者辩证关系的思想打下了必要的基础。又如在《勤俭办社》一文的按语中,毛泽东指出:"勤俭经营应当是全国一切农业生产合作社的方针,不,应当是一切经济事业的方针。勤俭办工厂,勤俭办商店,勤俭办一切国营事业和合作事业,勤俭办一切其他事业,什么事情都应当执行勤俭的原则,这就是节约的原则,节约是社会主义经济的基本原则之一。中国是一个大国,但是现在还很穷,要使中国富起来,需要几十年时间。几十年以后也需要执行勤俭的原则,但是特别要提倡勤俭,特别要注意节约的,是在目前这几十年内,是在目前这几个五年计划的时期内。"② 应该说,类似这样的思想是具有永恒价值的。

毋庸讳言,由于《高潮》一书是在不断批评党内所谓"右倾保守"思想的情况下编辑出版的,因此在毛泽东所写的序言和按语中存在着明显的"左"倾思想倾向。比如,他一再强调在各种工作中都要反对右倾保守思想,从而导致 1955 年下半年和 1956 年上半年在经济建设中出现了较为明显的急躁冒进现象,其集中表现就是基本建设摊子铺得过大,投资过热,由此带来经济建设中的各种比例关系趋于紧张,财政吃紧,资金缺口较多,不

---

① 《毛泽东选集》第 5 卷,人民出版社,1977 年,第 244 页。
② 同①,第 249 页。

得不靠银行增发票子和提高积累率来解决,进而又导致明显的通货膨胀,严重影响了人民群众的日常生产和生活。这种情况虽然由于周恩来、陈云、李先念等负责经济工作的领导人1956年上半年开展的"反冒进"运动而有所缓解,但从1957年下半年起,毛泽东对"反冒进"提出了日益严厉的批评,并将其上升到是否坚持马列主义、能否保持党的团结和统一的高度来加以看待,在这种情况下,周恩来等只有反复不断地进行检讨,承认自己犯了方向和路线错误,从而为"大跃进"运动的发动扫清了障碍。

此外,毛泽东在《大社的优越性》中还不恰当地片面强调了大社的所谓优越性,使得不少合作社盲目追求规模,实际上孕育了不久之后在全国范围内普遍发动农村人民公社化运动的思想,由此带来了管理混乱、生产下降、群众不满等不利后果。

有些按语在指导思想上则存在一定程度的片面性。如在第一篇按语中,毛泽东提出:"为什么这个地方可以这样做,别的地方就不可以这样做呢?"① 要求落后的地方向先进地区看齐,后进赶先进,形成你追我赶的喜人局面,实现共同进步。这本身没有什么错,但对待典型采取简单化的做法,不问具体条件,要求其他地方一味仿照,就有些失之偏颇了。

《高潮》一书虽然存在那个时代难以避免的诸多历史局限,但无论是对当时还是对此后较长一段时间内的中国农村社会,都产生了十分明显的影响,是第一代共和国领袖留下的一份重要遗产。

第八节　工农业协调发展思想的提出

尽快实现国家的工业化是时常萦绕在第一代领导人脑际的首要任务。正如毛泽东所指出的那样:"人民民主专政的国家,必须有步骤地解决国家

---

① 《毛泽东选集》第5卷,人民出版社,1977年,第226页。

工业化的问题。"①不如此,就无法实现国家的富强、人民生活的富裕,并捍卫国家的主权和独立。因此,尽快实现国家的工业化对于一心要尽快摆脱落后面貌,但却有过一百多年受列强侵略屈辱历史的中国来说,对于肩负振兴民族经济这一历史重任的中国领导人来说,就更有着极为特殊的含义。

1954 年 6 月,毛泽东在中央人民政府委员会第三十次会议上作《关于中华人民共和国宪法草案》的讲话时说道:"现在我们能造什么?能造桌子椅子,能造茶碗茶壶,能种粮食,还能磨成面粉,还能造纸,但是,一辆汽车、一架飞机、一辆坦克、一辆拖拉机都不能造。"②10 月,他在与来访的印度总理贾瓦哈拉尔·尼赫鲁的 4 次谈话中说:"我们的国家不是一个工业国,而是农业国。""帝国主义国家现在是看不起我们的。"③1956 年 4 月他在作《论十大关系》的讲话时说:"我国过去是殖民地,不是帝国主义,历来受人欺负,工农业不发达,科学技术水平低,除了地大物博,人口众多,历史悠久,以及在文学上有《红楼梦》等等以外,很多地方不如人家,骄傲不起来。""感觉事事不如人,在外国人面前伸不直腰。"④同年 8 月,他在中共八大预备会议上又说:"过去说中国是'老大帝国','东亚病夫',经济落后,文化也落后,又不讲卫生,打球也不行,游水也不行,女人是小脚,男人留辫子,还有太监,中国的月亮也不那么很好,外国的月亮总是比较清爽一点,总而言之,坏事不少。"为此,他提出了尽快实现国家工业化的历史任务:"这是一种责任。你有那么多的人,你有那么一块大地方,资源那么丰富,又听说搞了社会主义,据说是有优越性,结果你搞了五六十年还不能超过美国,你像个什么样子呢?那就要从地球上开除你的球籍。"⑤1957 年以后,他又多次说过:"我们这个国家,吹起牛皮来,了不起:地大物博,人口众多,历史悠久,炎黄子孙,等等,但就是钢赶不上比利时,粮食亩产很低,识

---

① 《毛泽东选集》第 4 卷,人民出版社,1991 年,第 1482 页。
② 《毛泽东选集》第 5 卷,人民出版社,1977 年,第 130 页。
③ 《毛泽东外交文选》,中央文献出版社、世界知识出版社,1994 年,第 164 页。
④ 同①,第 287 页。
⑤ 同①,第 296 页。

字的人只那么一点点,因此,过去帝国主义欺侮我们,现在世界上的一些人,比如美国的杜勒斯等,也不把我们放在眼里。"①"实力政策、实力地位,世界上没有不搞实力的。""手中没有一把米,叫鸡都不来,我们处在被轻视的地位,就是钢铁不够……资本主义国家看不起我们,社会主义国家也不给技术,憋一口气有好处。"②

为了赶超英美等资本主义发达国家,毛泽东提出:"我们要走很长很长的路,我们要赢得时间。像老太太那样一步一步扭不行,像一般人那样走路也不行,要像比赛跑步那样,非鼓足干劲不可。"③周恩来也指出:"我们必须急起直追,力求尽可能迅速地扩大和提高我国的科学文化力量,而在不太长的时间里赶上世界先进水平。"④这可以看做紧随其后发动"大跃进"运动的一个注脚。

但是,要在中国这样经济基础极为薄弱的农业大国中实现工业化,其巨额的资金需求只能主要来源于本国农业积累,这就必须妥善处理好工农业之间的辩证关系。然而,根据国外已有的经验教训,在工业化起步阶段,工业的迅速发展没有也不可能解决它和落后的农业生产之间那种与生俱来的深刻矛盾,相反,建立在落后农业基础之上的工业化建设,还时不时地要受到落后农业的牵制。为解决这一看似无法解决的问题,毛泽东的做法是加快农业社会主义改造的步伐,提高公有化程度,借以消除工业化资金积累的体制性障碍。

1953年12月,经毛泽东审阅,由中宣部制发的《为动员一切力量把我国建设成为一个伟大的社会主义国家而斗争——关于党在过渡时期总路线的学习和宣传提纲》也提出:"小农经济和社会主义工业化事业之间的矛盾,已随着工业化的进展而日益显露出来。"⑤毛泽东指出:分散、落后的个体农业经济无法"满足广大农民群众改善生活的需要,不能满足整个国

---

① 薄一波:《若干重大决策与事件的回顾(修订本)》(下卷),人民出版社,1997年,第743页。

② 同①,第901页。

③ 转引自郭书田:《毛泽东与中国农业》,新华出版社,1995年,第189页。

④ 《周恩来经济文选》,中央文献出版社,1993年,第233页。

⑤ 中共中央文献研究室:《建国以来重要文献选编》第4册,中央文献出版社,1990年,第714页。

民经济高涨的需要"，因此"必须过渡到集体所有制，过渡到社会主义"。①

1955 年 7 月，毛泽东在《关于农业合作化问题》的报告中对农业社会主义改造上的所谓速度缓慢提出批评。他说："有些同志不赞成我党中央关于我国农业合作化的步骤应当和我国的社会主义工业化步骤相适应的方针。""他们认为在工业化的问题上可以采取现在规定的速度，而在农业合作化的问题上则不必同工业化的步骤相应。""这些同志不知道社会主义工业化是不能离开农业合作化而孤立地去进行的。"他指出："如果我们不在大约三个五年计划的时期内基本上解决农业合作化的问题……我们就不能解决年年增长的商品粮食和工业原料的需要同现时主要农作物的一般产量很低之间的矛盾，我们的社会主义工业化事业就会遇到绝大的困难，我们就不可能完成社会主义工业化。"他还指出："社会主义工业化的一个最重要的部门——重工业，它的拖拉机的生产，它的其它农业机器的生产，它的化学肥料的生产，它的供农业使用的现代运输工具的生产，它的供农业使用的煤油和电力的生产等等，所有这些，只有在农业已经形成了合作化的大规模的基础上才有使用的可能，或者可能大量地使用。"另一方面，"为了完成国家工业化和农业技术改造所需要的大量资金，其中有一个相当大的部分是要从农业方面积累起来的。这除了直接的农业税以外，就是发展为农民所需要的大量生活资料的轻工业的生产，拿这些东西去同农民的商品粮食和轻工业原料相交换，既满足了农民和国家两方面的物资需要，又为国家积累了资金。而轻工业的大规模的发展不但需要重工业的发展，也需要农业的发展。因为大规模的轻工业的发展，不是在小农经济的基础上所能实现的，它有待于大规模的农业，而在我国就是社会主义的合作化的农业。因为只有这种农业，才能够使农民有比较现在不知大到多少倍的购买力"。因此，毛泽东认为，"我们对工业和农业、社会主义的工业化和社会主义的农业改造这样两件事，决不可能分割起来和互相孤立起来去看，决不可以只强调一方面，减弱另一方面"。② 这是一篇在中共党内最

---

① 《毛泽东选集》第 5 卷，人民出版社，1977 年，第 119 页。
② 同①，第 181-183 页。

完备、系统论述国家工业化与农业社会主义改造辩证关系的经典文献。在"农村社会主义高潮"到来后不久、农业社会主义改造即将完成的 1956 年 2 月,毛泽东在最高国务会议上指出:"合作化完成了,这就解决了我国社会主义工业化同个体农业经济之间的大矛盾。"①

随着国家工业化建设的快速发展,工农业之间的矛盾并没有在农业社会主义改造后很快得到解决,相反,矛盾不仅仍然存在,而且还在不断发展。在这种情况下,中国共产党人显然是接受并吸取了苏联的沉痛教训,主张要实现工农业之间的协调发展。这是因为,过多、无偿地从农业中提取积累,尽管也能暂时满足工业化对资金的需求,但从长远来看,既不利于农业自身的发展,也不利于工业化建设的可持续发展。在中国这样的农业大国中妥善处理好工农业生产之间的关系,更有其特殊的意义。1956 年 2 月,毛泽东发表了《论十大关系》的讲话。此时,苏共二十大刚刚召开,赫鲁晓夫在"秘密报告"中对斯大林时期苏联在社会主义建设中存在的严重问题作了初步揭露。毛泽东在讲话中显然接受了苏联社会主义建设方面所留下的经验教训,指出:

在处理重工业和轻工业、农业的关系上,我们没有犯原则性的错误。我们比苏联和一些东欧国家做得好些。像苏联的粮食产量长期达不到革命前最高水平的问题,像一些东欧国家由于轻重工业发展不平衡而产生的严重问题,我们这里是不存在的。他们片面地注重重工业,忽视农业和轻工业,因而市场上的货物不够,货币不稳定。我们对于农业轻工业是比较注重的。我们一直抓了农业,发展了农业,相当多地保证了发展工业所需要的粮食和原料。

苏联的办法把农民挖得很苦。他们采取所谓义务交售制等项办法,把农民生产的东西拿得太多,给的代价又极低。他们这样来积累资金,使农民的生产积极性受到极大的损害。你要母鸡多生蛋,又不给它米吃,又要马儿跑得好,又要马儿不吃草。世界上哪有这样的道理!……我们对农民的政策不是苏联的那种政策,而是兼顾国家和农民的利益。我们的农业税

---

① 《毛泽东选集》第 5 卷,人民出版社,1977 年,第 379 页。

历来比较轻。工农业品的交换,我们是采取缩小剪刀差,等价交换或者近乎等价交换的政策。我们统购农产品是按照正常的价格,农民并不吃亏,而且收购的价格还逐步有所增长。我们在向农民供应工业品方面,采取薄利多销、稳定物价或适当降价的政策,在向缺粮区农民供应粮食方面,一般略有补贴……鉴于苏联在这个问题上犯了严重错误,我们必须更多地注意处理好国家同农民的关系。①

正是吸取了苏联的经验教训,毛泽东说:"如果现在要求完全消灭剪刀差价,做到等价交换,国家积累就会影响。但是剪刀差价太大,使得农民无利可图,那也是错误的。总之,在不影响国家积累的情况下,逐步地缩小工农业品的剪刀差价。"②1957年2月,在作《关于正确处理人民内部矛盾的问题》的讲话时,毛泽东正式提出了工农业并举的中国式工业化建设的新路子。但由于工业特别是重工业在我国这样一个工业化水平原本极为低下的国家里所具有的举足轻重的地位,工农业并举的方针并不否认以重工业为中心的既定发展战略,反而是以它为前提条件的。对此,毛泽东说道,"要正确处理农、轻、重的关系,重工业是不是不为主了? 不是的,它还是为主,还是投资的重点",仍是"我国建设的重点"。③ 周恩来也说,必须"首先集中主要力量发展重工业,建立国家工业化和国防现代化的基础"。④

1957年1月,毛泽东在省、市、自治区党委书记会议上的讲话中,再次强调了处理好工农之间相互关系的重要性,并提出了"农业就是工业"的思想。他指出,农业不仅关系到5亿农民的吃饭问题,"也关系到城市和工矿区人口的吃饭问题。商品性的农产品发展了,才能供应工业人口的需要,才能发展工业"。"农业是轻工业原料的主要来源,农村是轻工业的重要市场。只有农业发展了,轻工业生产才能得到足够的原料,轻工业产品才能得到广阔的市场。""农村又是重工业的重要市场。比如,化学肥料,各种各样的农业机械,部分的电力、煤炭、石油,是供应农村的,铁路、公路

① 《毛泽东选集》第5卷,人民出版社,1977年,第268,274页。
② 郭书田:《毛泽东与中国农业》,新华出版社,1995年,第188页。
③ 同①,第268-269页。
④ 《周恩来选集》(下卷),人民出版社,1984年,第109页。

和大型水利工程,也都为农业服务。现在,我们建立了社会主义的农业经济,无论是发展轻工业还是发展重工业,农村都是极大的市场。""现在的物资主要是农产品。农产品变成外汇,就可以进口各种工业设备。""农业是积累的重要来源。农业发展起来了,就可以为发展工业提供更多的资金。""因此,在一定的意义上可以说,农业就是工业。"① 在毛泽东时代,尽管中国的工业化建设始终未能解决与落后的农业生产之间的严重矛盾,但高度重视农村和农业在工业化建设上的基础性作用的思想却是难能可贵的。

毛泽东重视农村和农业、实现工农业之间的协调发展、建立新型城乡关系的思想,后来进一步发展演变为要不断消除城乡、工农、体脑三大差别的思想,并成为在一个很长时期内中国共产党"三农"工作的指导思想。

---

① 《毛泽东选集》第5卷,人民出版社,1977年,第360~361页。

第三章

人民公社化和农业的曲折发展（1957年—1976年）

从 1957 年下半年起,以毛泽东为核心的中共第一代领导集体在社会主义建设上的"左"倾错误思想逐渐发展并最终占据了统治地位,由此导致了一系列重大挫折的发生。受"左"倾错误思想的影响,中央在解决"三农"问题上,失误不断。

新中国建立以来,尽管在农村地区开展了土地改革和农业社会主义改造,建立了生产资料的集体所有制,但中国的农业问题并没有得到解决,农民的生产生活状况也没有得到根本改变。然而,社会主义革命的迅速完成以及在此前后一系列民主改革工作的顺利进行,一方面有可能使中国共产党真正把工作重心转移到经济建设上来,但更为重要地则是使党的主要领导人产生了轻视经济建设中严重困难的盲目乐观情绪,并由此轻率地发动了工农业生产以及生产关系变革方面的"大跃进"运动。然而,运动不仅没有带来预期的巨大成就,反而造成了巨大的劫难,在党内外、国内外一系列复杂因素的共同影响下,毛泽东与中央一线领导之间的矛盾不断加深,最终导致"文化大革命"十年严重内乱的发生。党在农村工作上的探索则经历了发动人民公社化运动、捍卫农村人民公社制度、开展"四清"运动、掀起"农业学大寨"运动等一系列重要事件。然而,所有这些探索虽不能全盘加以否定,但也确实没能实现发展农村、振兴农业、致富农民的目的,在有些时候和有些地方反而离这一目标渐行渐远。

第一节 农村人民公社化运动的发动

农村人民公社一度寄托着毛泽东对建设中国社会主义新农村的无限希望,尽管最终证明这是一次不成功的探索。那么,这一制度究竟是如何在中国建立起来的? 它与毛泽东理想中的社会主义目标模式有着怎样的内在联系? 其基本制度的确立又经历过一个怎样的反复过程? 这一制度在确立之初对农村地区的生产生活情况产生了怎样的冲击? 广大群众及各级官员的态度怎样? 这些都是研究农村人民公社不能不回答的问题。

农村人民公社体制在全国的普遍建立是 1958 年 8 月中共中央在北戴河举行的政治局会议作出《关于在农村建立人民公社问题的决议》后的事情,但在此之前,不少地方特别是山东、河南等省早在 8 月初就已建立了人民公社。

那么,农村人民公社这一名称究竟是如何产生的呢? 学术界虽有不同意见,但都认为与毛泽东的倡议有直接关系。根据是早在 1955 年他就提出了办大社的设想。1958 年 2、3 月间,毛泽东在与陈伯达的谈话时提出,乡社合一,将来就是共产主义的雏形,什么都管,工农商学兵。① 4 月,河南省遂平县根据毛泽东在成都会议上关于一乡一社、也可以一区一社的讲话精神,将嵖岈山 4 个乡组成嵖岈山大社,很快又改名为嵖岈山卫星集体农庄。中共中央分管农村工作同时担任国务院副总理的谭震林在听了情况汇报后说:"为什么叫集体农庄呢? 听你说这个情况,实质上不是集体农庄。这个农庄实行的管理和分配方式实际上比苏联的集体农庄层次要高得多。我看,这与巴黎公社的情况差不多。你们有武装,有公安等政权机构,又包揽整个经济,是政社合一的组织。至于叫农庄还是叫公社好,我做不了主,还要向毛主席汇报。"② 6 月上旬,毛泽东正式"选定'人民公社'这样一个比较最能表现这一组织的内容和最能受到群众欢迎的名称"③作为我国基层社会的组织名称。此后不久,《红旗》杂志相继发表文章,更明确地向全社会传达了毛泽东关于建立人民公社这一新的社会基层组织的基本构想。毛泽东同志说,我们的方向:"应该逐步地有次序地把'工(工业)、农(农业)、商(交换)、学(文化教育)、兵(民兵,即全民武装)'组成为一个大公社,从而构成我国社会的基本单位。"④各地的并社活动在得知了

　　① 董辅礽:《中华人民共和国经济史》(上卷),经济科学出版社,1999 年,第 344 页。参见李友九:《河南信阳来信》,《红旗》,1958 年第 7 期。早在 1957 年初陈伯达就向毛泽东建议,农村应"实行乡社合一,使合作社成为真正的基层"。所以,陈伯达认为人民公社是他提出的,发明权属于他。叶永烈:《陈伯达其人》,时代文艺出版社,1990 年,第 181 页。

　　② 文聿:《中国"左"祸》,朝阳出版社,1993 年,第 239 页。

　　③ 《人民公社万岁》,《人民日报》,1958 年 8 月 29 日。

　　④ 《红旗》,1958 年第 4 期。

毛泽东"关于人民公社的指示后,才明确了建立人民公社的方向"。①

　　但毛泽东本人却多次对此予以否认。如1958年8月30日他在北戴河会议上讲道:人民公社是群众自发搞起来的,不是我们提倡的。我们提倡不断革命,解放思想,敢想、敢说、敢做,群众起来了。南宁会议、成都会议、八大二次会议都未料到。12月9日他在八届六中全会上他又说:人民公社的出现,这是3月成都会议、5月党代表大会没有料到的。其实4月已在河南出现,5、6、7月都不知道,一直到8月才发现,北戴河会议做了决议。12月23日,他在一次谈话中又说:我没有想到今年搞人民公社,也没有想到在农村搞公共食堂,帝国主义却造谣,说这都是我出的主意。南宁会议、成都会议、八大二次会议、北戴河会议都没有想起人民公社,7月份还没有想过。② 直到1959年7月23日,他在庐山会议的讲话中也仍然坚持:人民公社我无发明之权,只有建议之权。我在山东,一个记者问我:"人民公社好不好?"我说:"好。"他就登了报。③ 1958年和1959年,毛泽东在同赫鲁晓夫的两次会谈中都强调:人民公社"是人民群众自发搞起来的,不是我们从上面布置的"。④ 1959年底至1960年春,毛泽东在读苏联《政治经济学教科书》第3版社会主义部分时,又说:群众能创造出道路来,俄国的苏维埃是群众创造的,我们的人民公社也是群众创造的。周恩来也说过:因为合作社太小,办不了事,农民自发地提出一个办法,成立公社。⑤

　　究竟应该怎样看待上述两种不同观点的分歧呢? 比较合理的解释应该是:人民公社一词可能确实不是毛泽东最先提出的,但肯定也不会完全是农民的自发创造。即便有些地方真的出现过"公社"这种组织,但在没有得到官方主要是毛泽东的认可时,任何涉及中国农村基本制度的变革都

　　① 《高举人民公社的红旗胜利前进(文件・资料选集)》第1辑,法律出版社,1960年,第74页。

　　② 许全兴:《毛泽东晚年的理论与实践(1956—1976)》,中国大百科全书出版社,1993年,第180页。

　　③ 李锐:《毛泽东秘书手记:庐山会议实录》,河南人民出版社,1994年,第137页。

　　④ 李越然:《中苏外交亲历记》,世界知识出版社,2001年,第188,196页。

　　⑤ 力平,等:《周恩来年谱(1949—1976)》(中卷),中央文献出版社,1997年,第318页。

是不可能在全国范围内普遍推广开来的。①

　　最早对"公社"的完整内容进行初步考虑的(但似乎没有明确提出"公社"这一名称),可能是刘少奇。1958 年 11 月,他在第一次郑州会议上说:"公社这个名词,我记得,在这里(郑州火车站),跟吴芝圃(时任河南省委第一书记)同志谈过。在广州开会(时间在 1958 年 4 月底),在火车上,有我、恩来、定一(时任中宣部部长)、邓力群,我们四个人吹半工半读,吹教育如何普及,另外就吹公社,吹乌托邦,吹过渡到共产主义……还吹空想社会主义,还吹托儿所、集体化、生活集体化、还吹工厂办学校,学校办工厂、半工半读。要邓力群去编空想社会主义,要定一编马恩列斯论共产主义。下了火车,在这个地方,大概有十几分钟,跟吴芝圃同志说,我们有这样一个想法,你们可以试验一下。他热情很高,采取的办法也很快(吴芝圃插话:那个时候,托儿所也有了,食堂也有了,大社也有了,还不叫公社),工农商学也有了,就是不叫公社。乡社合并是老早就有的。陆定一回去,马上就编了那本书。八大二次会议,我去讲了一个半工半读和生活集体化。后头要北京试验,要天津试验。公社就是这样来的。事实上已经有了,他们叫大社。"②

　　1958 年 5 月,陆定一在八大二次会议上作了题为《马克思主义是发展的》的发言,其中说:"毛主席和少奇同志谈到几十年以后我国的情景时,曾经这样说,那时我国的乡村中将是许多共产主义的公社,每个公社有自己的农业、工业,有大学、中学、小学,有医院,有科学研究机关,有商店和服务行业,有交通事业,有托儿所和公共食堂,有俱乐部,也有维持治安的民警等等。若干乡村公社围绕着城市,又成为更大的共产主义公社。前人的'乌托邦'想法,将被实现,并被超过。"③ 这大概是目前所知中国高层领导人第一次公开使用"公社"一词。

　　1958 年 7 月 1 日出版的《红旗》第 3 期发表了陈伯达的《全新的社会,

---

　　①　辛逸:《农村人民公社分配制度研究》,中共党史出版社,2005 年,第 12 页。

　　②　薄一波:《若干重大决策与事件的回顾(修订本)》(下卷),人民出版社,1997 年,第 756-757 页。

　　③　同②,第 757-758 页。

全新的人》一文。文章在介绍了合作社办工业的情况后说:"把一个合作社变成一个既有农业合作又有工业合作的基层组织单位,实际上是农业和工业相结合的人民公社。"这里,首次公开向全社会提出了"人民公社"一词。半个月后,同一刊物发表了陈伯达的另一篇文章《在毛泽东同志的旗帜下》,更加明确地传达了毛泽东关于一种新的社会基层组织的构想:"毛泽东同志说,我们的方向:应该逐步地有次序地把'工(工业)、农(农业)、商(交换)、学(文化教育)、兵(民兵,即全民武装)'组成为一个大公社,从而构成我国社会的基本单位。"①

《红旗》的两篇文章公开发表后,原先一些规模较大的农业合作社纷纷改称"人民公社"。例如,河南信阳地区的领导人在听了谭震林"向他们讲了毛主席和党中央关于'工农商学兵'的大公社的一番道理,回来就叫成立公社"。② 嵖岈山卫星人民公社也是在陈伯达的文章公开发表后才正式命名的。③ 河南省1958年8月22日给中央的《关于建立人民公社情况的报告》中也说:"(人民公社化运动)首先从农村开始,小社并大社,自留地归集体,大搞公共食堂,广泛开展社会主义大协作;在城市街道居民中,组织生产、办工厂、搞集体生活福利事业。这在实质上已经形成了公社之雏形,但还没有肯定的统一名称。在农村有的叫集体公社,有的叫农场;在城市有的叫社会主义大院,有的叫社会主义大家庭等。直至《红旗》第4期陈伯达所写《在毛泽东同志的旗帜下》一文中引证了毛泽东关于人民公社的指示后,才明确了建立人民公社的方向。"吴芝圃也曾讲过,虽然早在1958年4月河南的一些地方就开始了并大社的运动,但"直到知道了毛泽东同志关于'公社'的指示后",才"更加坚定了走这条道路的信心"。④

---

① 《红旗》,1958年第4期。

② 李友九:《河南信阳来信》,《红旗》,1958年第7期。

③ 《办人民公社好》,《河南日报》1958年9月5日。关于究竟谁是全国第一个人民公社,学界尚未有一致意见,不少学者认为是河南遂平的嵖岈山卫星人民公社,也有的认为是河南新乡的七里营人民公社。参见曹锦清:《黄河边的中国》,上海文艺出版社,2000年,第424页。如果从人民公社"一大二公"的基本特征来看,据当时《人民日报》报道,中国"第一个人民公社"则诞生在浙江舟山的蚂蚁岛上。

④ 《高举人民公社的红旗胜利前进(文件·资料选集)》第1辑,法律出版社,1960年,第74页。

由于"公社"一词也能体现毛泽东本人此时要求进一步办大社的想法,因而他不仅没有反对,反而欣然接受。而且当时认为人民公社化运动是我们党对马克思主义的重大发展,解决了由社会主义向共产主义过渡这一重要问题,而能够发展马克思主义的,按照当时党内已经形成的习惯,非毛泽东莫属。因而,一些报刊上的宣传文章就把这一"功绩"归于毛泽东。当时颇为流行的一首民谣实际上也反映了这种情况:"毛主席真伟大,他叫干啥就干啥;他说人民公社好,咱们就搞人民公社化。"[①]

1958 年 8 月初,毛泽东到河北、河南、山东等省视察。在河北徐水、安国等地,毛泽东对当地组织的军事化大加赞赏,并提出粮食多了怎么办的问题。他还指出:是不是一乡一社,是不是搞万人公社? 说在平原地区8 000 人搞一个公社不要紧,社里工农兵学商都有。要搞全民武装,给民兵发枪。还说,县也要并大一点,并到几十万人的大县。头儿少了好领导。[②]在河南新乡七里营公社视察时,他看到公社牌子时说:"看来'人民公社'是个好名字,包括工、农、兵、学、商,管理生产、管理生活、管理政权。'人民公社'前面可以加上地名或者群众喜欢的名字。"[③] 不过,不知出于何种原因,毛泽东的这一番即兴谈话并未立即公诸报端。8 月 9 日,毛泽东在山东视察,当省委书记处书记谭启龙汇报说历城县北国乡准备办大农场时,毛泽东又说道:"还是办人民公社好,它的好处是,可以把工、农、商、学、兵合在一起,便于领导。"[④] 随行的新华社记者立即写成文章,向全社会传达了毛泽东关于"人民公社好"的新提法。[⑤] 于是,人民公社化运动便立即在部分省区发动起来。为了适应形势发展的要求,8 月 23 日,中共中央在北戴河召开政治局扩大会议,会议通过了《中共中央关于在农村建立人民公社问题的决议》,指出:"大型的综合性的人民公社不仅已经出现,而且已

① 陈吉元,等:《中国农村社会经济变迁(1949—1989)》,山西经济出版社,1993 年,第305 页。
② 薄一波:《若干重大决策与事件的回顾(修订本)》(下卷),人民出版社,1997 年,第 764-765 页。
③ 《关于建国以来党的若干历史问题的决议(注释本)》,人民出版社,1983 年,第 323 页。
④ 《农业集体化重要文件汇编(1958—1981)》(下),中共中央党校出版社,1981 年,第60 页。
⑤ 权延赤:《走下神坛的毛泽东》,内蒙古人民出版社,1998 年,第 54 页。

经在若干地方普遍发展起来,有的地方发展得很快,很可能不久就会在全国范围内出现一个发展人民公社的高潮,且有不可阻挡之势。"①毛泽东在会上还指出:"现在不搞人民公社不行了,不搞要犯错误。"②

北戴河会议的决议一公布,全国随即掀起了创办公社的高潮。但对于如何创办公社,各地并无经验,《人民日报》为此根据北戴河会议通过的《关于在农村建立人民公社问题的决议》的精神,先后于1958年9月4日和10日发表了题为《从"卫星"公社的简章谈如何办公社》和《先把人民公社的架子搭起来》等社论,对各地创办人民公社作了详细、具体的指导。社论指出,必须依靠贫农、下中农,充分发动群众,展开鸣放辩论,团结大部分赞成并大社、转公社的上中农,克服一部分上中农的动摇,揭露和击退地主富农的造谣破坏,使广大农民在思想解放、自觉自愿的基础上并大社转公社,防止强迫命令。并大社转公社一气呵成当然好;不能一气呵成的,也可以分两步走,先把人民公社的架子搭起来,然后可以按公社规模进行秋收秋耕和冬季农田基本建设,同时研究公社的其他问题。各县都应当先试点,然后逐步推广。如果群众要求迫切,也可以边试点边推广。并大社转公社应和当前的农业生产结合起来,不仅不能影响生产,而且要成为推动生产更大跃进的一个巨大力量。因此,在并社之初,可以先搭架子,"上动下不动"。首先由原来各小社联合选出大社的管理委员会,把原来的各小社改为耕作区或生产队,原来的一套生产组织和管理制度暂时不变,照常经营,一切应该合并调整的东西和合并中应该解决的具体问题,以后再逐步合并,逐步清理,逐步解决,以保证生产不受影响。社论要求,应该从现在起,就把准备合并的一些小社串联起来,共同商量,统一规划秋后的农田基本建设;统一安排为争取明年更大丰收的各项准备工作。《红旗》杂志、《人民日报》还先后公布了河南遂平的《嵖岈山卫星人民公社试行简章(草案)》,作为各地创办公社的参考。到9月底,全国共建起人民公社23 384

---

① 《农业集体化重要文件汇编(1958—1981)》(下),中共中央党校出版社,1981年,第69页。

② 郑谦,等:《毛泽东之路:晚年岁月——1956年后的毛泽东》,中国青年出版社,1993年,第96页。

个,入社农民占总农户的90.4%,①基本实现了公社化。于是,人民公社制度以其全新的面目在中国农村得到普遍确立。

农村人民公社化在运动发动后,仅用了不到两个月的时间就在全国范围内基本实现了,其步伐之快,可谓神速。那么,党的领导人为何决定要发动人民公社化运动,这一运动又为何如此迅速地得以在全国各地实现呢? 其原因固然是多方面的,既有对历史经验的简单继承,也有进一步解决加快国家工业化建设与仍然落后的农业生产现实之间矛盾的考虑,更有"大跃进"狂热气氛的影响在起作用,还有对马恩等经典作家个别论断如"资产阶级权利"的误解等,但最重要的在于,农村人民公社是毛泽东心目中理想社会的现实的合适载体,这是导致人民公社化迅速实现的原因之一。② 青年时代的毛泽东对未来社会就怀有美好的理想,他崇拜古代圣贤统治的"太平盛世",深信"大同"社会是解决一切社会问题的理想模式,认为"大同者,吾人之鹄也","立德、立功、立言",当"尽力"于此。③ 稍后,他受空想社会主义思想特别是日本武者小路实笃的新村主义的影响,于1919年春夏曾与蔡和森、张昆弟、陈书农等青年一道,计议在长沙岳麓山进行建设"新村"的实验。④ 同年12月,他在《湖南教育月刊》上发表了《学生之工作》一文,不仅介绍了建设"新村"的理想,还详细描绘了"新村"的蓝图:"此新村以新家庭新学校及旁的新社会连成一块为根本理论。""新学校中学生之各个,为创造新家庭之各员。""合若干之新家庭,即可创造一种新社会。""新社会之种类不可尽举,举其著者:公共育儿院,公共蒙养院,公共学校,公共图书馆,公共银行,公共农场,公共工作厂,公共消费社,公共剧院,公共病院,公园,博物馆,自治会。""合此等之新学校,新社会,并为一'新村'。""工作之事项,全然在农村的",有种园、种田、种林、畜牧、种桑、养鸡鱼。并且具体规定了每

①　《农业集体化重要文件汇编(1958—1981)》(下),中共中央党校出版社,1981年,第84页。

②　王玉贵,等:《毛泽东对"理想社会"的追求与人民公社化运动的发动》,《苏州丝绸工学院学报(哲学社会科学版)》1998年第2期。

③　毛泽东:《给黎锦熙的信》(1917年8月23日),《毛泽东早期文稿》,湖南出版社,1990年,第89页。

④　李锐:《早年毛泽东》,辽宁人民出版社,1993年,第292-293页。

一成员每天的活动安排:睡眠 8 小时,游息 4 小时,自习 4 小时,教授 4 小时,工作 4 小时。"(现在)俄罗斯之青年,为传播其社会主义,多入农村与农民杂处。日本之青年,近来盛行所谓'新村运动'。美国及其属地斐律宾,亦有'工读主义'之流行。""今不敢言'模范国'、'模范都'、'模范地方',若'模范村',则诚陈义不高,简而易行者矣。"① 其计划之周全,丝毫不亚于康有为的《大同书》。十多年后,毛泽东在与斯诺的谈话中回忆说:"在这个时候,我的思想是自由主义、民主改良主义、空想社会主义等思想的大杂烩。我憧憬'19 世纪的民主'、乌托邦主义和旧式的自由主义。"②

成为马克思主义者以后,毛泽东虽未放弃对理想社会的执著追求,但更多的是侧重于探求实现这一理想社会的有效途径与方法。③ 于是他以务实的调查研究,着力运用马列主义的基本原理对中国的国情进行了科学分析,制定了一整套适合中国情况的战略策略以及正确的路线、方针、政策,从而取得了民主革命的巨大胜利。长期的战争生活、艰苦的物质条件使革命战士官兵平等、上下一致、乐于奉献,过着大体平均的日常生活,加上紧张激烈的战争环境导致人员流动加速,因而很少发生为争名誉、地位、级别、待遇等而斤斤计较的事情,所有这些都给毛泽东留下了深刻的印象,也重新唤起了他早年对未来美好社会的向往。1949 年 6 月,在中国革命全面胜利的前夕,他在《论人民民主专政》一文中写道:"康有为写了《大同书》,他没有也不可能找到一条到达大同的路。"中国共产党人找到了这条道路:这就是"经过人民共和国到达社会主义和共产主义,到达阶级的消灭和世界的大同"。④

但是,1949 年民主革命的巨大胜利并未立即带来生产力的飞跃发展,当毛泽东看到新中国还有许多贫富不均和等级不一的现象时,心中每每为

---

① 《毛泽东早期文稿》,湖南出版社,1990 年,第 449—456 页。
② [美]斯诺:《西行漫记》,董乐山译,三联书店,1979 年,第 125 页。
③ 温锐:《理想·历史·现实——毛泽东与中国农村经济之变革》,山西高校联合出版社,1995 年,第 16 页。
④ 《毛泽东选集》第 4 卷,人民出版社,1991 年,第 1471 页。

之不快。1957 年底当他看到河南籍的卫士马维回家探亲带来的糠菜窝窝头时，他为之流泪，口中喃喃："要想个办法，必须想个办法。怎样才能加速实现社会主义。"①结果是"大跃进"运动迅速到来。运动之初，毛泽东的心情是非常愉快和兴奋的。1958 年夏，他曾对来访的赫鲁晓夫说过："1949 年中国解放我是很高兴的，但是觉得中国的问题还没有完全解决，因为中国很落后，很穷，一穷二白。以后对工商业的改造，抗美援朝的胜利，我又愉快又不愉快。只有这次大跃进，我才完全愉快了！按照这个速度发展下去，中国人民的幸福生活完全有指望了。"②

正是在这种兴奋的心情下，毛泽东开始构思中国社会的理想蓝图。1958 年初，毛泽东在与其政治秘书陈伯达的一次谈话中说：乡社合一，将来就是共产主义的雏形，什么都管，工农兵学商。③到 6 月中旬，毛泽东和其他中央领导人最终选定"人民公社"这样一个比较能表现这一组织的内容并最受到群众欢迎的名称。

毛泽东等为何要选定"人民公社"这一名词作为中国基层社会组织的名称呢？这要从公社一词的本来含义说起。公社这一名称源于欧洲中世纪，指当时西欧实行自治的城镇，其特点是：公社里公民或市民宣誓互相保护或帮助。空想社会主义者欧文和他的学生们曾于 1824 年到 1828 年在美洲购置土地，进行未来理想社会的试验，并把这一理想社会的基层组织叫做公社，详细规定了这一组织的基本原则。④对于大多数空想社会主义者来说，共产主义就是公社主义。恩格斯也曾把未来共产主义社会的基层组织称为"公社"，并且认为欧文的计划"一旦被采纳，则各种细节的安排甚至从专家的眼光看来也很少有什么可以挑剔的"。⑤马克思则认为，尽管欧文等人的改良主义试验不能从根本上解决问题，但对"这些伟大的社会试验的意义不论给予多么高的估价都是不算过分的"。⑥1871 年巴

---

①　权延赤：《走下神坛的毛泽东》，内蒙古人民出版社，1998 年，第 52 页。
②　马齐彬：《中国共产党执政 40 年》，中共党史资料出版社，1989 年，第 153-154 页。
③　薄一波：《若干重大决策与事件的回顾（修订本）》（下卷），人民出版社，1997 年，第 759 页。
④　《欧文选集》第 2 卷，商务印书馆，1981 年，第 187-192 页。
⑤　《马克思恩格斯选集》第 3 卷，人民出版社，1995 年，第 731 页。
⑥　《马克思恩格斯选集》第 2 卷，人民出版社，1995 年，第 605 页。

黎公社的革命者虽不信仰马克思主义,但他们有着成立公社的理想,因而将其政权称为巴黎公社。① "十月革命"后,苏俄农村出现了大量被称为农业公社的农业合作组织。这些公社"不仅把生产资料公有化,而且把每个社员生活也公有化了"。② 对于这些农业公社,俄共领导人十分重视,曾把它们作为向共产主义过渡的办法来看待。对此,列宁曾指出:"至于向共产主义的农业过渡的办法,俄共将通过实践来检验在实际生活中创造出来的三个主要措施,即国营农场、农业公社和共耕社。"③ 1919 年 12 月,俄共(布)中央召开了第一次全俄农业公社和农业劳动组合代表大会。列宁在大会上说:"农业公社是个很响亮的名称,是与共产主义这个概念相联系的。"④ 到 20 世纪 30 年代,斯大林和苏共中央从实践中认识到,公社组织在当时的苏联农村是不适宜的。但同时又认为"这当然不是说公社根本不需要了……不,公社是需要的,它当然是集体农庄运动的高级形式",但那是"将来的在技术更发达和产品十分丰富的基础上产生的公社"。⑤

　　1958 年人民公社化运动发动之初,毛泽东等领导人多次提到通过人民公社在中国实现共产主义的问题。北戴河会议通过的决议明确指出:"建立人民公社首先是为了加快社会主义建设的速度,而建立社会主义是为了过渡到共产主义积极地做好准备。看来,共产主义在我国的实现,已经不是什么遥远将来的事情了,我们应该积极地运用人民公社的形式,摸索出一条过渡到共产主义的具体途径。"⑥ 中共八届六中全会通过的决议进一步指出,"在由社会主义向共产主义过渡的问题上,我们不能在社会主义阶段上停步不前","在社会主义和共产主义之间,没有隔着也不允许隔

---

　　① 薄一波:《若干重大决策与事件的回顾(修订本)》(下卷),人民出版社,1997 年,第 760 页;丛进:《曲折发展的岁月》,河南人民出版社,1989 年,第 148 页。

　　② 斯大林:《列宁主义问题》,人民出版社,1972 年,第 556 页。

　　③ 《列宁全集》第 2 版,第 36 卷,人民出版社,1985 年,第 92 页。

　　④ 《列宁全集》第 2 版,第 37 卷,人民出版社,1986 年,第 362 页。

　　⑤ 斯大林:《列宁主义问题》,人民出版社,1972 年,第 557 页。

　　⑥ 《农业集体化重要文件汇编(1958—1981)》(下),中共中央党校出版社,1981 年,第 72 页。

着万里长城"。① 1958 年 11 月 23 日,毛泽东在河南遂平视察时说:"巴黎公社是世界上第一个公社,遂平的卫星公社是第二个公社。"② 刘少奇也认为:"有了人民公社这种社会组织以后,我们在实际上找到了在我国条件下从社会主义集体所有制逐步过渡到社会主义全民所有制,以至将来在农村中由社会主义逐步过渡到共产主义的道路。"③ 并且,他要求河北徐水县搞向共产主义过渡的试点工作。④

在公社化运动之初,毛泽东提出可以一省或数省首先进入共产主义,随后不久,全国有些地方开始探索向共产主义过渡的问题。河南遂平嵖岈山人民公社成立没几天,当时国务院分管农村工作的副总理谭震林前往视察时便兴奋地告诉当地农民,他们办的是"共产主义公社",并且向他们描述了办这种公社的优越性:"首先,有好的食物,而不仅仅是填饱肚子。每顿有肉、鸡、鱼、蛋,还有更精美的食物如猴头、燕窝、海味等等,都是按需供给。第二,衣服穿着方面,一切要求都可满足。有各种花色和品种的服装,而不是清一色的黑色和蓝色。将来,普通服装仅作为工作服使用,下班后,人们就换上皮服、呢绒和羊毛制服,当人民公社都养了狐狸,那时外套就都是狐皮的了。第三,房屋都达到现代化城市的标准。现代化是什么? 人民公社。在屋子的北厢有供暖设备,南厢有空调设备,人们都住在高楼里,不用说,里面有电灯、电话、自来水、无线电和电视。第四,除了跑步的选手外,旅客和行人都有交通工具,航班通向各个方向,每个省都有飞机场,每个地方都有飞机制造厂的日子也不远了。第五,每个人都受高等教育,教育已经普及。"⑤

为了积极发挥人民公社的向共产主义过渡的桥梁作用,毛泽东提出在

---

　①　《农业集体化重要文件汇编(1958—1981)》(下),中共中央党校出版社,1981 年,第115,116 页。

　②　林英海:《毛泽东在河南》,河南人民出版社,1993 年,第 198 页。

　③　中国科学院法学研究所人民公社研究小组:《高举人民公社的红旗胜利前进·文件、资料选集》第 2 辑,法律出版社,1960 年,第 31 页。

　④　河北省政协文史资料委员会、河北省档案局:《毛泽东与河北》(上),河北人民出版社,2001 年,第 264 页。

　⑤　凌志军:《历史不再徘徊——人民公社在中国的兴起和失败》,人民出版社,1997 年,第61-62页。

公社里要实行政社合一,使政权逐渐消亡;在分配上要把工资制和供给制相结合。"大概10年左右,可能产品非常丰富、道德非常高尚,我们就可能从吃饭、穿衣、住房子上实行共产主义。公共食堂,吃饭不要钱,就是共产主义。"①毛泽东还设想过在城市也普遍建立人民公社,作为全中国统一的基层组织。他说:"搞人民公社,又是农村走在前头,城市还未搞,工人的级别待遇比较复杂。将来城市也要搞,学校、工厂、街道都办成公社。不要几年工夫,就把大家组成大公社。城市、乡村一律叫公社,如鞍钢叫鞍山公社,不叫工厂。"②八届六中全会通过的《关于人民公社若干问题的决议》指出:"城市中的人民公社,将来也会以适合城市特点的形式,成为改造旧城市和建设社会主义新城市的工具,成为生产、交换、分配和人民生活福利的统一组织者,成为工农商学兵相结合和政社合一的社会组织。"③

由于毛泽东把人民公社视为向共产主义社会过渡的理想组织,并把供给制和公共食堂看做是共产主义的重要标志,因而也就容不得任何带有否定性的意见与批评。

1959年庐山会议期间,为了反击所谓"彭德怀右倾机会主义反党集团"对人民公社化运动的批评,毛泽东在8月5日的一个批语中说:"孙中山说:'事有顺乎天理,应乎人情,适乎世界之潮流,合乎人群之需要,而为先知先觉者决志行之,则断无不成者也'。这句话是正确的。我们的大跃进,人民公社,属于这一类。"④8月19日,他在写给吴冷西、陈伯达、胡乔木的信中进一步指出:"为了驳斥国内外敌人和党内右倾机会主义,或者不明真相抱着怀疑态度的人们,对于人民公社的攻击、诬蔑和怀疑起见,必须向这一切人作战,长自己的志气,灭他人的威风。"他指示新华社和《人民日报》向各分社发出通知:"对人民公社进行马克思主义的调查研究,每个省(市、区)选择5个典型,特别办得好的公社,例如广东省增城的石滩公

---

① 薄一波:《若干重大决策与事件的回顾(修订本)》(下卷),人民出版社,1997年,第767页。
② 同①,第769页。
③ 《农业集体化重要文件汇编(1958—1981)》(下),中共中央党校出版社,1981年,第111页。
④ 同①,第895页。

社、河南省长葛县的坡胡公社、河南遵化县的王国藩公社,不要夸大,也不要缩小,总之,实事求是。"文字可长可短,但要扎实生动,引人入胜,限一两个月,"至迟3个月交卷"。文章写好后一律交给他,由他编一本像1955年《中国农村的社会主义高潮》一样的书,并"准备写一篇万言长序,痛驳全世界的反对派"。他还要求陈伯达"立即组织几位熟习俄国革命初期所办公社的材料、具体情况(要详细材料)及其所以崩溃的原因,一定要加以分析,提出论断","目的在破苏联同志们中的许多反对派和怀疑派"。他要求此书要在1959年秋、冬或1960年春编出,并表示"为此问题要向全世界作战"。① 根据这一部署,后来由新华社编成《人民公社万岁》一书(人民出版社于1960年底印成,但碍于当时严重的困难形势,没有公开发行)。

对于公共食堂等人民公社的一些基本做法,毛泽东也始终予以肯定。庐山会议上,毛泽东反复强调"食堂是个好东西,未可厚非","我赞成积极办好",食堂"可以节省劳力,还可以节省物资,节省粮食"。②

联系到庐山会议前毛泽东还在七律《登庐山》一诗中发出"陶令不知何处去,桃花源里可耕田"的感叹与疑问,这实际上就为彭德怀等人因在庐山会议上对人民公社等"三面红旗"提出比较尖锐的批评意见而被打倒埋下了伏笔。

20世纪60年代初,迫于严峻的困难形势,毛泽东不得不容忍对人民公社体制进行局部微调,但对人民公社的一些基本制度仍然加以固守。随着困难形势的逐渐过去,毛泽东再次由现实的此岸滑向理想的彼岸。1966年5月7日,他以给林彪写信的方式公布了他关于建立一个新世界的总体构想。在这样的新世界里,个人都得到全面的发展,限制并逐步取消商品的生产和流通,城乡、工农、体脑等三大差别渐趋消失,人们过着大体平均的日常生活。③ 其后的十年"文化大革命"可以说是这一构想的演示。

"文化大革命"发动之初,毛泽东曾把北京大学聂元梓等人贴出的大字报称作全国第一张"马列主义的大字报",并认为这是"20世纪60年代

---

① 李锐:《毛泽东秘书手记:庐山会议实录》,河南人民出版社,1994年,第321-322页。
② 同①,第135-136页。
③ 王禄林:《"五七"指示初探》,《党史研究》,1987年第2期。

的北京人民公社宣言"。① 毛泽东还考虑把新成立的北京政府称为"北京
人民公社"。据此,上海"一月夺权"后宣布成立了"上海人民公社"。尽管
后来因考虑到为此要改变国家体制、发生外国重新承认等问题而未成功,
但从中仍可看到"人民公社"在毛泽东心目中的地位。

　　在公社化运动发动之初,毛泽东多次提到康有为的《大同书》、陶渊明
的《桃花源记》与《三国志·张鲁传》,还认为"空想社会主义的一些理想,
我们要实行"。并且,他还想到要废除家庭。1958 年 3 月成都会议上他
说:家庭是原始公社后期产生的,将来要消灭,有始有终。康有为的《大同
书》曾看到此点。② 这表明毛泽东对空想社会主义的热衷。胡乔木称人民
公社是"毛泽东想象中的农村乌托邦",③ 可谓抓住了问题的本质。

　　共产党人把实现共产主义作为自己的奋斗目标。毛泽东作为中共的
最高领导人,矢志为共产主义事业进行不懈的努力和奋斗,而且作出了无
与伦比的重大贡献,这是他赢得中国人民无限爱戴的原因之一。但是,真
理向前跨出一步就会变成谬误。

　　毛泽东熟知中外历史,当他徜徉于理想与空想,徘徊于历史与现实之
间时,他关于人民公社的一些重大决策似乎也能找到历史的依据。1958
年 8 月,他在北戴河政治局扩大会议上谈吃饭不要钱的问题时,就曾联系
东汉末年张陵的五斗米道,说张陵的道,出 5 斗米就有饭吃。11 月初,在
第一次郑州会议上又说:"三国时候,汉中有张鲁,曹操把他灭了。他也搞
过吃饭不要钱。凡是过路的人,在饭铺里吃饭、吃肉都不要钱,尽肚子吃。
这不是吃饭不要钱吗? 他不是整个社会上都搞,而是在饭铺里搞。他统治
30 年,人们都高兴那个制度。"12 月,他又把《三国志·魏志》中的《张鲁
传》批印给参加武昌会议的与会者,并写道:我国从汉末到今一千多年,情
况如天地悬隔。但是从某几点来看起来,例如,贫农、下中农的一穷二白,
还有某些相似。他认为张鲁五斗米道的某些纲领很有现实意义,说张鲁
的"置义舍","置义米肉","不置长吏,皆以祭酒为治"等,如同人民公社的

---

① 《论无产阶级革命派的夺权斗争》,《红旗》,1967 年第 3 期社论。
② 薄一波:《若干重大决策与事件的回顾(修订本)》(下卷),人民出版社,1997 年,第 800 页。
③ 董边,等:《毛泽东和他的秘书田家英》,中央文献出版社,1989 年,第 28 页。

免费住宅,政社合一,劳武结合;五斗米道实施的群众性的医疗运动,有点像我们人民公社的免费医疗的味道;道路上饭铺里吃饭不要钱,最有意思,开了我们人民公社公共食堂的先河。① 在全军政治工作会议上他又说:武王伐纣,实行三化,组织军事化、行动战斗化、生活集体化。那时打仗,从陕西到豫北,能自己起伙吗? 得有三化。三化是军队发明的。为什么公共食堂军队能搞得,乡村就搞不得?②

公社化之初,毛泽东之所以对空想社会主义的乌托邦表现出浓厚的兴趣,与他长期在农村地区领导革命战争的特殊经历有着很大的关系。毛泽东在 20 多年的战争生涯中,从未跨出过国门,因而对现代资本主义的发展状况缺少感性认识,同时他对中国的传统文化又非常熟知。成语典故在他的谈话和文章中,信手拈来,运用自如。这当中也不免受到一些传统消极思想的影响,对农民绝对平均主义思想的认同就是明显的例证。因此一些学者认为毛泽东是"民粹主义者或有民粹主义思想",③似非空穴来风。

虽然有学者不赞成把农民看做平均主义的信仰者,④但是史不绝书的文献资料和历史事件还是告诉人们这样一个简单的道理:"民不患寡而患不均。"农民作为个体劳动者,固然不希望别人来共自己的产,但是在一贫如洗的广大农民看来,自己之所以陷于贫苦的悲惨境地,并非全是命运使然,更源于不合理的财富占有制度。这就是历次农民起义的领导者总要提出诸如"均田免粮"、"等贵贱,均贫富"等口号的原因。把这一美好愿望推向极致的是太平天国提出的《天朝田亩制度》。它所设计的"无处不均匀,无人不饱暖"、"有田同耕、有饭同食、有钱同使、有衣同穿"的理想社会方案成了激励广大农民群众参加反对清王朝封建统治的精神动力。

---

① 薄一波:《若干重大决策与事件的回顾(修订本)》(下卷),人民出版社,1997 年,第 801-802 页;《建国以来毛泽东文稿》第 7 册,中央文献出版社,1992 年,第 627-630 页。

② 毛泽东接见参加全军政治工作会议的各军区负责同志的讲话,1958 年 12 月 23 日。

③ 中共中央党史研究室第三室编研处:《西方学者论毛泽东思想》,中共党史出版社,1993 年,第 251-271 页。近年来国内的一些党史论著对此也有新的突破,参见胡绳:《毛泽东的新民主主义论再评价》,《中共党史研究》,1999 年第 3 期;郭计中:《民粹主义与人民公社化运动》,《党史教学与研究》,2000 年第 5 期。

④ 温锐:《理想·历史·现实——毛泽东与中国农村经济之变革》,山西高校联合出版社,1995 年,第 180-186 页。

对农民的绝对平均主义要求,毛泽东的态度似乎是矛盾的。从有利于调动农民参加革命战争的积极性来说,毛泽东在一定程度上和一定范围内对农民的平均主义要求是给予某些满足的,如平分土地、打土豪、分浮财等;但从有利于长期战争和发展社会生产力着眼,毛泽东又对农民的绝对平均主义倾向做过严肃的批评,这种批评越是临近战争结束越是尖锐、深刻。

但在新中国成立后不久,毛泽东的思想便逐渐发生了变化。由先前的先机械化后合作化、先工业化后农业社会化发展为机械化与合作化、工业化与农业社会化同步进行,再后来则变成先合作化后机械化、先农业社会化后工业化。不仅如此,在农业合作化过程中,党中央和毛泽东还采取了一系列措施如统购统销政策等,以确保农业合作化不受生产力发展水平低下的制约而迅速完成向社会主义的过渡。由于担心农村出现的两极分化趋势进一步发展,在过渡时期总路线提出后,毛泽东就不断提出要加快农业社会主义改造,反复强调要"向农民灌输社会主义和合作化的思想",①使他们认识到社会主义的道路是"我国农业唯一的出路"。②

在社会主义改造中,毛泽东又不断强调要"趁热打铁",由互助组经过初级社迅速发展到高级社,不能"确保私有"。为了加速农业合作化的步伐,人为地加剧农村的阶级紧张形势。在合作化时期,毛泽东一再强调"必须树立贫农的优势",其中积极参加合作者成为领导者,富裕中农则必须"服从贫农领导"。有的地方村干部在发展合作社时向农民说:"社会主义,资本主义,两条道路,看你走那条,要走社会主义的在桌上签名入社";"咱村就这两个社,不入这个入那个,凭你自由选择,反正得入一个";"谁不参加社就是想走地主、富农、资产阶级、美国的道路";有的威胁单干农户:"不入社,以后社里不借给你东西使,叫你自己打井",甚至发生了将不愿入社的农民捆绑至乡政府以强迫其入社的事情。③ 有的地方则宣布"单

---

① 《农业集体化重要文件汇编(1949—1957)》(上),中共中央党校出版社,1981 年,第 218 页。

② 中共中央文献研究室:《建国以来重要文献选编》第 4 册,中央文献出版社,1990 年,第 715 页。

③ 同①,第 154 页。

干就是犯法"；"不入社就是资本主义"①；"走社会主义道路，就办社，不入社，跟他们(地主富农)一样"；有的地方还故意给单干农户苦头吃，多摊派购粮数。② 有的地方则把入不入社上升到"是走毛泽东的道路，还是走蒋介石的道路"的高度。③

在这种情况下，广大农民出于"参加了社，政府看得起"的考虑，④同时也担心"与地主、富农在一起，不好过日子"等而积极要求参加合作社，有的地方甚至出现了"农民痛哭哀求入社"的情况。⑤ 有的农民怕露富、均产，只好卖掉生产资料、转移资金，甚至远走他乡、外出谋生。经过几番努力，"社会主义大为上升"，且"每日每时都在增长"，广大农民"一批批站到合作社这边来"。"最顽固"的富裕中农也改变了态度，"有的要求入社，有的准备入社"；地主富农分子则"一点神气也没有了"。⑥

这种并非完全出于自愿而掀起的农业合作化运动，对农业生产力的发展和提高究竟有多大的促进作用，实在难以作出科学的评估。⑦但有一点则是肯定的，它满足了农村"赤贫"阶层均分社会财富的心理需要，通过这

① 《中国农业合作史料》，1986年第2期，第7页。
② 《农业集体化重要文件汇编》(上)，中共中央党校出版社，1981年，第321页。
③ 《党史研究资料》，1981年第5期，第4页。
④ 同①，第286页。
⑤ 同①，第321页。
⑥ 《毛泽东选集》第5卷，人民出版社，1977年，第288页。
⑦ 当时的许多统计资料表明，80%的合作社都能增产，并且一般都是互助组优于单干户，合作社又优于互助组。见胡绳：《中国共产党的七十年》，中共党史出版社，1999年，第313页；《毛泽东选集》第5卷，人民出版社，1977年，第185页；《陈云文选》第2卷，人民出版社，1995年，第239页；薄一波：《若干重大决策与事件的回顾(修订本)》(上卷)，人民出版社，1997年，第212页。其实，当年对合作社能增产的统计资料大多经不起认真仔细的冷静推敲。资料表明：在合作化运动高潮的1953年—1957年间，我国农业发展的速度并未显示出明显加快的趋势，有的年份增长幅度还有所下降。以农业总产值为例，如以前一年为100的话，则1953年—1957年的发展情况分别为：103.1，103.3，107.7，104.9，103.5。参见苏星、杨秋宝：《新中国经济史资料选编》，中共中央党校出版社，2000年，第305页。如就粮食增长幅度来说，明显地呈现出逐年下降的趋势，1955年比上年增长8.5%，1956年为4.8%，1957年为1.2%。参见林蕴晖，等：《人民公社狂想曲》，河南人民出版社，1995年，第201页。农作物单产也呈下降趋势，参见周志强：《中国共产党与中国农业发展道路》，中共党史出版社，2002年，第229页。即便是总产量幅度不大的增长，还与国家较大幅度地增加农业投入的政策有直接关系。参见高化民：《农业合作化始末》，中国青年出版社，1999年，第295页。

种办法也在一定程度上满足了广大贫苦农民最低限度的生活需求。这种均分社会财富的归大堆做法虽然不利于生产力的发展,但对于维护建国之初的社会稳定却起到了临时性的积极作用。

然而,毛泽东由此却得出了"越穷越革命"、"越富越难革命"的规律性认识。他指出:"经济愈落后,从资本主义过渡到社会主义是愈容易,而不是愈困难。"① 在他看来,"大跃进"运动的发动解决了生产力发展的问题,如果不抓紧时间进行生产关系方面的变革,势必越来越难。

在生产力水平低下的情况下,搞穷过渡,一味地在生产关系的变革上求大、求公、求纯,并不符合马列主义的基本原理,也不能必然地带来生产力的飞速发展。就目前所能看到的资料来说,毛泽东不是不知道发展生产力的重要性,也不是不知道发展生产力与变革生产关系之间的辩证关系。但是毛泽东却矢志为之,遇难不退,甚至迎难而上,究竟是什么原因在起作用呢? 除了理论上的不彻底性以外,② 更主要的还是与他的特殊经历以及他对农民阶级特性的不正确把握有关。

20 多年的战争生涯,农村地区物质资料极端匮乏条件下以绝对平均为主要特征的战时共产主义生活给毛泽东留下了难以忘怀的深刻印象和值得无限留恋与反复回味的丰富素材,建设时期他曾多次以向往的神情与语气追忆过去的岁月。如,22 年实行供给制,大家都过"共产主义"生活,把日本人打败了,把蒋介石也打跑了,为什么建设时期就不行了呢?③ "搞工业、农业,比打仗还厉害些,我就不相信。"④

毛泽东一生都十分重视对历史经验的总结。他曾说过,他是靠经验吃

---

① 毛泽东读苏联《政治经济学教科书》第 3 版社会主义部分的谈话,1959 年 12 月至 1960 年 2 月。中国人民解放军国防大学党史党建政工教研室:《中共党史教学参考资料》第 23 册,第 247 页。

② 毛泽东在承认生产力对生产关系的决定作用时曾指出:"在一定条件下,(生产关系)又转过来表现其为主要的决定的作用。"《毛泽东选集》第 1 卷,人民出版社,1991 年,第 325 页;另参见张启华:《毛泽东中国社会主义理论》(当代中国出版社,1997 年)一书的有关分析。

③ 毛泽东在北戴河政治局扩大会议上的讲话,1958 年 8 月 21 日。

④ 毛泽东在南宁会议上的插话,1958 年 1 月。

饭的。① 20 世纪 60 年代初,毛泽东在反思"大跃进"与人民公社化运动的失误时明确讲到:我们对于社会主义建设"还缺乏经验"。② 既然没有社会主义建设的经验,那么就只能求诸战争年代的特殊经验与苏联的经验。对苏联经验的借鉴和吸取,在新中国成立初期的各项工作中是得到全面坚持的。随着苏联模式弊端的不断暴露,特别是在苏共二十大后,毛泽东等中共领导人对苏联经验的认识走向了另外一个极端。在"大跃进"运动中,毛泽东不断地强调要破除对苏联模式的迷信,走自己的路。在这种情况下,对战争年代的特殊经验就更加珍惜了。

毛泽东本是一位极富浪漫色彩的诗人政治家,有从不在困难面前低头的个性和禀赋。从事毛泽东诗词研究的学者指出,在其一生中有三个诗作的高峰,几乎都是在国内外形势颇为严峻的情况下出现的。③ 因此,当他回味、反思民主革命的成功业绩时,常常会喜不自胜,溢于言表。④

毛泽东对历史知识的了解,党的高级领导人中无出其右。复杂、深奥的道理经他用简洁话语一解释,中外古今一贯通就显得浅显易懂了。传统文化中某些本来就带有理想色彩的对未来社会的描绘对同样富有浪漫情怀的毛泽东来说,很容易引起强烈的思想共鸣。公社化之初,他对军事共产主义生活的留恋,对康有为《大同书》和陶渊明《桃花源记》、三国时五斗米道和空想社会主义的反复提及,表明他已由现实滑向理想,并由理想又进一步滑向了空想。

毛泽东历来对中外历史上的农民起义十分关注且评价甚高。早在青年时代,他就说过自己"爱看中国古典小说,特别是关于农民造反的故事"。⑤ 新中国成立后,在他的一再提倡和耳提面命下,对农民起义史的研究成了史学研究领域中的"显学"。毛泽东对历次农民起义的褒扬,不仅

---

① 薛建华:《毛泽东和他的"右派朋友"》,四川人民出版社,1992 年,第 190 页;参见《毛泽东书信选集》,人民出版社,1984 年,第 186-187 页。

② 《毛泽东著作选读》(下册),人民出版社,1986 年,第 827 页。

③ 陈晋:《毛泽东与文艺传统》,中央文献出版社,1992 年,第 368 页。

④ 董边,等:《毛泽东和他的秘书田家英》,中央文献出版社,1989 年,第 18 页。

⑤ 《毛泽东早期文稿》,湖南出版社,1990 年,第 705 页;[美]斯诺:《西行漫记》,董乐山译,三联书店,1979 年,第 108 页。

因为他一贯坚持"造反有理"的信念,始终站在同情被剥削被压迫阶级的一边,也不仅与他的性格有关,同时也是以农民为主体的中国新民主主义革命正名的需要,更重要的还在于他对历次农民起义领袖提出的带有浓厚空想色彩的口号与纲领有着强烈的思想共鸣。从陈胜、吴广的"王侯将相宁有种乎"到王小波、李顺的"等贵贱,均贫富",再到李自成的"均田免粮",毛泽东无不热情颂扬,给予高度评价。而洪秀全在《天朝田亩制度》中所描绘的理想社会蓝图,更令毛泽东心驰神往。公社化之初,毛泽东就曾以中国历史上的历次农民起义为例,认为"现在的人民公社运动,是有我国的历史来源的"。他指出:"历代都有大小规模不同的众多的农民革命斗争,其性质当然与现在马克思主义革命运动根本不相同。但有相同的一点,就是极端贫苦农民广大阶层梦想平等、自由,摆脱贫困,丰衣足食。"他认为这些农民起义:"在一方面,带有资产阶级急进民主派的性质。另一方面,则带有原始社会主义性质,表现在互助关系上。第三方面,带有封建性质,表现在小农的私有制、上层建筑的封建制——从天公将军张角到天王洪秀全。宋朝的摩尼教,杨么,钟相,元末的明教,红军,明朝的徐鸿儒,唐赛儿,李自成,清朝的白莲教,上帝教(太平天国),义和团,其最著者。"在他看来,这些农民起义"带有不自觉的原始社会主义色彩这一点就最贫苦的群众来说,而不是就他们的领袖们(张角、张鲁、黄巢、方腊、刘福通、韩林儿、李自成、朱元璋、洪秀全等)来说,则是可以确定的"。①

毛泽东领导中国革命取得胜利,从根本上说是得到了中国农民特别是广大贫苦农民支持的结果。他曾指出:"中国的革命实质上是农民革命。""农民的力量,是中国革命的力量。"②新中国成立以后,他把获得农民特别是广大贫苦农民的支持作为经济建设和政权稳定的动力之一。20 世纪 60年代初,毛泽东在一次讲话中明确表示:"完全不要一点平均主义,比方说,不要基本口粮,不要照顾,光搞按劳分配,光争取富裕阶层,可是把农村的五保户、困难户、烈军属户这百分之二三十的人,丢开不管,也是不行的。

---

① 《建国以来毛泽东文稿》第 7 册,中央文献出版社,1992 年,第 628 页。
② 《毛泽东选集》第 2 卷,人民出版社,1991 年,第 692 页。

这些人在农村中是我们的依靠。"①事实证明,这些农村"最贫苦的群众"对绝对平均主义最向往,也是人民公社体制在全国绝大多数地方得以维持的基本依据。

一哄而起的农村人民公社化运动,是在没有经过充分准备、试点的情况下就在全国范围内全面、迅速推开的,因而出现了不少问题。

首先,最突出的是生产关系上盲目求大求公求纯,超越了生产力的实际发展水平,造成了对生产力的巨大破坏。人民公社在某些地方刚出现不久,毛泽东在河北安国视察时就提出:是不是一乡一社,是不是搞万人公社? 并说在平原地区 8 000 人搞一个公社不要紧,社里工农商学兵都有。②他还把公社的特点归纳为"一曰大,二曰公",并且具体解释道:大,就是地大物博,人口众多,工农商学兵,农林牧副渔,人多势众;公,就是社会主义比合作社多,把资本主义的残余逐步去掉,如取消自留地、私养牲畜,搞公共食堂、托儿所、缝纫组,实行工资制度,搞农业工厂,破除了资产阶级法权制度。③ 后来他又说:"我们的人民公社是'一大二公'。首先就是大,接着必然提高'公'的水平,也就是说,量变必然带来部分的质变。"④北戴河会议通过的决议指出:"社的组织规模,就目前说,一般以一乡一社、2 000 户左右较为合适。某些乡界辽阔、人烟稀少的地方,可以少于 2 000 户,一乡数社。有的地方根据自然地形条件和生产发展的需要,也可以由数乡并为一乡,组成一社,六七千户左右。至于达到万户或两万户以上的,也不要去反对,但在目前也不要主动提倡。"⑤据统计,全国范围内,每个人民公社平均约 5 000 户,而每个高级社则仅 170 户左右,大了数十倍。⑥ 在 11 个省、市、自治区 7 589 个人民公社中,1 万至 2 万户的大社有 533 个,2 万

①　董边,等:《毛泽东和他的秘书田家英》,中央文献出版社,1989 年,第 70 页。

②　薄一波:《若干重大决策与事件的回顾(修订本)》(下卷),人民出版社,1997 年,第 764 页。

③　萧延中:《晚年毛泽东》,春秋出版社,1989 年,第 167 页。

④　读苏联《政治经济学教科书》(第 3 版)社会主义部分时的谈话,1959 年底至 1960 年初。中国人民解放军国防大学党史党建政工教研室:《中共党史教学参考资料》第 23 册(内部资料),第 256 页。

⑤　《农业集体化重要文件汇编(1958—1981)》(下),中共中央党校出版社,1981 年,第 69-70 页。

⑥　王学启,等:《中国社会主义时期史稿》第 2 卷,浙江人民出版社,1988 年,第 96 页。

户以上的社有 51 个。河南、吉林等 13 个省,甚至还建起了 94 个县人民公社或县联社。[①] 在人民公社发源地的河南省,遂平卫星社是由 5 个乡、27 个农业生产合作社合并起来的;商城超英人民公社则是由 10 个乡、68 个农业生产合作社合并起来的,共 20 457 户。[②] 关于"公",北戴河会议通过的《决议》规定:"在并社过程中,应该加强教育,防止少数社发展本位主义,在合并前不留或少留公共积累,分多分空。但是,另一方面,又必须了解,由于各个农业社的基础不同,若干社合并成一个大社,他们的公共财产,社内和社外的债务等等,不会是完全相同的,在并社过程中,应该以共产主义的精神去教育干部和群众,承认这种差别,不要采取算细账、找平补齐的办法,不要去斤斤计较小事。""自留地可能在并社中变为集体经营,零星果树暂时仍归私有,过些时候再处理,股份基金等可以再拖一二年,随着生产的发展、收入的增加和人们觉悟的提高,自然地变为公有。"[③] 成为各地创建人民公社样板的《卫星人民公社试行简章(草案)》规定:各农业社并为大公社后,原农业社的一切公有财产交给公社,多者不退,少者不补。社员交出全部自留地,并将私有房基、牲畜、林木等生产资料也都转归全社公有,只允许留下少量家畜和家禽。[④] 这实际上为搞"一平二调"、刮"共产风"提供了政策依据。

农村人民公社制度建立后不久,为了急于向共产主义过渡,不仅分配上搞平均主义的供给制和工资制,同时还实行"行动战斗化,组织军事化,生活集体化",不顾当时的客观条件,大办公共食堂和幼儿园、敬老院等集体福利事业。不少地方还把基本生活全包下来,并且开始了向共产主义过渡的试验。最典型的是河北省徐水县,从吃饭、穿衣、住房,到鞋、袜、毛巾、肥皂、灯油、火柴、烤火费,再到洗澡、理发、看电影、医疗、丧葬,统一由县里包下来;并且规定从 1958 年 9 月起,全县取消薪金制和按劳

① 《农业集体化重要文件汇编(1958—1981)》(下),中共中央党校出版社,1981 年,第 84 页。
② 中国科学院法学研究所人民公社研究小组:《高举人民公社的红旗胜利前进(文件、资料选集)》第 1 辑,法律出版社,1960 年,第 91,105 页。
③ 同①,第 71 页。
④ 同①,第 95 页。

分配制度,干部改发津贴。① 山东范县在呈送中央的《1960 年过渡到共产主义》的报告中提出的规划是:人人进入新乐园,吃喝穿用不要钱;鸡鸭鱼肉味道鲜,顿顿可吃四个盘;天天可以吃水果,各样衣服穿不完;人人都说天堂好,天堂不如新乐园。毛泽东看后禁不住写道:"此件很有意思,是一首诗,似乎也是可行的。时间似太促,只三年,也不要紧,三年完不成,顺延可也。"② 刘少奇在河南视察时提出:"(人民公社)今后对小孩子要强调教育,不能把重点放在家庭教育上。"③ 从而为农村人民公社大办托儿所、幼儿园提供了依据。

在徐水成立县人民公社、大搞供给制后不久,湖北省当阳县跑马公社党委第二书记张天高于 1958 年 11 月 17 日代表公社管理委员会在跑马公社扩大干部会议上宣布:"今天是社会主义的尾,明天是共产主义的头,共产主义已经到了。""共产主义要消灭私有制,消灭家庭,除了老婆以外——这是我说的(意思是老婆是否归公他还没有把握——原注),什么也不私有了。"会一开完,张天高即带领群众到商店乱拿东西。在为时近一个月的时间里,全公社共动用国有物资价值 65 969 元,社队集体占用农民的生活用具和小农具、社员之间平调物资,更是无法计数。④

尽管报刊上大力宣传供给制和公共食堂的优越性,认为公共食堂有 8 至 12 大好处:"解放妇女;改善伙食;节省劳动力;节省烧柴;节省粮食;节省灯油;节省家具;减少婆媳之间的吵架;减少失火;便于除四害;对改造二流子有利;从群众来说,便于开会;从干部来说,便于领导。"⑤ 但在实际生活中却截然相反。由于供给部分在分配中一般要占 50% ～ 60%,有的地方甚至要占 80% 以上,因而严重地挫伤了广大农民的生产积极性。据新

---

① 赵云山、赵本荣:《徐水共产主义始末》,《党史通讯》,1987 年第 6 期。

② 《建国以来毛泽东文稿》第 7 册,中央文献出版社,1992 年,第 494 页。

③ 中国科学院法学研究所人民公社研究小组:《高举人民公社的红旗胜利前进·文件、资料选集》第 1 辑,法律出版社,1960 年,第 444 页。

④ 冯有林、魏鹄立:《湖北当阳跑马公社的"共产主义"考》,《中共党史研究》,1998 年第 4 期。

⑤ 《农业社办食堂促生产发展和集体主义思想成长》,《人民日报》,1958 年 7 月 8 日;赵光:《遂平卫星人民公社的建立》,《河南日报》,1958 年 8 月 14 日。

华社1959年1月18日的内部报道,广东省新会县人民公社第一次发工资后,因多劳不多得、大搞平均主义,出现了"四多四少"和"三化"。即吃饭的人多,出勤的人少;装病的人多,吃药的人少;学懒的人多,学勤的人少;读书的人多,劳动的人少;"出工自由化、吃饭战斗化、收工集体化",① 再加上"公共食堂吃饭不要钱",浪费十分惊人。甘肃省某地方的干部执行很积极,"看到过路的人走了多远,还强拉他回来,说天晚了还不吃饭?反正不要钱,非要他吃不行"。② 而公共食堂很难保证饭菜的质量,也难适应众人不同的口味,卫生条件差,没有足够大的场地容纳众多的社员就餐等,③逐渐引起人们的不满。一味强调"生活集体化",有的地方把全村男女老少集中起来住宿,有的一家数代多人同住一屋,翁媳同室,极不方便。陈伯达等还提出要废除商品生产和商品交换,废除货币,用流通券取而代之。这样,价值规律便不起作用了。他还说:"面包蘸点白糖就是共产主义,社员们都能吃上饺子就是共产主义。"④ 这大大损害了共产主义社会的美好形象。

其次,浮夸风盛行。为了证明人民公社的优越性,各地竞放高产"卫星"。仅据公开的报道,水稻最高亩产量是广西环江县红旗人民公社创下的,为130 434斤10两4钱,数字精确至此,由不得人不信。青海柴达木盆地赛什克农场第一生产队则创下了小麦亩产的记录,为8 585斤6两。玉米的最高亩产量是河南商丘王楼人民公社第八生产队创下的,为35 393斤。公社化运动前后,几乎所有农作物都有自己的高产"卫星"。⑤

《人民日报》还鼓吹,"人有多大的胆,地有多大的产","只怕想不到,不怕做不到"。⑥ 宣称"我国粮食要增产多少,是能够由我国人民按照自己

---

① 《农业集体化重要文件汇编(1958—1981)》(下),中共中央党校出版社,1981年,第127-128页;《建国以来毛泽东文稿》第8册,中央文献出版社,1993年,第19-20页。
② 薄一波:《关于经济工作的几个问题》,《人民日报》,1980年1月15日。
③ 罗平汉:《"大锅饭"》,广西人民出版社,2002年,第117-146页。
④ 《人民公社好》,农业出版社,1973年,第119页。
⑤ 《新华半月刊》,1958年第19期,第113-114页。
⑥ 《祝早稻花生双星高照》,《人民日报》,1958年8月13日社论;《紧紧抓住钢铁生产》,《人民日报》,1958年8月27日社论。

的需要来决定了","只要我们需要,要生产多少就可以生产多少粮食出来"。① 甚至提出在农业生产全面跃进的情况下,即使把地球上的人统统集中到中国来粮食也够吃。有的地方(如河南省)还宣布只用 3 个月就基本消灭了水旱等自然灾害。

报纸上的这些牛皮是在党的领导人一再鼓动、提倡下而吹起来的。1958 年 7 月中旬,中共山西省洪赵县委给中央写了一份《就实论虚》的报告,引用了农业社社员的话说:"我们可以改良小麦的习性,比如使它和谷子嫁接,让每个麦穗有八寸到一尺长,每穗结籽 500 粒,每亩如果是 250 万株,还可以产到 89 000 斤,再如果把小麦改良成一株多穗,或者粒像石榴粒那样的大,产量就无法估量。"中央在转发该报告时说:"山西省洪赵县委关于就实论虚的报告很好,特转发给各地参考,希望运用这一方法总结各项作物的经验。原报告可以在报上发表。"② 同年 8 月初,毛泽东到徐水视察时就提出粮食多了吃不完怎么办的问题。在湖北视察时,他对时任该省省委书记的王任重说:"许多事情看来怪得很,要就没有,或者很少,要就很多很多。过去九年粮食增加得很慢,老愁粮食不足,可是今年一年就增加了几千亿斤。今年翻一番,明年还可能翻一番,这样我们的粮食就多得不得了。"③ 9 月 26 日,《人民日报》发表陈毅写的《广东番禺县访问记》,说他亲眼看到番禺县亩产 100 万斤番薯、60 万斤甘蔗、5 万斤水稻的"事实"。④ 广东省委第一书记陶铸发表了题为《驳"粮食增产有限论"》的文章,认为广东的粮食亩产量是可以达到三四千斤甚至 1 万斤的。⑤ 在浮夸成风的气候下,科学家也不甘或无法寂寞,著名科学家钱学森撰文论证,如果植物能利用射到 1 亩地上的太阳光能的 30%,稻麦的亩产量就有可能达到 4 万斤。⑥ 这是在进行理论分析。中国农业科学院生物学部委员、植物

---

① 《今年夏季大丰收说明了什么?》,《人民日报》,1958 年 7 月 23 日社论。
② 《农业集体化重要文件汇编(1958—1981)》(下),中共中央党校出版社,1981 年,第 49-55 页。
③ 王任重:《毛主席在湖北》,《七一》,1958 年第 5 期。
④ 《人民日报》,1958 年 9 月 26 日。
⑤ 《红旗》,1958 年第 5 期。
⑥ 《中国青年报》,1958 年 6 月 16 日。

生理研究所副所长殷宏章和农科院副研究员郑建楠等则在《人民日报》上发表文章,称他们亲眼看到湖北孝感县朝阳乡黄竹五社 1.6 亩早稻共产干谷 21 453.5 斤这一"卫星"上天的经过。华中农科所所长张子明则称看到麻城建国一社 3 亩早稻产 36 000 斤的"卫星"。

那么,出现这么多高产"卫星"的具体"措施"是什么呢? 徐水县的独特做法是深翻土地和用狗肉汤浇田,其他地方有的给玉米注射葡萄糖,有的给棉花搭起大棚通宵达旦地用强电灯光给予照射,有的过分密植,一亩地下种数百公斤。陕西省蒲城县的一个"发明"是改变鸡的习性,让公鸡履行母鸡的职责去孵化小鸡,让母鸡多生蛋。方法是割去公鸡的生殖器官,再灌下两杯酒,它就能醉意盎然地去孵化小鸡。有的地方宣称,将猪的耳朵、尾巴、甲状腺和部分胸腺割去,就能使猪一天增膘 9.5 公斤。[①] 常熟县南丰公社则用 7 057 斤食油,2 088 斤糖,2 669 斤猪、羊肉,8 199 斤鱼和价值 24 000 多元的芦苇、茭白、蒲草作为肥料下了田;七大队三小队 26 户农民烧好了的 40 碗鱼被大队干部发现了,全部收起来倒到田里去。[②]

出现这些近乎梦呓式的神话,对于一贯强调要坚持实事求是、从实际出发的中国共产党来说,是匪夷所思、令人费解的。尽管当时也有人看出其中的虚假成分,[③] 著名马克思主义哲学家、党的创始人之一的李达还专门就"人有多大胆,地有多大产"的提法跟毛泽东发生过激烈的争论,[④] 就连毛泽东本人在头脑较为冷静时也一再强调要压缩空气,对高产"卫星"表示过公开的怀疑(做到这一点对于农民出身、或多或少地懂得一些农业常识的毛泽东及其大多数同事来说,并不困难);但对于绝大多数领导人来说,出于多种原因或考虑,在毛泽东没有进行公开纠"左"之前,是不愿或不能对此公开表示怀疑或反对意见的。[⑤] 而在毛泽东看来,任何群众的发

---

① 凌志军:《历史不再徘徊——人民公社在中国的兴起和失败》,人民出版社,1997 年,第75 页。

② 《常熟县第一、第二批公社算账大会的总结》,1959 年 6 月 3 日。

③ 薄一波:《若干重大决策与事件的回顾(修订本)》(下卷),人民出版社,1997 年,第 777 页。

④ 谭振球:《毛泽东外巡记》,湖南文艺出版社,1993 年,第 149-150 页。

⑤ 刘金田:《邓小平对人民公社的思考》,《党的文献》,1999 年第 3 期。

明创造和积极性都是不能加以指责和泼冷水的。① 问题是所有这些"发明"在多大程度上真正是人民群众的自发创造,则大可怀疑,因而毋宁说是上级领导耳提面命、大力提倡乃至强迫命令的结果。② 况且,在一贯强调要充分发挥人的主观能动性的毛泽东看来,当广大人民群众的社会主义建设积极性完全调动起来以后,又有了先进的社会主义生产关系——刚刚诞生的人民公社制度的强力推动,农业生产获得大幅度增长就有了可靠的制度保证。这正如1958年8月底中共中央北戴河政治局会议通过的《关于在农村建立人民公社问题的决议》所指出的那样:"在克服右倾保守思想,打破了农业技术措施的常规之后,出现了农业生产飞跃发展的形势,农产品产量成倍、几倍、十几倍、几十倍地增长,更加促进了人们的思想解放。"③ 这种自己竖起菩萨自己拜,下面说谎上面相信的做法,所导致的后果是灾难性的。④

再次,各级领导干部普遍地或多或少地滋生了强迫命令和瞎指挥等不良作风,不同程度地违背了"群众路线和实事求是"的原则。为了完成上级下达的生产任务和指标,基层干部除了浮夸成风、吹牛说谎以外,还违背群众的意愿,强迫命令和瞎指挥;对于那些不服从指挥和领导的人,作风十分粗暴甚至极其野蛮,饿饭、打骂、劳动惩罚等是司空见惯的寻常事,不少地方还出现过打死人的暴力犯罪行为。

对于公社化中产生的带有普遍性的问题,毛泽东等从1958年10月便有所觉察。从10月的中旬起,毛泽东前往天津、河北和河南等地调查研究。在天津视察时,他听取了徐水县委负责人以及有关工作人员的情况汇报。当他听说徐水县实行供给制,有许多个"不要钱"时,便问该县县委书记张国忠:有个家庭夫妇俩是强劳动力,只有一个孩子;另一个家庭6口人,只有一个劳动力,这两种家庭你怎么分配呢? 张国忠说:一律平均,该供给什么就供给什么。毛泽东认为这样一来劳动力强的就吃了

---

① 参见毛泽东在成都会议上的讲话,1958年3月22日。
② 《彭德怀自述》,人民出版社,1981年,第268页。
③ 《建国以来农业合作化史料汇编》,中共党史出版社,1992年版,第494页。
④ 王玉贵:《论反右派斗争对"大跃进"运动的影响》,《史学月刊》,2004年第11期。

亏,劳动力弱的就占了便宜;劳动力强的贡献大,得到的报酬反而少,这样一种供给制不会给生产带来好处,反而会带来坏处。他认为徐水县混淆了社会主义和共产主义、集体所有制和全民所有制的界限。在河北邯郸和河南新乡视察时,他又发现了普遍存在着的无偿调拨公社财产和完全否定按劳分配原则等问题。他还坦率承认:我们搞经济建设还是小孩子,无经验。向地球开战,战略战术,我们还不成熟,要正面承认这些缺点错误。① 为了解决公社化之初出现的问题,从1958年11月初起,毛泽东先后主持了一系列重要会议,采取具体措施,制定方针政策,取得了一些明显的成效。②

首先,明确了集体所有制和全民所有制、社会主义和共产主义的界限。在第一次郑州会议(1958年11月2日—10日)上,毛泽东在讲话中提出:什么叫建成社会主义? 要不要划分一条线? 他指出,大线是社会主义与共产主义;小线是集体所有制与全民所有制。公社是实行两个过渡的产物。目前是社会主义集体所有制向全民所有制过渡,将来是全民所有制向共产主义过渡。中共八届六中全会(1958年11月28日—12月10日)通过了毛泽东主持起草的《关于人民公社若干问题的决议》,《决议》进一步指出:农业生产合作社变为人民公社"并不等于已经把农村中的集体所有制变成了全民所有制","在全国农村实现全民所有制,还需要经过一段相当的时间";"把成立公社和实现全民所有制混为一谈,过于性急,企图在农村中过早地否定集体所有制,匆忙地改变为全民所有制,那也是不适当的,因而是不可能成功的"。"(同样,)由社会主义的集体所有制变为社会主义的全民所有制,并不等于由社会主义变为共产主义。农业生产合作社变为人民公社,更不等于由社会主义变为共产主义。由社会主义变为共产主义,比由社会主义的集体所有制变为社会主义的全民所有制,需要经过更长得多的时间。""无论由社会主义的集体所有制向社会主义的全民所有制过渡,还是由社会主义向共产主义

---

① 转引自郑以灵:《毛泽东农民观透视》,厦门大学出版社,1999年,第210页。

② 严文:《纠"左"的起步——从几次会议看毛泽东为纠正"左"倾错误提出的一些思想和主张》,《党的文献》,1990年第4期。

过渡,都必须以一定程度的生产力发展为基础。"在生产力还没有充分发展的情况下就宣布人民公社"立即实行全民所有制",甚至"立即进入共产主义","不仅是一种轻率的表现,而且将大大降低共产主义在人民心目中的标准,使共产主义伟大的理想受到歪曲和庸俗化,助长小资产阶级的平均主义倾向,不利于社会主义建设的发展"。①

其次,着手纠正"共产风",调整公社内部的所有制结构和基本核算单位,坚持按劳分配、多劳多得的社会主义原则,纠正平均主义和过分集中的倾向。在第二次郑州会议(1959 年 2 月 27 日—3 月 5 日)上,毛泽东作了长篇讲话,提出:农村人民公社所有制要不要有一个发展过程?是不是公社一成立,马上就有了完全的公社所有制,马上就可以消灭生产队的所有制呢?他指出,公社所有制必须有一个发展过程,在公社内,由队的小集体所有制到社的大集体所有制需要一个过程,这个过程要有几年时间才能完成。现在有许多人误认为人民公社一成立,各生产队的生产资料、人力、产品,就都可能由公社领导机关直接支配;误认社会主义为共产主义,误认按劳分配为按需分配,误认集体所有制为全民所有制。在公社范围内,实行贫富拉平,平均分配;对生产队的某些财产无代价地上调;银行方面,也把许多农村中的贷款一律收回。"一平、二调、三收款",引起广大农民的很大恐慌。他说,在公社内,存在着公社、生产大队和生产队三级所有制。要基本上消灭三者之间的区别,把三级变为公社一级所有,需要公社有更强大的经济力量,需要各个生产队的经济发展水平大体趋于平衡,而这也需要几年时间。我们只能一步一步地引导农民脱离较小的集体所有制,通过较大的集体所有制走向全民所有制。由生产队和生产大队所有制过渡到公社所有制,需要一个发展过程。否认目前还存在于公社中并且具有极大重要性的生产队的所有制,就不可避免地要引起广大农民的坚决抵抗。必须检查和纠正平均主义和过分集中这两种倾向。所谓平均主义倾向,就是否认按劳分配、多劳多得的

---

① 《农业集体化重要文件汇编(1958—1981)》(下),中共中央党校出版社,1981 年,第112-116页。

社会主义原则。所谓过分集中倾向,就是否认生产队的所有制,否认生产队应有的权利,任意把生产队的财产上调到公社来。目前的任务是坚决纠正这些倾向,克服平均主义,改变权力、财力、人力过于集中于公社一级的状态。公社在统一决定分配的时候,要承认队和队、社员和社员的收入有合理的差别,穷队和富队的伙食和工资应当有所不同。公社应当将权力下放,实行三级所有,三级核算,并以队的核算为基础。公社成立后,刮起了一阵"共产风"。一是穷富队拉平;二是积累太多,义务劳动太多;三是"共"各种"产"。在某种范围内,实际上造成了一部分无偿占有别人劳动成果的情况。这是我们所不允许的。对于劳动人民的劳动成果,怎么可能无偿占有呢?①

会议根据毛泽东讲话的精神与要求,起草了《关于人民公社管理体制的若干规定(草案)》,对公社、生产大队和生产队的职权范围做了明确的划分,②并指出:"人民公社应当实行统一领导、分级管理的制度。"这一制度的基本内容就是毛泽东归纳提出的14句话:"统一领导,队为基础;分级管理,权力下放;三级核算,各计盈亏;分配计划,由社决定;适当积累,合理调剂;物资劳动,等价交换;按劳分配,承认差别。"③

1959年3月15日,毛泽东就人民公社的基本核算单位问题给各省、市、自治区党委第一书记写信,指出郑州会议时说的"队为基础",是指生产队,而不是生产大队,并要求各地结合自己的实际情况,确定是以生产大队还是以生产队为基本核算单位。④ 他在3月17日的信中则进一步要求各地"讨论除公社、管理区(即生产大队)、生产队(即原高级社)三级所有、三级管理、三级核算之外,生产小队(生产小组或作业组)的部分所有制的问题"。⑤ 3月28日,毛泽东在中共山西省委《关于整顿和巩固人民公社的决议》上写了一段批语,强调应当批判只顾国家和公社大集体,而不顾生产

---

① 《农业集体化重要文件汇编(1958—1981)》(下),中共中央党校出版社,1981年,第141-144页。
② 同①,第147-149页。
③ 同①,第146页。
④ 同①,第157-158页。
⑤ 同①,第160页。

队小集体和社员个人等"左"倾冒险主义思想。3 月 30 日,他在批转陶鲁笳《关于山西省各县人民公社问题五级干部会议情况的报告》时指出,一平二调三收款"妨碍生产,毁坏社会主义,毁坏人民公社"。①

　　1959 年 3 月 25 日至 4 月 5 日,中共中央在上海先后召开政治局扩大会议和八届七中全会,检查人民公社的整顿工作,通过了《关于人民公社的十八个问题》,指出:基本队有制、部分社有制的情况不能很快改变;由基本上生产队所有制,改变为基本上社有制,需要公社有更强大的经济力量,需要各个生产队的经济发展水平大体趋于平衡,这需要有一个发展过程。将来,在把基本上生产队所有制改变成为基本上公社所有制的时候,必须经济上不使任何一个生产队和任何一个人吃亏,而只能使他们较之以前更有益处。同时还要考虑农民的意愿,农民群众要求变就变,群众不愿意变就不变。在具体步骤上还可分两步走:第一步由基本队有制变为基本上生产大队所有制;第二步再由基本大队所有制变为基本社有制。即使在将来实现了基本社有制后,生产队还是一级核算单位,还有一定范围的管理权限,还保持部分所有制。②

　　再次,认识到在人民公社内部仍然存在商品生产和商品交换,必须重视价值法则,尊重经济规律,人民公社的集体所有制经济仍是商品经济而不是产品经济。③ 针对陈伯达等急于取消商品生产的错误倾向,毛泽东在第一次郑州会议上说,现在还是要利用商品生产、商品交换、价值法则来作为一种有用的工具。我们国家是个商品生产不发达的国家,现在又很快地进到了社会主义,社会主义的商品生产、商品交换还要发展。这是肯定的,有积极作用。他又说,有的同志读马克思主义教科书时是马克思主义者,一碰到实际问题就要打折扣。避开使用还有积极意义的资本主义范畴——商品生产、商品流通、价值法则等来为社会主义服务,第 36 条(指陈伯达等为会议起草的《十五年社会主义建设纲要四十条(1958—1972)》的

---

①　《农业集体化重要文件汇编(1958—1981)》(下),中共中央党校出版社,1981 年,第 164 页。

②　同①,第 189-190 页。

③　陈恩惠:《毛泽东 1958 年谈商品生产》,《党的文献》,1993 年第 5 期。

第36条,该条说:人民公社"既要增加自给性的产品,又必须增加用以交换的产品")的写法就是证明:尽量用不明显的词句来蒙混过关。他指出:不要商品,废除商业,实行调拨,那就是剥夺。没有理由剥夺农民,只能同他们做买卖。对于人民公社的集体所有制,采用资产阶级遗留下来的一些原则,利用它的形式,有些也是实质,比如生活资料的商品。当然,社会主义的商品生产与交换和资本主义社会的商品生产与交换还是有本质区别的。资产阶级的产品是为了盈利,为了赚钱,为了剥削剩余价值。我们是无产阶级的产品,是为了跟过去的小资产阶级(农民)的产品进行等价交换。许多同志觉得,农民现在忽然变得跟无产阶级一样了,或者更高。而无产阶级则变成二哥了。究竟鞍钢是大哥,还是徐水是大哥呢?不要跟陈伯达搞在一起,他的马克思主义"太多"了。

毛泽东还指出:每一个人民公社,并且是每一个生产队,除了生产粮食外,必须生产经济作物,能够卖钱的,能够交换的,有工业品,有农产品,总之是生产适宜交换的商品。这个问题不提倡,以为人民公社就是个国家,完全能自给,哪有那个事!不生产盐的地方怎么办?咸盐总得吃吧!不扩大商品生产和商品交换,每个人民公社不生产为别的社、为国家所需要的适宜交换的商品,就不能发工资,或者工资发得很少,就不能提高人民的生活。因此,必须发展社会主义商业,并且利用价值法则,作为经济核算的工具。

中共八届六中全会通过的《关于人民公社若干问题的决议》也指出:

人民公社无论在工业方面和农业方面,既要发展直接满足本社需要的自给性生产,又必须尽可能广泛地发展商品性生产。各个公社应当根据自己的特点,在国家领导下,同别的公社和国营企业实行必要的生产分工和商品交换。今后一个必要的历史时期内,人民公社的商品生产,以及国家和公社、公社和公社之间的商品交换,必须有一个很大的发展。这种商品生产和商品交换不同于资本主义的商品生产和商品交换,因为它们是在社会主义公有制基础上有计划地进行的,而不是在资本主义私有制的基础上无政府状态地进行的。继续发展商品生产和继续保持按劳分配的原则,对于发展社会主义经济是两个重大的原则问题,必须在全党统一认识。有些人在企图过早地"进入共产主义"的同时,企图过早地取消商品生产和商品交换,过早地否定商品、价值、货币、价格的积极作用,这种想法是对于发展社会主义建设不利的,因而是不正确的。[①]

1959年3月30日,毛泽东在一个批注中又提出,要改变第二次郑州会议关于旧账一般不算为旧账一般要算,并指出:"算账才能实行那个客观存在的价值法则,这个法则是一个伟大的学校,只有利用它,才有可能教会我们的几千万干部和几万万人民,才有可能建设我们的社会主义和共产主义。否则一切都不可能。对群众不能解怨气。对干部,他们将被我们毁坏掉。有百害而无一利。""无偿占有别人劳动是不许可的。"[②]

此外,毛泽东在武昌会议(1958年11月21日—27日)上的讲话中还对经济工作中特别是农业生产上的浮夸风进行了批评,强调在破除迷信时不要把科学也破除了,对于资产阶级法权的某些残余,要保护,使它为社会主义服务。在《关于人民公社的十八个问题》中,他还提出了建立承包责任制的思想,提出:"以生产队作为基本核算单位,生产队下面的生产小队就是包产单位。""生产小队向生产队包产、包工、包成本,超产的部分,按过去高级社实行的办法,上缴一定的比例给生产队,其余部分归本小队所有;节约下来的生产费用,全部归小队支配。"其他如经营副业和零星土地的收入,都归小队所有。[③] 1959年2月17日,《人民日报》发表社论《人民公社要建立和健全生产责任制》,指出生产责任制的建立和健全是完成农业生产任务的重要措施之一,有利于社员掌握和迅速提高生产技术,促进农业生产的发展。因此,各地应按照任务到队、管理到组、措施到田、责任到人、检查验收的要求,实行个人和集体的生产责任制。

正当各地对人民公社化运动中出现的错误进行纠正并逐步取得成效时,一场来自高层领导间的矛盾冲突,打断了这一进程,农村工作出现了新

---

① 《农业集体化重要文件汇编(1958—1981)》(下),中共中央党校出版社,1981年,第118页。
② 同①,第163页。
③ 同①,第190—191页。

的反复。

庐山会议前,毛泽东等人对人民公社化运动中存在的"左"倾错误的认识和纠正仅触及一些较为突出的具体问题,并未从指导思想上足够重视,相反却始终坚持认为"三面红旗"从根本上来说是不会有错的。而且,毛泽东认为通过几个月的努力,不少问题已经解决,有的正在或将被解决。由于存在着这样的根本性局限,因此,当彭德怀等人在庐山会议上对"三面红旗"的失误从指导思想的高度加以批评和总结时,就不可避免地要引起激烈的冲突。①

根据目前已有的资料进行分析,1959 年 7 月 2 日—8 月 16 日召开的庐山会议,其最初的目的仍然是为了进一步纠正"左"的失误,这从会议的发起者毛泽东在会前的准备活动以及会议正式召开前后的有关讲话来看,都能得到证明,只不过毛泽东对形势的严重性估计明显不足。② 也正因为如此,彭德怀在会议上的几次讲话都是反"左",③并于 7 月 14 日给毛泽东写了一封信。彭德怀的言行与整个会议的气氛是一致的,当时不少参加会议的领导人在讲话中或为会议准备的材料中也都是反"左"的,不同的是,彭德怀的看法明显地超出了毛泽东以及部分与会者所能接受的范围,这与当时毛泽东已垄断了真理发现权或者说已成了"真理的化身",④即使工作中出现错误也只能由他率先加以发现并纠正的大背景是不协调的,加上彭德怀的某些言论直接指向毛泽东本人以及彭德怀平时桀骜不驯的性格,多少给人"犯上"的感觉与印象。⑤

就彭德怀的信本身来说,引起毛泽东及其他一些人反感的不外乎是其认为 1958 年的失误具有"政治性",犯错误的原因是"小资产阶级的狂热性",以及因誊写时误将对 1958 年的总体评价的"有得有失"变为"有失有

---

① 庐山会议铸成彭德怀错案的原因是非常复杂的。参见王玉贵《1959 年庐山会议献疑》(《党史研究资料》,1995 年第 6 期)的有关分析。

② 李锐:《毛泽东秘书手记:庐山会议实录》,河南人民出版社,1994 年。

③ 马骐,等:《国防部长浮沉记》,昆仑出版社,1989 年,第 34 页。

④ 张素华:《变局——七千人大会始末》,中国青年出版社,2006 年,第 227 页。

⑤ 《彭德怀传》编写组:《彭德怀传》编写组:《彭德怀传》,当代中国出版社,1993 年,第 588-590 页。

得"等。① 对于这些问题,显然不能进行就事论事式的分析,否则是无法解释为何会因这一偶发事件就导致了对一位无论在党内还是在军队内部都享有崇高威望,且对中国革命作出巨大贡献的开国元勋进行严厉批判的这一悲剧性结局的。分析此一事件的前因后果,更多的应从政治上加以考虑。这从中共八届八中全会通过的决议②、刘少奇在七千人大会上的讲话、毛泽东的有关讲话以及一些当事人的回忆中都可以得到证明。如刘少奇在讲话中就说,庐山会议上彭德怀信中所说的一些具体事情,不少是符合事实的。一个政治局委员向中央主席写一封信,即使信中有些意见是不对的,也不算犯错误。问题在于彭德怀在党内有一个小集团,他们的反党活动同某些外国人在中国搞颠覆活动有关。③

可以说,庐山会议上彭德怀给毛泽东的信不过为毛泽东打倒这位经常授人以柄的老元帅提供了合适的契机罢了,④ 换了彭德怀,发生同样的事情,也许不会出现同样的结果。⑤ 问题是这一突发的政治事件发生在党对人民公社的某些失误进行纠正的过程中,因而不可避免地对这一进程产生消极影响,从而助长了"左"倾错误的进一步发展。会议的错误转向,使得此前8个月的纠"左"结果全部泡汤,不仅加速了困难时期的到来,而且加重了困难的严峻程度。

庐山会议后,农村地区出现了以下主要问题:

第一,再次掀起大办公共食堂的高潮,认为这是必须坚守的"社会主义阵地"。⑥ 庐山会议上,彭德怀、张闻天和周小舟等人都反对在农村大办公共食堂。庐山会议后期,因彭、张、周被错误地定性为"反党集团",在公共食堂等问题上的不同看法,本来属于具体工作中的意见分歧,也被笼统地

---

① 《彭德怀自述》,人民出版社,1981 年,第 281-287 页。
② 《中华人民共和国国史全鉴(1954—1959)》第 2 卷,团结出版社,1996 年,第 2515-2516 页。
③ 《彭德怀传》编写组:《彭德怀传》,当代中国出版社,1993 年,第 678 页。
④ 王玉贵,等:《庐山会议铸成彭德怀错案的原因究竟是什么》,《党史纵览》,2005 年第 10 期。该文初稿曾以合作者之一胡正勃的单独署名在《中共中央党校学报》1999 年第 4 期上发表过。
⑤ 师哲:《在历史巨人身边》,中央文献出版社,1991 年,第 270 页。
⑥ 沈家善:《"大跃进"时期农村公共食堂始末》,《党史研究资料》,1986 年第 11 期。

指责为"右倾机会主义者"对党的猖狂进攻。"被敌人反对的是好事"。毛泽东认为,既然彭德怀这些"右倾机会主义者"、"党的同路人"反对公共食堂,那食堂就非得要坚持办下去不可,以证明这些反党分子的看法是反动的、错误的。

1959年7月23日,毛泽东在讲话中提出食堂不可全部解散。8月5日,他在一份批语中又指责解散公共食堂是一种"悲观主义的思潮,是腐蚀党的、腐蚀人民的一种极坏的思潮"。① 8月10日,他在另一份批语中又严厉批评张恺帆解散无为县的公共食堂是"站在资产阶级立场,蓄谋破坏无产阶级专政,分裂共产党"。② 定调之高,令人咋舌。9月22日,《人民日报》发表《公共食堂前途无量》的社论,对在公共食堂问题上的所谓错误观点进行了系统反驳,坚持认为"公共食堂有深厚的经济根源","不是一阵风(就能)吹散的"。在这种一再批评和指责的强大舆论、政策压力下,不仅被解散的公共食堂很快全部恢复起来,还新办了不少食堂。1960年2月中旬,贵州省委召开会议,讨论公共食堂问题。会后在给中央的报告中说:"农村经过整风整社和社会主义教育之后,富裕中农同我们作斗争的主要矛头是针对食堂。去年贯彻八届八中全会精神之前,他们的主要活动,是闹土地下放,包产到户,牵牛拉马。现在千方百计扯垮食堂,这就是挖人民公社的墙脚。所以食堂也是我们必须固守的社会主义阵地。失掉这个阵地,人民公社就不可能巩固,大跃进也就没有保证。"③毛泽东在批示中写道:贵州省委的报告写得很好,各地要"一律仿照执行,不应有例外"。这样"可以使我们在从社会主义向共产主义过渡的事业中,在五年至十年内,跃进一大步"。④ 随后,中共中央又批转了中央办公厅整理的《八个省农村公共食堂情况》、《河南省农村公共食堂情况》、《1959年年底全国农村公共食堂情况》等文件,指出:抓食堂是一个"极端重要"的问题,办好公共

① 《农业集体化重要文件汇编(1958—1981)》(下),中共中央党校出版社,1981年版,第238页。
② 《建国以来毛泽东文稿》第8册,中央文献出版社,1993年,第931页。
③ 同①,第288页。
④ 同①,第285页。

食堂是各地党委的"重点任务"。要求各地学习贵州、河南等省的做法,争取在两三年内把90%的人都集中到食堂吃饭。在粮食管理上改变了"口粮分配到户"的办法,规定实行"统一用粮,指标到户,实物到堂"。① 强令社员到食堂就餐。经过多方工作,到1959年底,全国共有公共食堂391.9万个,约4亿人口、占全公社总人数72.6%的人在食堂吃饭,河南、湖南、四川、云南、贵州、上海、安徽7省的食堂就餐率达到90%以上,最高的河南省为97.8%,到1960年2月底更增加到99%。②

第二,急于向全民所有制过渡的思想又有所抬头。1959年底至1960年春,毛泽东在读苏联《政治经济学教科书》第3版社会主义部分时说,社会主义可分为不发达和比较发达两个阶段,进入比较发达阶段后,再具备了物质产品、精神财富和共产主义觉悟极大提高的条件,就可以进入共产主义。在社会主义两个阶段中,有一个所有制逐步发展的问题,即先由基本队有制发展到基本社有制,再由基本社有制过渡到社会主义全民所有制,以后是由社会主义全民所有制过渡到共产主义全民所有制。他认为:"人民公社由基本队有转变到基本社有的一个决定性的条件,是社有经济的收入占全社总收入的一半以上。"由基本队有转变为基本社有后,再变为国有就好办多了。"将来我们的农村,不只是土地国有化,而是一切国有化。"那时,"全国将出现单一的全民所有制,这会大大促进生产力的发展,再经过一定的时间,才进而转变为单一的共产主义全民所有制"。③ 毛泽东的上述谈话,不仅是对中国未来社会发展趋势作一理想化的描绘,也有在当时较为严峻的困难形势下激励、振奋人心的意图。

第三,人为的严重失误加上自然灾害,使得农业生产大步后退,历史上罕见的人间惨剧终于出现在20世纪60年代的社会主义中国。从1959年起,粮食产量急剧下降。1959年的粮食产量为3 400亿斤,比1958年实际

① 《农业集体化重要文件汇编(1958—1981)》(下),中共中央党校出版社,1981年,第292页。

② 同①,第297、295页。

③ 中国人民解放军国防大学党史党建政工教研室:《中共党史教学参考资料》第23册,第278—280页。

产量 4 000 亿斤减少 600 亿斤;1960 年又比 1959 年减少 530 亿斤,为 2 870 亿斤,比 1951 年的 2 874 亿斤还要少。棉花产量也跌落到 1951 年的水平,油料产量跌到新中国成立时的水平,以农业为原料的轻工业生产也大幅下降。1961 年人均粮食占有量不足 430 斤(实际消费量下降为 327 斤),比 1951 年减少近 80 斤。与 1957 年相比,1960 年的城乡人均粮食消费量减少了 19.4%,其中农村人均消费量减少 23.7%。植物油人均消费量减少 23%,猪肉人均消费量减少 70%。粮食产量的大幅下降,导致大量农村人口非正常死亡,进而对农业生产力造成了严重的破坏。

针对这些思想状况,各地都加大了对人民公社优越性的宣传,强调人民公社是我国经济和政治发展的产物,是广大群众的自发要求,是我国社会主义社会结构的工农商学兵相结合的基层单位,是我国农村由集体所有制过渡到全民所有制、由社会主义过渡到共产主义社会的最好形式。

然而文过饰非的宣传无法解决现实生活中的实际问题,农村社会的严峻困难不仅依然存在,而且人民公社体制上存在的固有弊端也越发明显地暴露出来。因此,最高领导层在从政治上和组织上消除了内部的严重分歧后,便开始着手解决这些问题,逐渐确立了人民公社的一些基本制度。①概括起来主要有以下几个方面:

第一,对人民公社急于过渡和分配上的平均主义进行了纠正。1960 年 2 月,广东省委在调查研究的基础上,向全省发出了《关于当前人民公社工作中几个问题的指示》(简称《指示》),提出了 5 个"值得全党重视"的问题,其中之一是过渡问题,认为在当时情况下,广东不具备从基本队有制过渡到基本社有制的客观条件,不应急于过渡,急于赶先。关于分配问题,认为高积累削弱了按劳分配的原则,有些地方把社员的自留地和家禽重新集中起来,限制了农民积极性的发挥。广东的《指示》上报中央后,引起了毛泽东的重视。中央随即根据毛泽东的意见把该《指示》批

---

①　柳建辉、史略:《60 年代初毛泽东纠正农村工作中的"左"倾错误的努力》,《党的文献》,1992 年第 3 期。

转全国各地,要求引起"严重注意,仿照广东的办法,发一个清楚通俗的指示,迅速地把缺点错误纠正起来"。"不使这五方面的现在还是部分性质的错误扩大开去。"1960 年 3 月 23 日,毛泽东又在《山东六级干部大会情况简报》上批示:"共产风、浮夸风、命令风又都刮起来了。一些公社工作人员很狂妄,毫无纪律观点,敢于不得上级批准,一平二调。另外还有三风:贪污、浪费、官僚主义,又大发作,危害人民。什么叫价值法则,等价交换,他们全不理会。""问题严重,不处理不行。"① 5 月 15 日,中央发出《关于农村人民公社分配工作的指示》,要求各地"在正确处理国家、集体和个人的关系,正确处理积累和消费的关系的原则下,保证做到:90% 以上的社员增加收入;分配给社员的粮食和现金全部落实兑现,不打欠条;年终分配在春节前一律结束,不拖尾巴"。指示指出,对一些人均年收入低于 50 元的社队,扣留比例可低于 40%。提高农民的分配收入关键是增加生产。因此,"每一个人民公社和基本核算单位必须尽一切努力,争取全面地增加生产增加收入,不仅要增产粮食,还要增产各种农作物,发展多种经营,发展农林牧副渔,发展社办工业,即(既)增加自给性的生产,又增加商品性的生产,扩大现金收入"。在具体做法上,要"废除临时预支办法,确立定期预分制度"。② 6 月,在《十年总结》里,毛泽东承认人民公社"乱子出得不少",这是因为"我们对于社会主义时期的革命和建设,还有一个很大的盲目性,还有一个很大的未被认识的必然王国,我们还不深刻地认识它"。③

干部作风的好坏是党的方针政策能否得到顺利贯彻执行的关键所在,要纠正人民公社内部存在的严重问题,必须首先纠正干部工作的不良作风。1960 年 10 月,毛泽东指示李富春等草拟了《中共中央转发湖北省委和福建省委两个文件的重要批示》,并经他同意下发全国。批示中说:"纠正一平二调的'共产风',纠正强迫命令、浮夸和某些干部特殊化的作风,

---

①　《农业集体化重要文件汇编(1958—1981)》(下),中共中央党校出版社,1981 年,第 318 页。

②　同①,第 332—334 页。

③　中共中央文献研究室:《建国以来重要文献选编》第 13 册,中央文献出版社,1996 年,第 418—420 页。

坚持以生产队为基础的公社三级所有制,是彻底调整当前农村中社会主义
生产关系的关键问题,是在公社中贯彻实现社会主义按劳分配原则的关键
问题。"① 1960 年 11 月 15 日,毛泽东又代表中央起草了关于彻底纠正"五
风"问题给各省、市、区党委的指示,要求各地"必须在几个月内下决心彻
底纠正十分错误的共产风、浮夸风、命令风、干部特殊化风和对生产瞎指挥
风,而以纠正共产风为重点,带动其余四项歪风的纠正",并强调"现在是
下决心纠正错误的时候了"。② 11 月 28 日,他又起草了《中共中央关于转
发〈甘肃省委关于贯彻中央紧急指示信的第四次报告〉的重要批示》,表示
他"是同一切愿意改正错误的同志同命运、共呼吸的"。他明确指出 1958
年 8 月北戴河会议通过的人民公社决议所设想的由集体所有制向全民所
有制过渡的时间是"不现实的",应该更正,至少 7 年不改变集体所有制,按
劳分配原则至少 20 年不变。③ 在该年年底到 1961 年春召开的中共中央工
作会议上,毛泽东再次作了自我批评:庐山会议后再刮共产风,搞几个"大
办",都是中央提出的。今后若干年内,要小办社有经济,大办队有经济。
刮共产风,中央是有责任的。他又说,搞社会主义建设不能那么急,十分急
搞不成,要波浪式前进。不要务虚名而遭实祸,要搞几年慢腾腾的,搞扎实
些。他指出:"调查研究极为重要,要教会所有的省委书记加上省委常委、
省一级和省的各个部门的负责同志、地委书记、县委书记、公社党委书记做
调查研究。他们不做调查研究,情况就不清楚。公社内部平调的情况,公
社的党委书记不一定知道。一个公社平均有 30 个生产队左右,他怎么会
知道那么多呢? 不可能嘛! 但是,有一个办法,30 个生产队他调查 3 个就
行了,一个最坏的,一个中等的,一个最好的。"④

在中共八届九中全会上毛泽东说:既要决心大,又要情况明、方法对
头。情况不明,决心就没有法子大。庐山会议反右倾,使共产风进一步刮
了起来,又急于过渡。毛泽东还提出要把 1961 年搞成一个实事求是年。

---

① 《农业集体化重要文件汇编(1958—1981)》(下),中共中央党校出版社,1981 年,第 363 页。
② 同①,第 391 页。
③ 同①,第 407 页。
④ 《毛泽东文集》第 8 卷,人民出版社,1999 年,第 234 页。

会议通过了对国民经济实行"调整、巩固、充实、提高"的八字方针。会后，毛泽东和中央其他同志分别到农村地区进行调查研究，为彻底解决人民公社内存在的问题作准备。在这种情况下，党对人民公社内部的平均主义和共产风问题的严重性有了更进一步的深刻认识。

在1961年3月广州召开的"三南"会议（即中南、华东、西南3个大区的中央局书记和各省、市、自治区书记会议）上，毛泽东说，这次会议要解决两个很重要的问题：一是生产队与生产队之间的平均主义；一是生产队内部人与人之间的平均主义。这两个问题不解决好，就没有可能充分地调动群众的积极性。在后来的《农村人民公社工作条例（草案）》中，对平均主义和按劳分配等都作了明确的规定，基本解决了问题。

第二，农村人民公社"宪法"的制定与完善。毛泽东在广州主持"三南"会议时，刘少奇、周恩来、陈云、邓小平在北京主持召开了"三北"会议，同样着重讨论人民公社内存在的严重问题。3月15日，"三南"、"三北"会议在广州合并成中央工作会议。这次会议讨论并制订了《农村人民公社工作条例（草案）》（以下简称《六十条》草案）。这一草案以邓子恢主持起草的《农村人民公社内务条例（修改稿）》为蓝本。[①] 1960年夏，受刘少奇委托，邓子恢带领中央农村工作部工作组到山西汾阳、河北石家庄、江苏无锡等地进行调研。调研完成后，邓子恢曾向周恩来作了汇报，提出需要搞一个条例，得到周恩来的支持。邓子恢主持起草的《内务条例》共14章66条，因只涉及人民公社的内部关系，不包括公社与上级党政部门以及公社与公社之间的关系，所以叫《内务条例》。《内务条例》着眼于解决人民公社生产大队之间，也就是原高级社之间穷富拉平的平均主义问题。在起草《六十条》草案时，毛泽东称赞邓子恢的工作："做得很好。他的观点很正确。这几年农村工作的错误，没有他的份。"并且，他把《内务条例》称为"人民公社的章程"。《六十条》原准备参照1955年的《农业生产合作社示范章程》和1956年的《高级农业生产合作社示范章程》等，也写成章程，这也是1959年4月在上海召开的中央政治局扩大会议通过的《关于人民公

---

① 《邓子恢传》编辑委员会：《邓子恢传》，人民出版社，1996年，第536页。

社的十八个问题》的要求。由于公社体制不断变更,因而示范章程不易搞出来。1961 年 2 月,田家英建议先搞一个工作条例,得到毛泽东的同意。① 他说:"要搞一个人民公社章程恐怕困难,准备一个工作条例,把公社各级组织的职能、权利,能做什么、不能做什么,都规定好。规定好了,就好办事了。"后来在"三南"会议上他又说:高级社的章程,已经作废了。几年来,没有一个完整的条例,已有的一些规定,在有些队员、在有些队就不灵。这就要搞一个条例。"可能搞个条例也不灵,但总得搞一个。"②

《六十条》草案的政策目标是在调查研究基础上逐步形成的。1961 年 3 月 29 日由中央正式定稿并下发全党。草案分 10 章 60 条,对以下各方面都做了详细的规定:(1) 农村人民公社现阶段的性质、组织和规模;(2) 人民公社社员代表大会和社员大会;(3) 公社管理委员会;(4) 生产大队管理委员会;(5) 生产队管理委员会;(6) 社员家庭副业;(7) 社员;(8) 干部;(9) 人民公社各级监察委员会;(10) 人民公社中的党组织,等等。《六十条》草案公布后,经过全民讨论,于 1961 年 6 月又作了一次重要修改。③ 一年后,再次作了一些修改,此后直到毛泽东去世,再未做过改动,实际上成了农村人民公社的"宪法"。④

第三,确立了以生产队为基本核算单位的制度。⑤《六十条》草案、修正草案(1961 年 6 月稿)仍规定,公社在经济上是各生产大队的联合组织;生产大队是基本核算单位;生产队是直接组织生产和生活的单位。"6 月修正草案"下发后,毛泽东经过进一步调查研究,于 1961 年 9 月 29 日致信中央政治局常委说,"我们对农业方面的严重平均主义的问题,至今还留下一个问题",即"生产权在小队,分配权却在大队"。"我的意思是:'三级所

---

① 中共嘉善县委党史研究室:《田家英嘉善调查与人民公社〈六十条〉的制订》,东方出版社,1997 年,第 16,19 页。

② 薄一波:《若干重大决策与事件的回顾(修订本)》(下卷),人民出版社,1997 年,第 943—944 页。

③ 关于"六十条"草案、修正草案修改前后一些条文的具体变化,见《农业集体化重要文件汇编(1958—1981)》(下),中共中央党校出版社,1981 年,第 455—469,474—491,628—649 页。

④ 黄道霞:《人民公社:从诞生到消亡》(下),《半月谈》,1998 年第 11 期。

⑤ 薛培松:《毛泽东对农村基本核算单位的探索研究》,《党的文献》,1997 年第 2 期。

有,队为基础'。即基本核算单位是队而不是大队。""在这个问题上,我们过去过了六年之久的糊涂日子(1956 年,高级社成立时起),第 7 年应该清醒了吧。"①10 月上旬,毛泽东在代中央起草的《关于农村基本核算单位问题的指示》中指出:"为了进一步调动农民群众对集体生产的积极性,究竟以生产大队为基本核算单位好,还是以生产队(即原来的生产小队)为基本核算单位好的问题,很需要研究。""就大多数的情况来说,以生产队为基本核算单位,是比较好的。"② 此后,经过进一步广泛深入的调查研究,1962 年 2 月 13 日,中共中央正式发出由田家英等主持起草的《关于改变农村人民公社基本核算单位问题的指示》,规定人民公社一般以生产队为基本核算单位,生产队的规模,就全国大多数地区来说,以二三十户左右为宜,基本核算单位下放到生产队后至少 30 年不变。这样做的好处是:(1)能够比较彻底地克服生产队之间的平均主义;(2)生产队的自主权有了很好的保障;(3)更适合当前农民的觉悟程度;(4)更有利于改善集体经济的经营管理。③ 至此,以生产队为基本核算单位的制度得到确立。此外,在废除供给制、取消公共食堂、实行生产责任制、精简城镇人口等方面,都进行了富有成效的探索,并作出了相关规定。

对农村人民公社制度的再次调整,"三级所有,队为基础"基本制度的确立,表明 1958 年夏设想的那种加速向共产主义过渡的人民公社体制正式宣告失败。④ 在人民公社制度还不可能被废除的历史条件下,通过调整,在一定限度内,还是有利于农村紧张形势的缓和与农业生产的恢复与发展的。"三级所有,队为基础"的所有制结构与传统农民的居住结构和劳动格局在空间上相吻合,没有打破农民世代生活的基本环境,这就大大缓解了行政组合的强制性。⑤ 到 1965 年,全国粮食总产量已恢复到了1957 年的水平,农业总产值超过了 1957 年,农产品的供应状况也得到了改

---

① 《建国以来毛泽东文稿》第 9 册,中央文献出版社,1996 年,第 565—566 页。
② 《农业集体化重要文件汇编(1958—1981)》(下),中共中央党校出版社,1981 年,第518 页。
③ 同②,第 544-554 页。
④ 陈锡文:《中国农村改革:回顾与展望》,天津人民出版社,1993 年,第 24 页。
⑤ 张乐天:《告别理想——人民公社制度研究》,东方出版中心,1998 年,第 87 页。

善,整个国民经济形势明显好转起来。

第二节 对"包产到户"的错误抵制

政策的调整虽在一定程度上有利于农业生产的恢复,但由于农村人民公社制度在根本上脱离了当时中国的基本国情,因此必然限制农业生产和农村经济的进一步发展。要想实现农村经济的进一步发展,必然要从根本上动摇这一制度的基础,而这与决策者试图利用农村人民公社这一基本制度载体尽快实现理想中的社会蓝图,存在着无法克服的尖锐矛盾与激烈冲突。20世纪60年代初党的主要领导人对"包产到户"的抵制,就是旨在捍卫农村人民公社的基本制度。

从1962年初起,正当党中央领导集体在继续纠正"大跃进"运动带来的严重失误并逐渐取得重大成效的时候,却因对部分农村地区试行包产到户等生产责任制的不同看法而产生了严重的意见分歧,并最终导致毛泽东和党中央领导集体多数成员分道扬镳,酿成了"文化大革命"的悲剧,对党的正确的农村政策带来了强烈冲击。在分析这一分歧之前,首先对当时国内外形势作一简略的考察。

党内的民主集中制原则已遭到严重破坏。其具体表现为:从新中国成立初毛泽东对刘少奇、周恩来在过渡时期理论问题上的严厉批评,到1953年对周恩来领导的政府工作中存在的所谓"分散主义"的严重不满,对薄一波"新税制"的批评,再到对邓子恢农业合作化问题的严词抨击,1957年的反右派扩大化,同年底起对周恩来、陈云、李先念等"反冒进"的错误批判,1959年庐山会议错误反击"彭德怀反党集团",等等。上述事实一方面说明了党内在社会主义革命和建设方略上一直存在严重的意见分歧,另一方面,意见分歧的加剧在缺乏正常解决途径和手段的情况下,就为个人专断作风的日益发展提供了可能。从毛泽东不断的严厉批评来看,党内的民主生活已极不正常,毛泽东个人"一言堂"专断作风愈发严重地膨胀起来。

毛泽东个人已经垄断了真理的发现权,也垄断了对错误的优先发现与纠正的权力。尽管事实并非也不应如此。但"一言堂"作风的长期发展,确实使人产生这样的认识:总是毛泽东最先发现了问题之所在,他总是比别人具有先见之明。① 于是,事情发展到这样的地步,在毛泽东认识、同意之前,别人对问题的认识都不算数、不正确,甚至是有意在对党进行"猖狂进攻"。原本是继续纠正"左"倾错误的庐山会议就因彭德怀等人的认识超过了毛泽东,即遭到毛泽东的反击,并被定性为右倾机会主义"反党集团",虽然这一结局的出现其原因并非如此简单,但由此造成的对党的民主集中制原则的进一步严重破坏却是毫无疑义的。庐山会议后,连刘少奇这样的领导人在毛泽东面前也很拘束,极注意言行举止的尺度,以至毛泽东本人也认识到了党内民主生活的不正常。1962 年 1 月,毛泽东在七千人大会上作了公开的自我批评,表示了要与全党共同纠正错误的决心。② 但随后林彪的一席话却将此冲得干干净净。林彪说,几年来发生了严重的困难,就其原因来说:"在某些方面,在某种程度上,恰恰是由于我们没有照着毛主席的指示、毛主席的警告、毛主席的思想去做。如果听毛主席的话,体会毛主席的精神,那么,弯路会少走得多,今天的困难会要小得多。"他又说:"我个人几十年来体会到,毛主席最突出的优点是实际,他总比人家实际一些,总是八九不离十。他总是在实际的周围,围绕着实际,不脱离实际。""我深深地感觉到,我们的工作搞得好一些的时候,是毛主席的思想能够顺利贯彻的时候,毛主席的思想不受干扰的时候。如果毛主席的意见受不到尊重,或者受到很大的干扰的时候,事情就要出毛病。我们党几十年来的历史,就是这么一个历史。"③林彪的这番极不和谐的讲话虽然与整个会议的气氛唱了反调,但因其言语之间所流露出的忠于毛泽东的信息,却使毛泽东对此产生好感,认为讲话"很好、很有分量",指示下发全党。④

① 薄一波:《若干重大决策与事件的回顾(修订本)》(下卷),人民出版社,1997 年,第 844-845 页。
② 《毛泽东著作选读》(下册),人民出版社,1986 年,第 822 页。
③ 丛进:《曲折发展的岁月》,河南人民出版社,1989 年,第 411 页。
④ 张素华:《变局——七千人大会始末》,中国青年出版社,2006 年,第 146 页。

实际上,毛泽东欣赏此类言语远不始于此。更远的不去追溯,仅以 1958 年 3 月成都会议上柯庆施等人的表演为例。

始于 1957 年中共八届三中全会上毛泽东对周恩来等领导的"反冒进"的严厉批评,使周恩来等陷入除了反复检查以外别无选择的境地,高压之下,周恩来一度有辞去国务院总理职务的考虑。这使得党内有些人解除了对周恩来等进行严厉批评的后顾之忧,同时掀起了对毛泽东的狂热崇拜,以投其所好,获得好感。1958 年 3 月,毛泽东在成都中央政治局扩大会议上提出要区别两种不同的个人崇拜,对正确的东西、对马恩列斯,就是要崇拜,不崇拜不得了。一个班要崇拜班长,不崇拜不得了。反对个人崇拜也有两种,我们要反对那种反对崇拜别人、要求崇拜自己的个人崇拜。由于毛泽东把当时党内的意见分歧看得过于严重,曾提出要注意防止党发生分裂。① 在这种情况下,极有可能取周恩来而代之的中共上海市委第一书记柯庆施等似乎捕捉到了一些信息,② 在会议上说:"我们要相信毛主席到迷信的程度,服从毛主席到盲从的程度。"投人桃李,报以琼瑶。柯庆施旋即被增选为中央政治局委员。受此影响,周恩来在中共八大二次会议上的发言中说:"中国几十年革命和建设的历史经验证明,毛主席是真理的代表。离开或者违背他的领导和指示,就常常迷失方向,发生错误,损害党和人民的利益。""反过来,做对了的时候或者做对了的事情,又都是同毛主席的正确领导和思想分不开的。"③支持并积极配合周恩来一起"反冒进"的陈云、薄一波、李先念等也都纷纷做了检讨。有了上述表示,毛泽东在会议结束时宣布全党在新的基础上又实现了巩固团结,并表示不作人事变动,各自仍然负起原先的责任。这种成绩归于毛泽东、错误他没份的思维模式是那个时代的普遍现象,毛泽东本人对此似乎也却之不恭。由此反复不断的人为运作,终于使原本也是人的伟大领袖被供奉到"神"的祭坛上去了。

1959 年庐山会议结束后,刘少奇还特地作了一个很有针对性的讲话,

---

① 王玉贵:《毛泽东对中央一线领导的严厉批评与"大跃进"运动的发动》,《广西党史》,1996 年第 1 期。

② 刘武生:《周恩来与共和国重大历史事件》,人民出版社,2005 年,第 127 页。

③ 丛进:《曲折发展的岁月》,河南人民出版社,1989 年,第 127 页。

他说:"我这个人历来是提倡'个人崇拜'的,也可以说'个人崇拜'这个名词不太妥当,我是说提高毛主席的领导威信。我在很长时期就搞这个事情。在'七大'以前,我就宣传毛主席;'七大'的修改党章报告我也宣传,现在我还要搞,还要搞林彪同志、小平同志的'个人崇拜'。你们不赞成我搞,我也要搞的,我也不一定要人家同意的。我就是这么搞。有人借着苏联反对斯大林的'个人崇拜',要在中国反对毛主席的'个人崇拜',是完全错误的,是一种破坏活动,是对无产阶级事业的破坏活动。"①由此看来,就连已较明确地被确立为毛泽东接班人的刘少奇,此时也不得不借助于搞对毛泽东的"个人崇拜"来巩固自己在党内的领导地位。从中亦可想见当时党的民主集中制原则遭到破坏的严重程度。

　　与党内个人专断作风严重发展相对应的是:在国际事务中逐渐奉行以我为准、以我划线的外交政策,与苏联的矛盾日益加剧,社会主义阵营趋于解体。中苏分歧始于苏共二十大。在这次代表大会结束后,赫鲁晓夫作了公开否定斯大林的秘密报告。② 中共中央最初的态度是矛盾的,一方面认为赫鲁晓夫的做法不够谨慎,捅了篓子;一方面又认为对斯大林的公开批评有利于各国党打破偶像崇拜,独立自主地探索适合本国情况的建设道路。但是,随着国际上"波匈事件"的发生、反共反社会主义浪潮的出现以及国际共运阵营内部思想混乱的加剧,加上国内反右派斗争严重扩大化错误的发生,促使毛泽东提出要防止和反对修正主义思想的产生。中苏分歧产生了,并且在不断地向前发展。1958 年,苏联领导人先后两次向中国提出中苏共建长波电台和联合舰队的建议,妄图通过军事上搞"合作社"的做法来控制中国,这理所当然地遭到中国领导人的严词拒绝。其后,苏联领导人还出于其"苏美合作,主宰世界"国际战略的需要,要求中国领导人效法苏俄在"十月革命"后允许成立远东共和国的做法,暂时放弃对台湾

---

①　丛进:《曲折发展的岁月》,河南人民出版社,1989 年,第 305-306 页。
②　这里沿用传统的说法,事实上笔者历来认为,赫鲁晓夫在所谓"秘密报告"中并没有全盘否定斯大林。最新的研究成果见著名党史专家林蕴晖先生的大作:《说"赫鲁晓夫全盘否定斯大林"站不住脚》,《学习时报》,2005 年 7 月 25 日;《对赫鲁晓夫"全盘否定斯大林"说的质疑》,《中共党史研究》,2005 年第 5 期。

的主权,理所当然地再次遭到断然拒绝。随后又在中印边界冲突中偏袒印度,受到中国方面的指责。苏联领导人数次碰壁后,内心颇为不快。1959年7月,赫鲁晓夫在波兰的波兹南省一个生产合作社群众大会上发表演说,似有所指地说道:"把个体经济改造为集体经济,这是个复杂的过程。我们在这条道路上曾碰到过不少困难。在国内战争一结束之后,我们当时开始建立的不是农业劳动组合,而是公社。曾有人下了大致是这样的论断:'既然我们为共产主义奋斗,那就让我们来建立公社'。看来,当时许多人还不太明白:什么是共产主义和如何建设共产主义。公社建立了,虽然当时既不具备物质条件,也不具备政治条件——我是指农民群众的觉悟。结果是大家都想生活过得好,而在公共事业上又想少花劳动。正所谓'尽可能干,按需要拿'。许多这样的公社都没有什么成绩。于是,党走了列宁所提出的道路。它开始把农民组织在合作社中,组织到农业劳动组合中,在那里人们集体地工作,但是按劳取酬。我们集体农庄逐渐巩固起来了。"①

以毛泽东的性格,当然不会默然忍受此类说三道四的评论。1959年8月1日,他在批转登有上述讲话内容的内参时说:"将来我拟写文宣传人民公社的优越性。一个百花齐放,一个人民公社,一个大跃进,这三件,赫鲁晓夫们是反对的,或者是怀疑的。""这三件要向全世界作战,包括党内大批反对派和怀疑派。"他提议:"请同志们研究一下,看苏联曾经垮台的公社和我们的人民公社是不是一个东西;看我们的人民公社究竟会不会垮台;如果要垮台的话,有哪些足以使它垮掉的因素;如果不垮台的话,又是因为什么。不合历史要求的东西,一定垮掉,人为地维持不垮是不可能的。合乎历史要求的东西,一定垮不了,人为地解散也是办不到的。这是历史唯物主义的大道理。请同志们看一看马克思《政治经济学批判导言》。近来攻击人民公社的人们就是抬出马克思这一个科学原则当做法宝,祭起来打我们,你们难道不害怕这个法宝吗?"②

---

① 李锐:《毛泽东秘书手记:庐山会议实录》,河南人民出版社,1994年,第227页。
② 同①,第227—228页。

面对民族气节很重的毛泽东,赫鲁晓夫又使出了杀手锏。中国不是因人祸天灾而日益陷于困难境地了吗? 要让它屈服,只有施加压力。于是,继 1959 年 6 月片面撕毁 1957 年 10 月签订的《中苏国防新技术协定》后,又在 1960 年 7 月单方面宣布在 1 个月内撤走所有在华的苏联专家,撕毁上百个合同和协议,所有这些都给中国造成了十分严重的损失,加剧了中国当时的困难程度,也极大地伤害了中国人民的感情,中苏关系无可挽回地向着分裂的方向加速发展,直至党际关系的全面中断和国家关系的冷若坚冰。

中苏关系的恶化,双方都有责任。① 中苏分歧的产生最初是从两党在斯大林问题上的不同看法开始的。对于苏共来说,他们认为斯大林是苏联党和国家的领导人,当然有权对他作出自己的评价;但中共认为由于斯大林在国际共运中的特殊地位,"斯大林问题不是个别人、个别国家的事情,而是整个国际无产阶级事业中的事情",② 其影响已远远地超出了苏联一国的范围,对这样一位长期以来一直是国际共运领袖人物的评价应该谨慎从事,中共作为国际共运阵营中的一个重要成员,当然有权对此发表自己的见解,这也是对国际共运事业负责任的表现。③ 苏联领导人显然认为中共的做法是在干涉内政。既然中共视国际共运的整体利益为头等大事,既然也承认以苏联为首的提法,那么中苏在军事上互相配合,共建联合舰队和长波电台,中国暂时放弃对台湾的主权,服从于他们的国际战略需要,就是顺理成章的事情。而在中共领导人看来,这才是赤裸裸地干涉内政,是大国沙文主义的幽灵再次复活了。中共承认以苏联为首,但绝不承认父子党的关系。分析中苏分歧的产生,毫无疑问是由存在于彼此之间的深深误解造成的。中共领导人不理解甚至很反感长期以来一直对他国党内事务进行颐指气使的干预的、具有大国沙文主义顽固情结的苏联领导人的傲慢

---

① 1989 年 5 月,邓小平在会见苏联共产党总书记戈尔巴乔夫时,回顾了中苏分歧的起源和发展,坦率承认:在意识形态方面,"现在我们也不认为自己当时说的都是对的"。《邓小平文选》第 3 卷,人民出版社,1993 年,第 294 页。

② 《毛泽东文集》第 7 卷,人民出版社,1999 年,第 65 页。

③ 刘少奇在中共八大期间同苏联代表团团长米高扬的谈话,1956 年 9 月。

心态;苏联领导人则不理解忍受百余年屈辱历史的中国人的民族自尊心和敢于以少胜多、以弱抗强的顽强意志以及由此而来的自信心和自豪感。因此,当作风粗俗、脾气暴躁、缺少领袖气质的赫鲁晓夫与久经各种政治风浪考验、对国际共运事业作出独特贡献的毛泽东相聚时,经常发生争吵乃至走向决裂,是很自然的事情。

由此看来,中苏双方在一系列内政、外交政策上出现重大分歧,本是件起因复杂、不可避免的事情,问题是双方都认为自己是正确的,责任全在对方。毛泽东更用他特有的阶级斗争的敏锐视角,率先得出了苏共领导人已经变修了的结论。于是,在国际上反修、在国内防修,成了日后很长一个时期内毛泽东观察问题、制定政策、臧否人物的基本出发点。

在中苏分歧加剧的同时,党内在对 20 世纪 60 年代初国内形势的认识上也产生了严重的意见分歧。面对"大跃进"造成的严重后果,国家计委于 1960 年 8 月起草了《关于 1961 年国民经济计划控制数字的报告》,提出 1961 年国民经济计划的方针应以整顿、巩固、提高为主,增加新的生产能力为辅;压缩重工业生产指标,缩短基本建设战线,加强农业和轻工业的生产建设,改善人民生活。周恩来在审议这一报告时,认为 1961 年国民经济实行"整顿、巩固、提高"的方针是对的,但还不够,应加上"充实"二字,后又觉得"整顿"一词不够明确,认为用"调整"更为准确,遂形成"调整、巩固、充实、提高"八字方针。对这一方针,周恩来的解释是:"调整关系、巩固成果、充实内容、提高质量。"

在 1962 年 1 月召开的七千人大会上,党内许多领导人和毛泽东一样都认为最困难的时期已经过去,而且多数人都认为造成困难的主要原因是天灾而非人祸。但为时不久,刘少奇率先改变了看法。1962 年 2 月,刘少奇主持召开中央政治局常委扩大会议(即著名的"西楼会议")。刘少奇在讲话中说:"中央工作会议对困难情况透底不够,有问题不愿揭,怕说漆黑一团! 还它个本来面目,怕什么? 说漆黑一团,可以让人悲观,也可以激发人们向困难作斗争的勇气!"[①]

---

① 《刘少奇年谱》(下卷),人民出版社,1996 年,第 549 页。

在七千人大会上因没有做好准备而没有讲话的唯一一位中央政治局常委陈云,经过慎重考虑,在会议上作了长篇发言,认为现在仍处于困难时期,并提出了一系列克服困难、应付非常时期的重要办法。他提出,当前的困难主要表现在 5 个方面:农业有很大减产;基本建设规模超过了国家财力物力的可能性;用多发钞票弥补财政赤字的做法导致了通货膨胀;出现了相当严重的投机倒把现象;城市人民的生活水平下降。解决困难的主要措施有:把十年经济规划分为恢复阶段和发展阶段;继续减少城市人口;采取一切办法制止通货膨胀;尽力保证城市人民的最低生活需要;把一切可能的力量用于农业增产;计划机关应把主要注意力从工业、交通方面转移到农业增产和制止通货膨胀方面来。① 经刘少奇提议,陈云再次担任了恢复后的中央财经小组组长。

1962 年 5 月,刘少奇在北京主持召开了中央政治局常委会议。他在会上作了《目前的经济形势到底怎么样》的报告。为引起人们的注意,在报告一开头,他就说:"'左'了这么多年,让我们'右'一下吧。"他又说:"我看,应该说是一个很困难的形势。从经济上来看,总的讲,不是大好形势,没有大好形势,而是一种困难的形势。一部分地区的经济形势比较好,但那是部分的。总的来讲,是一种困难的形势。这一点,我看要跟干部讲清楚。讲了这么多年的大好形势,现在讲没有大好形势,而是一种困难形势,这个话是很难讲。我们这回切实这样讲一讲,你们回去跟省委书记讲一讲,然后大家才好讲。我们这里不开口,人家是不好讲的。"他指出,最困难的时期还没有过去,还应当充分估计当前的困难,才能挺起腰杆前进。这样做,天并没有就此黑了,天也不会塌下来,事情还不是黑漆一团。但是某几块是黑的,我们就得承认是黑的,必须实事求是加以分析。②

周恩来虽然认为最困难的形势已经过去,但同时又认为形势仍很严峻,需要有个 180 度的大转弯。他多次强调:"要区别何为政治问题,何为思想问题,何为习惯势力,不能不分清问题性质事事斗争。有的已形成习

---

①　《陈云年谱(1905—1995)》(下卷),中央文献出版社,2000 年,第 110 页。

②　《刘少奇选集》(下卷),人民出版社,1985 年,第 444-446 页。

惯,要长期才能改变。新风气不树立起来,旧习惯势力去不了。总之,对阶级斗争要具体分析,不要把对反革命的警惕性和人民内部的思想改造混同起来。"他提醒人们:"我们不要把阶级斗争硬加上去。"①他说:"讲总的形势,包括政治、经济,包括方针、政策、干部经验等等,从这些方面看,最困难的时期已经过去了。""讲到经济形势,就应该说,目前财政经济的困难是相当严重的,而且,有的困难我们可能还没有看到,没有预计到。"他赞成刘少奇"把困难估计足够"的看法,认为"就是多说一点困难,也没有多大害处"。他说:"(原来设想的慢慢转弯)现在看来不行,要有个180度的大转弯。如果说,过去是改良的办法,那么,现在就要采取革命的办法。当然,步子一定要踩稳。"在全国二届人大三次会议的闭幕会上,他坦言:"在社会主义建设上我们还有很大的盲目性,还有很多的客观规律我们没有认识或没有完全认识。只有通过实践,才能逐步认识和掌握客观规律。"②

刘少奇等对形势的估计,显然与毛泽东的认识存在重大差别,也不符合毛泽东一向藐视困难、喜欢鼓劲的思维习惯。早在1961年9月,毛泽东在庐山工作会议期间就说过:错误就是那么一点,有什么了不得。现在是退到山谷了,形势到了今天是一天天向上升了。此后,他一直持这种观点。七千人大会后,他到上海、杭州、武汉及山东等地,征询过一些领导干部对形势的看法,得到的答案几乎都是"去年比前年好,今年比去年好"。对这些为迎合领袖心理而讲出来的话,本应当做客观的分析,但对一向充满乐观情绪、向往光明的毛泽东来说,却很受用,毛泽东因而对刘少奇等对形势过于严重的估计产生不满,后来毛泽东指责这是在刮"黑暗风"。

在1962年8月召开的北戴河工作会议上,毛泽东在讲话中提出了阶级、形势、矛盾3个问题让大家讨论。他说:"(现在究竟还)有没有阶级,这是个基本问题。在外国有人讲没有阶级了,因此党是全民的党,不是阶级斗争的工具、无产阶级的党了,无产阶级专政不存在了,全民专政没有对象了。只有对外矛盾了。像我们这样的国家是否也适用?"关于形势,他

① 杨明伟:《走出困境——周恩来在1961—1965》,中央文献出版社,2000年,第222页。
② 同①,第157—158页。

说："究竟这两年如何？有什么经验？过去几年，有许多工作没有搞好，有许多工作还是搞好了，如工业建设、农业建设等等。有些同志过去曾经认为是一片光明，现在是一片黑暗，没有光明了。我倾向于不那么悲观，不是一片黑暗，现在是一片光明的看法没有了，不存在。有些人思想混乱，没有前途，丧失信心，不对！"关于矛盾，他说："一类是敌我矛盾，一类是人民内部矛盾。人民内部矛盾又有两类，有一种矛盾，对资产阶级的矛盾，实质上是敌对的，是社会主义与资本主义的矛盾，我们当做人民内部矛盾处理。如果承认国内阶级还存在，就应该承认社会主义与资本主义的矛盾是存在的。阶级的残余是长期的，矛盾也是长期存在的。不是几十年，我想是几百年。进了社会主义是不是就没有矛盾了？没有阶级，就没有马克思主义了，就成了无矛盾论、无冲突论了。"①在中共八届十中全会上，他进一步指出：历史上封建地主阶级被资产阶级推翻，也有过复辟的情况。例如在英国和法国，就是几次复辟，几次反复。我们社会主义国家有没有可能出现这种情况呢？有可能的。南斯拉夫就出现了这种情况嘛，由工人、农民的国家变成了反动的资产阶级的国家。我们这个国家必须好好掌握。我们要好好认识这个问题，承认阶级和阶级斗争的存在。②他说："在无产阶级革命和无产阶级专政的整个历史时期（这个时期需要几十年，甚至更多的时间）存在着无产阶级和资产阶级之间的阶级斗争，存在着社会主义和资本主义这两条道路的斗争，被推翻的反动统治阶级不甘心于灭亡，他们总是企图复辟。同时，社会上还存在着资产阶级的影响和旧社会的习惯势力，存在着一部分小生产者自发的资本主义倾向。因此，在人民中，还有一些没有受到社会主义改造的人，他们人数不多，只占人口的百分之几，但一有机会，就企图离开社会主义道路，走资本主义道路。在这种情况下，阶级斗争是不可避免的。"③因此，他提出：阶级斗争"我们从现在就讲起，年年

---

① 逄先知、金冲及：《毛泽东传（1949—1976）》（下），中央文献出版社，2003 年，第 1240-1241 页；杨明伟：《走出困境——周恩来在 1961—1965》，中央文献出版社，2000 年，第 228-229 页。

② 丛进：《曲折发展的岁月》，河南人民出版社，1989 年，第 509-510 页。

③ 这段话是毛泽东在审阅八届十中全会公报时改写的。薄一波：《若干重大决策与文件的回顾（修订本）》（下卷），人民出版社，1997 年，第 1136-1137 页。

讲,月月讲,开一次中央全会就讲,开一次党的大会就讲,使全党提高警惕,使我们有一条清醒的马克思列宁主义路线"。① 会议发表的公报说:"阶级斗争是不可避免的。这是马克思列宁主义早就阐明了的一条历史规律,我们千万不要忘记。"②毛泽东的这些讲话不仅轻易地改变了会议的原定议程,而且也将其对刘少奇、周恩来、陈云等的不满情绪公开地流露了出来。尽管会议结束前,他接受了刘少奇的建议,提出:"一个工作,一个阶级斗争,我们绝不可以因为阶级斗争妨碍我们的工作;不要把工作丢了,要把工作放第一位,不要让阶级斗争干扰了我们的工作,大量的时间要做工作。"但与其说他接受了这一建议,不如说是采取了缓兵之计。在党的领导核心中绝大多数人都不赞成他这些主张的情况下,就作出摊牌的决定,不仅是轻率的鲁莽之举,而且要冒极大的风险,这对于像毛泽东这样经历过无数次政治风浪考验的政治家来说,是不可能的。

另一方面,由于对因 1957 年反右派扩大化而错划的所谓"右派分子"以及 1959 年庐山会议后反右倾而受到错误处理的所谓"右倾机会主义分子"的甄别平反,党群关系、党内关系的紧张状况有所缓和,原先那种"逢人且说三分话,未可全抛一片心",言必称"三六九"("三面红旗"万岁,看问题要从六亿人民出发,成绩与缺点是九个指头与一个指头的关系),见面打哈哈,不讲真话,专靠打棍子、抓辫子、扣帽子、挖根子、定框子"五子登科"来整人等不正常现象有所改变。在这种趋于和缓的大背景下,一些受到错误处理未得到平反的干部群众纷纷要求给予平反,要求作出符合实际的结论。在庐山会议上被错误定为"彭德怀为首的反党集团"的其他成员都给予了一定程度的平反,但唯独未给彭德怀平反,毛泽东还明确指出不能给彭德怀平反。因为实在找不到不给彭德怀平反的证据,只好给彭德怀戴上"里通外国"的罪名。为此,彭德怀数次给中央、毛泽东写信,要求给予审查,作出正确结论。中共八届十中全会上,毛泽东指责这是在刮"翻案风"。

---

① 逄先知、金冲及:《毛泽东传(1949—1976)》(下),中央文献出版社,2003 年,第 1251 页。
② 《建国以来重要文献选编》第 15 册,中央文献出版社,1997 年,第 653 页。

正是在这种情况下,党内在后来被指责为"单干风"的包产到户问题上的意见分歧逐渐产生并严重发展起来。

庐山会议的错误反右倾导致对农业生产的更大破坏,粮食产量大幅度下降,农村出现了大量非正常死亡人口,农村形势趋于紧张。在这种情况下,有些农村情况特别困难的省份如安徽省、河南省、湖南省、浙江省、甘肃省、陕西省和贵州省等部分农村地区再次进行了包产到户等生产责任制或名曰"借地度荒"等变相包干的责任制试点。① 其中在全国产生较大影响的是安徽省。②

对于包产到户,毛泽东始终是有保留意见的。不过,在开始试行的时候,鉴于农业生产的严峻形势,他没有公开表示反对。如1961年3月,积极支持包产到户的安徽省委书记曾希圣曾向他汇报安徽试行包产到户的做法以及取得的明显成效,以寻求支持,但得到的却是很不肯定的答复:"你们试验嘛! 搞坏了检讨就是了,如果搞好了,能增产10亿斤粮食,那就是一件大事。"曾希圣以为这是支持的表示,于是立即用电话告诉省委其他负责人说可以搞。其实,此时的毛泽东在内心深处并不赞成包产到户这类做法,只是因为面对严重困难的形势,他不愿在此类问题上再使党内发生公开的意见分歧。事实上,就在给曾希圣答复后不久的广州会议期间,毛泽东即交代曾希圣:责任田仅可"在小范围试验"。③ 同年7月,毛泽东又极不耐烦地对向他再次推荐责任田做法的曾希圣说:"你们认为没有毛病就可以普遍推广。""如果责任田确有好处,可以多搞一点。"④从11月起,随着部分农村地区形势的好转,毛泽东的态度有了明显变化,开始对这种做法表示公开的不满。这从中共中央下发的《关于在农村进行社会主义教育的指示》中可以明显地看出来。《指示》规定:"目前在个别地方出现的

---

① 余展:《60年代初我国部分地区农村实行包产到户生产责任制的实践与经验》,《党的文献》,1992年第4期。

② 刘以顺:《曾希圣与安徽的"责任田"》,《党史研究》,1987年第3期。需要说明的是,安徽省委考虑到中央对包产到户曾明令禁止,为避免引火烧身,未把他们试行的责任制称为"包产到户",而称为"包工包产责任制",但在实质上以及一些内部讲话中,承认是在搞"包产到户"。

③ 《曾希圣文选》,人民出版社,2008年,第324页题注。

④ 《党史研究》,1987年第3期,第26—27页。

包产到户和一些变相单干的做法,都是不符合社会主义集体经济的原则的,因而也是不正确的。在这类地方,应当通过改进工作,办好集体经济,并且进行细致的说服教育,逐步引导农民把这些做法改变过来。"① 同年12 月,毛泽东把曾希圣召到无锡,问道:有了以生产队为基本核算单位,是否还要搞"责任田"?并用商量的口吻说:生产开始恢复了,是否把这个办法变回来。② 不久,曾希圣就成为党内第一个因推行"包产到户"而倒台的高级领导人。③

不过,此时在党内,无论是高级领导干部还是基层工作人员,赞成、支持、要求进行包产到户的却大有人在。邓小平在 1962 年 6 月的一次讲话中说责任田是新生事物,可以再试试看。"不管是黄猫、黑猫,在过渡时期,哪一种方法有利于恢复生产,就用哪一种方法。我赞成认真研究一下,分田或者包产到户,究竟存在什么问题,因为相当普遍。你说不好,总要有答复。对于分田到户,要认真研究一下。群众要求,总有道理。不要一口否定。"④ 7 月,他在接见出席共青团三届七中全会全体同志的讲话中又说:"有些以生产队为核算单位的地方,现在出现了一些新的情况,如实行'包产到户'、'责任到田'、'五统一',等等。以各种形式包产到户的恐怕不只是 20% ,这是一个很大的问题。""这样的问题应该'百家争鸣',大家出主意,最后找出个办法来。"又说:"生产关系究竟以什么形式为最好,恐怕要采取这样一种态度,就是哪种形式在哪个地方能够比较容易比较快地恢复和发展农业生产,就采取哪种形式;群众愿意采取哪种形式,就应该采取哪种形式,不合法的使它合法起来。"⑤

刘少奇一开始也反对搞分田到户,但同意在零星地块和荒地上实行包

① 《农业集体化重要文件汇编(1958—1981)》(下),中共中央党校出版社,1981 年,第529 页。

② 转引自徐勇:《包产到户沉浮录》,珠海出版社,1998 年,第 136 页。

③ 根据最新的研究成果,曾希圣丢官的原因是多方面的,而不听招呼、坚持搞"包产到户"虽然占有重要位置,但不是最直接的因素。张素华:《变局——七千人大会始末》,中国青年出版社,2006 年,第237-239 页。

④ 《党的文献》,1992 年第 4 期,第20 页。

⑤ 《邓小平文选》第 1 卷,人民出版社,1994 年,第323 页。

产到户。在1962年7月写的《加强基层领导,改进工作作风》一文中,他又提出:"实行责任制,一户包一块,或者一个组包一片,那是完全可以的。问题是如何使责任制跟产量联系起来。"①

陈云在"大跃进"之初一直受到毛泽东指名道姓的严厉批评,加上身体不好,因此在"大跃进"运动中,活动不多,运动的第一个高潮过后,尽管获得了毛泽东"国乱思良将,家贫念贤妻"的评价,但余悸未消。七千人大会后,在刘少奇的一再坚持下,中央重新任命陈云为财经小组组长,具体负责国民经济的调整、整顿工作。

农业是整个国民经济的基础,陈云十分关注农业生产的恢复与发展。当他听到安徽等省搞"包产到户"取得成功的消息后,便让粮食部派人去实地调查,以掌握第一手材料。调查证实,安徽的做法不同于分田单干,而是在坚持集体经济的前提下实行的克服困难的有效办法。陈云在看到调查材料后,表示安徽的做法是非常时期的非常办法,叫做"分田到户"也好,叫做"包产到户"也好,总之,国家遇到了如此大的天灾人祸,必须发动全体农民实行《国际歌》中的号召"全靠我们自己",要依靠全体农民,尽快恢复生产。② 随后,他因病赴上海、杭州等地疗养,同时进行调查研究,认为包产到户有利于增加粮食产量,有利于国民经济的调整工作。同时指出,"包产到户还不彻底,与其包产到户不如提分田到户"。为此,他还跟姚依林等算了一笔账,以证明包产到户不如分田到户。姚依林表示担心:"这个问题,毛主席怕不会接受。"但陈云态度坚决,说:"毛主席是实事求是的,我去讲——先搞分田到户,这更彻底一些。集体化以后再搞!"陈云还表示,在当时周边形势较为紧张的情况下,实行分田到户,一旦国民党反攻大陆,农民就会自动起来保卫自己的土地。③

1962年6月下旬,中共中央书记处开会讨论"包产到户"问题。陈云、邓小平和邓子恢等都支持这一做法。当时周恩来正在东北视察,视察回来

① 《刘少奇选集》(下卷),人民出版社,1985年,第463页。
② 孙业礼,等:《共和国经济风云中的陈云》,中央文献出版社,1996年,第259页。
③ 金冲及、陈群:《陈云传》(下),中央文献出版社,2005年,第1321-1322页;姚锦:《姚依林百夕谈》,中共党史出版社,2008年,第227页。

后,他于 6 月 30 日和 7 月 9 日两次到陈云家里进行谈话。陈云再次提出:有些地方可以用重新分田包产到户的办法来刺激农民生产的积极性,以迅速恢复农业产量。

于是,陈云决定当面向毛泽东进行保荐,但有些好心人从当时不正常的政治气氛出发,提醒他最好不要急于提出,在毛泽东意见已基本确定后还提出此类相反的建议,无疑要冒很大的政治风险。但陈云认为,在经济严重困难的形势下,早一点统一思想有利于经济的尽快恢复与发展,因而也就顾不了很多了。他说:"我担负全国经济工作的领导任务,要对党负责,对人民负责。此事既然看准了,找到了办法,提与不提,变与不变,关系到党的声誉,关系到人心向背,怎能延误时机!"①

为慎重起见,陈云与刘少奇、邓小平等交换了意见,看法基本一致,便随即给毛泽东写信,表示"对于农业恢复问题的办法,我想了一些意见,希望与你谈一谈"。1962 年 7 月 9 日,毛泽东约陈云谈了一个小时。陈云向毛泽东提出在农村实行分田到户,这个办法实质上就是包产到户。他认为个体经营与合作小组在我国农村相当长的一个时期内,还是要并存的,现在要发挥个体生产的积极性,以解决当前农业生产中的困难。毛泽东当时未表示任何意见,但第二天早上即传出消息说毛泽东很生气,说"分田单干"是瓦解农村集体经济,是修正主义。②

邓子恢是另一位公开提倡实行包产到户的高级领导人。他曾数次因农业合作化的速度问题受到毛泽东的严厉批评,1953 年被指责为"好行小惠","言不及社会主义";1955 年被指责是"小脚女人"走路,犯了右倾机会主义。数次批评使他声誉扫地,但他似乎并未从中吸取教训,从未放弃对中国式的农业发展道路进行探索。也许是因为有过数次被批判的经历,是一只"死老虎",因而他在表达自己的意见时,也就更加直截了当、简单明确,没有太多的顾忌。七千人大会后,他自认与毛泽东的分歧已经解决,被重新解放了。在调查研究的基础上,他公开赞成包产

---

① 孙业礼,等:《共和国经济风云中的陈云》,中央文献出版社,1996 年,第 260 页。
② 薄一波:《若干重大决策与事件的回顾(修订本)》(下卷),人民出版社,1997 年,第 1120 页。

到户。1962年2月，全国农垦会议在广西南宁召开。他在听取桂林地委负责人的汇报后说：龙胜居住这么分散，生产队不一定划那么大，干脆一村一队，七八户的村庄就可以编为一队，三五户可以单独编组，包产到组。小庄独户就包产到户，或者让他单干，这有好处，不要害怕说右倾。插秧季节到了，生产正在刀口上，不应到组到户而现在已经到组到户的，就马马虎虎，睁个眼闭个眼算了，秋收以后再慢慢搞，不要影响生产。又说：集体的优越性表现在哪里？集体生产可以多用劳动力，开辟生产门路。可是你要组织不好，窝工浪费，优越性就没有了。单干不好，但在一定的范围内，在一定的条件下，有它的优越性，它自负盈亏，不用你调动积极性。在龙胜，邓子恢和当地的社员、干部举行了座谈会，针对一些思想困惑，他说：解决包产到户问题，要从有利于生产、有利于团结出发，要实事求是，不要怕说右倾，不要怕说单干。经济工作，要坚持自愿互利，不能强迫命令，不能强扭硬转。现在集体生产无效劳动很多，粮食减产，人民生活水平下降，群众要求包产到户是可以理解的。① 随后，他又到河南、河北等地进行调研，对包产到户有了更为深刻的认识。在1962年6月中央书记处讨论安徽责任田的会议上，邓子恢说：责任田没有改变所有制性质，多数能做到"五统一"（即主要生产资料、生产计划、劳动力、分配和上缴任务统一于集体），怎么能说成是方向性错误呢？责任田就是社员劳动和产量直接结合起来，加强了责任心，找到了搞好集体生产的一条出路。7月中旬，他应约去见毛泽东，陈述了自己对责任田的看法，明确说：责任田做到"五统一"，不是单干，责任田是一种联产计酬的生产责任制，适应广大农村生产力的发展要求和广大农民的需要，有强大的生命力，广大农民不愿改变。毛泽东未置一词，只是在邓子恢起身告辞时要求邓子恢将提到的《关于当前农村人民公社若干政策问题的意见》和安徽符离集区全体同志《关于"责任田"问题的汇报》送给他看看。毛泽东的态度已经明确，但邓子恢认为毛泽东此时尚未把门全部关死，只要多用事实材料加以说服，就能改变毛泽东的态度。因此，他除了把

---

① 《邓子恢传》，人民出版社，1996年，第554—555页。

毛泽东指名要的两份材料送去外,还把其他有关材料也一并送给了毛泽东,并为即将召开的北戴河中央工作会议做准备。

在北戴河,邓子恢再次应约向毛泽东保荐安徽责任田,他说:责任田不牵涉所有制问题,是一种集体经济的经营管理形式,确实能增产,群众欢迎。毛泽东表示了明确的反对意见:包产到户搞了几千年,还要试验吗?如果搞包产到户,两年不要,一年就会两极分化,就会有人雇工、讨小老婆。你怎么又动摇了,波兰搞自由化,还不敢解散合作社。① 邓子恢作了辩解,但不仅未说服毛泽东,反而使其极为反感和生气。1962 年 8 月 12 日,毛泽东在一个文件上作了如下批示:"邓子恢同志动摇了,对形势的看法几乎是一片黑暗,对包产到户大力提倡。这与他在 1955 年夏季会议以前一贯不愿搞合作社;对于搞起了合作社,下令砍了几十万个,毫无痛惜之心;而在这以前则竭力提倡'四大自由',所谓'好行小惠,言不及义'是相联系的。""他没有联系 1950 年到 1955 年他自己显然还是站在一个资产阶级民主主义者的立场上,因而犯了反对建立社会主义集体经济的错误。"② 9 月 25日,毛泽东又在中共八届十中全会上说:邓子恢曾当面和我谈过保荐责任田,我跟他谈了一个半钟头的话,我就受了一个半钟头的训,不是什么谈话,是受他的训。③ 他认为邓子恢主张搞包产到户,就是走资本主义道路。

连一度很得毛泽东信任和器重的秘书田家英,此时也积极支持包产到户,并试图影响毛泽东的态度。和众多投身革命的青年知识分子一样,田家英未受过系统的正规高等教育,靠聪颖的天资和发奋努力逐渐成长为一名学识较渊博的理论工作者,成了与中共党内早期理论家陈伯达、"中共中央一支笔"胡乔木等齐名的毛泽东的秘书。他无怨无悔、不知疲倦的出色工作,逐渐赢得毛泽东的赏识,参加了许多重要文件的起草工作,如 1954年《宪法》和 1956 年毛泽东作的中共"八大"开幕词,都渗透着田的心血。长期生活在毛泽东身边,田家英对毛泽东的超人智慧和领袖气质有着比其他人更深一层的认识,并从中获得不少的教益,同时对毛泽东的性格弱点

---

① 《回忆邓子恢》,人民出版社,1996 年,第 502 页。
② 《建国以来毛泽东文稿》第 10 册,中央文献出版社,1996 年,第 137 页。
③ 《邓子恢传》,人民出版社,1996 年,第 566 页。

也有深入的了解。而对中国革命和建设事业的辉煌胜利和巨大成就,田和中国老百姓一样感到无比的高兴和欣慰,从而更加折服于毛泽东和中国共产党的伟大。他相信有毛泽东做中国共产党的领袖,无论什么困难都会迎刃而解。因此,党内最初在包产到户问题上发生争论时,他毫无保留地站在毛泽东一边,并用从实际调查中得来的材料对包产到户进行了批驳。1961 年 3 月,田在广州会议期间看到安徽省的一份关于包产到户的材料中讲到,有些缺乏劳动力的社员特别是孤儿寡妇在生产和生活上遇到很大困难,他无法控制自己的感情,含泪给毛泽东写信,说:"寡妇们在无可奈何的情形下,只好互助求生。她们说'如果实行包产到户,不带我们的话,要求给一条牛,一张犁,8 个寡妇互助,爬也爬到田里去'。看到这些,令人鼻酸。工作是我们做坏的,在困难的时候,又要实行什么包产到户,把一些生活没有依靠的群众丢开不管,作为共产党人来说,我认为,良心上是问不过去的。"信中还说,包产到户作为一种试验是可以的,但不能普遍推广。"依靠集体经济克服困难,发展生产,是我们不能动摇的方向。"[①] 田家英在信中所流露出的情感及所表达的主张,和毛泽东是一致、相通的,因而得到毛泽东的赞赏。毛泽东随即将这份材料连同田家英的信一起印发政治局常委和几位大区书记传阅。陶铸毫无保留地表示赞成,而陈云则不以为然地说:"安徽搞包产到户,应当允许人家试验嘛!"时隔一年,田家英再次受命带队到毛泽东的老家湖南韶山等地进行调查,思想发生了重大变化,尽管调查组内不赞成包产到户的意见占大多数,但包产到户是众多群众的要求,且确实能增加粮食产量,有利于尽快恢复农业生产。这样,田家英在公开场合对包产到户毫不松口,但在私下曾多次说过,在手工劳动的条件下,为了克服当时的严重困难,包产到户和分田到户这种家庭经济还是有它的优越性的,集体经济现在难以维持。

　　带着这一矛盾心情,田家英到上海向毛泽东作了汇报。但毛泽东表现得极为冷漠,临别还说:"我们是要走群众路线的,但有的时候,也不能完全

---

① 董边,等:《毛泽东和他的秘书田家英》,中央文献出版社,1989 年,第 65—66 页。

听群众的,比如要搞包产到户就不能听。"① 但当田家英向刘少奇和陈云进行汇报时,却得到好评。随后,田家英又派人到安徽无为县进行调研,得出的结论也是赞成包产到户。田家英希望再次向毛泽东作一次汇报,以试图改变毛的看法。1962 年 7 月 9 日,毛泽东回到北京后即召田家英前去汇报。田家英系统地陈述了自己的主张和意见,大意是:现在全国各地已经实行包产到户的农民约占 30% ,而且还在继续发展。与其让农民自发地搞,不如有领导地搞。将来包产到户和分田单干的可能达到 40% ,另外60% 是集体的和半集体的。现在搞包产到户和分田单干,是临时性的措施,等到生产恢复了,再把他们重新引导到集体经济。毛泽东在整个汇报中,一言不发。结束时,他却突然问道:你的主张是以集体经济为主,还是以个体经济为主? 第二天,又一次批评田搞包产到户、分田单干。

除了中央领导赞成包产到户外,不少地方领导和广大群众更是强烈要求实行包产到户。河北省委常委、副省长、张家口地委第一书记胡开明于1962 年 7 月 30 日给毛泽东写了一份《关于推行"三包"到组的生产责任制的建议》,在分析了农村地区存在的严重问题后,提出了解决的办法:"生产队组织长期的固定的生产组,实行'三包'生产责任制。"其具体做法是:(1) 由社员自愿结合(必要时也可加以个别搭配),组成一个 6、7、8 户或6、7、8 个劳动力的生产组,在一般情况下长期不变;(2) 生产队把全部土地都分到生产组,耕畜、农具也尽可能分到生产组去使用,在一般情况下也长期不变;(3) 根据土地好坏,计算全组的土地总产量、用工和投资数,签订"三包"合同;(4) 收获后包产到户的全部产量交队统一分配,包产外的产量由承包组按劳分配。这样做的好处是:(1) 由于生产单位小了,生产组有了超产部分的分配权,集体的利益和社员的利益就更为直接了,所以社员都能"掏出真心干",力争多超出;(2) 解决了组与组之间评工记分标准不统一的矛盾,可以彻底消灭在劳动报酬上的不合理现象;(3) 小组人数少,便于互相监督,能够保证农活质量;(4) 小组是自愿结合的,心同意合,能够互相帮助,互相谅解;(5) 小组户少地少,便于实现民主管理,灵活

---

① 逄先知,等:《毛泽东传(1949—1976)》(下),中央文献出版社,2003 年,第 1229 页。

安排农活,能够做到因时因地制宜;(6)发挥了生产组的主动性,生产队干部就可以免去每天派工、记工等事务,更多地参加集体生产,减少干部误工补贴;(7)由于小组的成员固定了,地段固定了,同时"三包"合同又是长期不变,社员就会多施肥,多加工,注意培养地力和合理安排作物茬口。[①] 他认为实行"三包"责任制,不是分田单干。胡开明此时给毛泽东写这样的报告,显然是不合时宜的。毛泽东收到这一报告后未表示态度,仅是批示"印发各同志讨论"。胡开明的报告却代表了一部分中高级地方领导人的真实主张。

无独有偶,另一位小人物,安徽省太湖县委宣传部干部钱让能于1962年8月2日也直接给毛泽东写了一份报告,保荐责任田。他在报告中充分肯定了安徽省推行责任田所取得的成效,即不到一年的工夫,农村地区就由原来的荒、逃、病、死,基本变成熟(荒地变成熟地)、健(体质健康了,有病的也不多了)、生(妇女怀孕了)。他认为从建立高级社和人民公社以来,农村的生产关系变化太迅速,和生产力水平不相适应。农业上存在问题的主要原因"就是责任没有到人"。他强调,责任田不同于分田单干,不会瓦解集体经济。"责任田是社会主义集体经济的一种管理方法,它并未改变生产资料所有制,土地仍然是集体所有,仍然是按劳分配;它并未改变集体的劳动方式,仅是比较复杂琐碎,适合于分散的农活去分散做。""国家征购任务照交,公社、大队的公共积累照取,这又怎么能说是瓦解削弱了集体经济呢?"[②]

像钱让能这样的基层干部,在感受到责任田切身好处的安徽省不是个别现象。1962年7月2日,符离区委员会全体干部向上级提交了《关于"责任田"问题的报告》,明确肯定责任田是尽快恢复和发展农业生产的一个好办法。至于为包产到户奔走呼号的其他一些小人物,就更多了,从中也能反映出民心的向背。江苏的两位农村中学青年教师钮惟新和蔡抚民,从1960年4月起到1962年7月先后数次给毛泽东以及中央、省级领导同

---

① 《农业集体化重要文件汇编(1958—1981)》(下),中共中央党校出版社,1981年,第611-613页。

② 同①,第605页。

志写信,并写了《农村调查纪实》、《农民谈话录》、《关于我国农业问题的意见书》、《给我国领导人的一封紧急信》、《农村包产到户试行办法》、《包产到户的优越性》、《苏北农村现代民谣》、《我国农村当前存在的十个严重问题》、《关于包产到户的说明》等材料,先后寄送中央有关部门。①

浙江省的三位年轻人杨木水、冯志来、陈新宇也在做着相同的事情。1961 年初冬,杨木水给北京大学校长马寅初写了一封长达 1 万字的信,详细地述说了包产到户的优越性。由于论述很有说服力,马寅初专程到杨木水的家乡会晤他,帮助他修改了那封信。1962 年 4 月,冯志来在一篇题为《半社会主义论》的论文中,直截了当地提出要包产到户。道理很简单,在他看来,包产到户和分田单干并不是一回事。文章写成后,他自费到北京送到中央办公厅和《人民日报》、《红旗》杂志,不过并未引起重视。随后他又写了《怎么办?》的论文,对人民公社进行了公开的指责。差不多在同一时间里,陈新宇一口气写了 8 封信,全都寄给了《人民日报》,其中的 6 封被刊登在《读者来信》这一内部刊物上。浙江三青年的举动总算引起了毛泽东的注意,他在后来跟浙江省委书记江华的一次谈话中说:"浙江出了两个半单干理论家。"②

面对全党上下如此众多的要求、支持、赞成包产到户的声音,毛泽东震怒了。他认为这是在刮"单干风"。

1962 年 8 月,在为中共八届十中全会作准备而召开的中央北戴河工作会议上,毛泽东在 8 月 5 日的讲话中说:一搞包产到户,一搞单干,半年的时间就看出农村阶级分化很厉害。有的人很穷,没法生活;有卖地的,有买地的,有放高利贷的,有娶小老婆的。③ 在 8 月 6 日的讲话中,他提出,究竟走社会主义道路还是走资本主义道路? 农业合作社要不要? "包产到户"还是集体化? 现在就有单干之风,越到上层越大。闹单干的是富裕阶层,中农阶层,地富残余,资产阶级争夺小资产阶级搞单干。如果无产阶级

---

① 韩洲:《最早为包产到户呼号的两个年轻人》,《炎黄春秋》,1994 年第 2 期。

② 凌志军:《历史不再徘徊——人民公社在中国的兴起和失败》,人民出版社,1997 年,第88 页。

③ 逄先知,等:《毛泽东传(1949—1976)》(下),中央文献出版社,2003 年,第1328 页。

不注意领导,不做工作,就无法巩固集体,就可能搞资本主义。在 8 月 9 日的讲话中他又说,1960 年以来,不讲一片光明了,只讲一片黑暗,或者大部分黑暗。于是他提出任务:单干,全部或者大部分单干。据说只有这样才能增产,否则农业就没有办法,包产 40% 到户,单干、集体两大竞赛,这实质是叫大部分单干。单干势必引起两极分化,两年也不要,一年就要分化。一方面是贪污多占、放高利贷、买地、讨小老婆,其中包括共产党员、共产党的支部书记;一方面是破产,其中有四属(军、工、烈、干属)户、五保户。他提出:赫鲁晓夫还不敢公开解散集体农庄呢!并强调说,这几年的一些做法,打击集体,有利单干,这次无论如何得解决这个问题。他说,有些同志对社会主义革命没有精神准备,或者没有马克思主义,因此一有风吹草动就会发生动摇。大家都分析一下原因。这是无产阶级和富裕农民之间的矛盾,地主、富农不好讲话,富裕农民则不然,他们敢出来讲话。上层影响要估计到。有的地委、省委书记(如曾希圣),就要代表富裕农民。又说,现在有一部分农民闹单干,究竟有百分之几十? 有的说 20% ,安徽更多。就全国来讲,这时期比较突出。毛泽东还分析了刮单干风的原因:单干从何而来? 在我们党内有相当数量的小资产阶级成分,包括许多农民,其中大部分是贫农和下中农,有一部分富裕中农家庭出身的,或者本人就是富裕中农,也有地富家庭出身的,也有些知识分子家庭,是城市小资产阶级出身,或者是资产阶级子弟;另外,还有封建官僚反动阶级出身的。党内有些人变坏了,贪污腐化,讨小老婆,搞单干,招牌还是共产党,而且是支部书记。[①] 他还责问刘少奇为什么对陈云的意见"不顶住"。

在中共八届十中全会上,刘少奇也作了一次重要讲话,集中批判"单干风"。他说,单干是没有出路的,只有社会主义大农业才能使农民免于贫困和破产,农业才能过关。宣传单干优越性,肯定是毒草。如果党领导单干,党就要变质了,就不是共产党。毛泽东作了多次插话,再次对单干风进行指责,要求各地采取适当措施,把已经单干的再逐渐组织起来。1962 年 10 月 23 日,中共中央批转了《中共湖南省委关于怎样纠正"单干风"的报

①　薄一波:《若干重大决策与事件的回顾(修订本)》(下卷),人民出版社,1997 年,第 1122 页。

告》。《报告》说,"从根本性质上看,'单干风'与反对'单干风'是阶级斗争,是社会主义和资本主义两条道路的斗争"。"产生单干风的根本原因是地、富、反、坏分子捣乱,一部分富裕中农的资本主义自发倾向在作怪。"①

在这种情况下,各地对包产到户行为立即进行了"纠正",农村人民公社制度在强力保护下得以继续存在。

第三节 农村社会主义教育运动的开展

在党内就包产到户问题发生意见分歧、国际共产主义阵营内部就应由谁当领袖等问题发生争论的情况下,毛泽东在 1962 年 9 月召开的北戴河会议上提出:要花几年工夫,对干部进行教育,把干部轮训搞好,办高级党校、中级党校,不然搞一辈子革命,却搞了资本主义,搞了修正主义,这怎么行? 他在中共八届十中全会上又说:要承认阶级长期存在,承认阶级与阶级斗争,反动阶级可能复辟,要提高警惕,要好好教育青年人,教育干部,教育群众,教育中层和基层干部,老干部也要研究教育。不然我们这样的国家,还会走向反面。他建议把中国的右倾机会主义改名为修正主义。② 根据他的上述提议,1963 年 2 月,中共中央举行工作会议,决定在农村进行社会主义教育运动,即"四清"运动。

"四清"运动从一开始就是以"反修防修"为目的的。毛泽东认为,在农村进行社会主义教育,就可以挖掉修正主义根子。在他看来,如果不进行整风,农村就会出修正主义。为了指导农村地区的社会主义教育运动(简称社教运动),1963 年 5 月,毛泽东在杭州召集有部分中央政治局委员和大区书记参加的小型会议,讨论制订了《关于目前农村工作中若干问题的决定(草

---

① 《农业集体化重要文件汇编(1958—1981)》(下),中共中央党校出版社,1981 年,第 651-652 页。

② 丛进:《曲折发展的岁月》,河南人民出版社,1989 年,第 509-510 页。

案)》(简称《前10条》),作为社教运动的纲领性文件。《前10条》认为,自从1961年提出60条后,除极个别地区外,整个农村形势已经大大好转。《前10条》重复八届十中全会公报的提法,认为在整个社会主义的历史阶段中,还存在阶级、阶级矛盾和阶级斗争,存在着社会主义同资本主义两条道路的斗争,存在着资本主义复辟的危险性。其具体表现是:(1)被推翻的剥削阶级、地主富农,总是企图复辟,伺机反攻倒算,进行阶级报复,打击贫下中农;(2)被推翻的地富分子,千方百计地腐蚀干部,篡夺领导权;(3)有些地方,地富分子进行恢复封建宗族统治的活动,进行反革命宣传,发展反革命组织;(4)地富分子和反革命分子利用宗教与反动会道门,欺骗群众,进行罪恶活动;(5)反动分子进行各种破坏活动,如破坏公共财产、盗窃情报,甚至杀人放火;(6)在商业上,投机倒把的活动很严重,有些地方这种活动是很猖狂的;(7)雇工剥削、放高利贷、买卖土地的现象也发生了;(8)在社会上,除了那些继续搞投机倒把的旧的资产阶级分子以外,还出现了新的资产阶级分子,靠投机、剥削大发其财;(9)在机关中和集体经济中出现了一批贪污盗窃分子、投机倒把分子、蜕化变质分子,同地富分子勾结在一起,为非作歹。对这些问题的出现,并不是所有的人都能有清醒的认识,相反,有的人还同这些坏现象"政治上和平共处,组织上稀里糊涂,经济上马马虎虎"。因此,中共中央认为,在干部和党员中通过进行社会主义教育,端正无产阶级的立场,克服这种违背无产阶级立场的错误,以便正确地领导绝大多数的人民群众,进行阶级斗争,进行两条道路的斗争,这是决定我们社会主义事业成败的根本问题。《前10条》指出,进行社会主义教育运动,要团结95%以上的农民群众和农村干部,依靠贫下中农,共同对付社会主义的敌人。《前10条》肯定了河北保定地区清账目、仓库、财物和工分的"四清"工作,并把干部参加集体生产劳动当作"带根本性的一件大事"。《前10条》最后号召全党同志认真学习毛泽东在《浙江省7个关于干部参加劳动的材料》上的一段批语。批语认为,"社会主义教育运动是一次伟大的革命运动,不但包括阶级斗争问题,而且包括干部参加劳动的问题,而且包括用严格的科学态度,经过试验,学会在企业和事业中解决一批问题这样的工作"。如果不进行这一运动,那么"少则几年、十几年,多则几十年,就不可避免地要出现全国性的反革命复辟,马列主义的党就一定会变成修正主义的党,变成法西斯党,整个中国就要改变颜色了"。①

如果说社教运动开始时"左"的色彩还不够浓烈的话,那么,在1963年11月14日中共中央下发《关于农村社会主义教育运动中一些具体政策的规定(草案)》(简称《后10条》)后,情况就发生了明显的变化。

为了推动社教运动的进一步发展,中共中央在1963年9月再次召开了工作会议,由邓小平、谭震林主持,田家英执笔,起草了《关于农村社会主义教育运动中的一些具体政策问题》的文件,后经多次修改,定名为《中共中央关于农村社会主义教育运动中一些具体政策的规定(草案)》(简称《后10条》),经中央政治局扩大会议讨论通过并经毛泽东审阅同意后,下发全党参照执行。《后10条》对毛泽东的阶级斗争理论作了很高的评价,认为"毛泽东同志对于社会主义社会中的阶级、阶级矛盾、阶级斗争问题的分析和指示,具有伟大的革命意义和历史意义;充分地证明,根据毛泽东同志的指示开展的农村社会主义教育运动,对于打退曾经嚣张一时的资本主义势力和封建势力的猖狂进攻,对于巩固农村社会主义阵地和无产阶级专政,对于铲除发生修正主义的社会基础,对于巩固集体经济、发展农业生产,都有着极重大的作用"。

《后10条》与《前10条》的相同之处在于,两者都强调阶级斗争,防止修正主义。其不同之处在于:关于团结95%以上的干部,《后10条》认为这是团结95%以上群众的一个前提条件,运动应该依靠基层组织和基层干部。对基层干部总的精神是教育为主,在具体做法上要划清政策界限,做好教育工作、经济退赔和组织处理工作,对该处分的干部要坚持实事求是,处分的面要严格控制。关于团结95%以上的群众,《后10条》强调:第一,必须分清敌我矛盾和人民内部矛盾的界限,并且正确处理人民内部矛盾;第二,必须团结中农,特别是正确对待上中农;第三,正确对待地、富、反、坏分子问题;第四,正确对待地富子女。《后10条》还强调要结合社教

---

① 《农业集体化重要文件汇编(1958—1981)》(下),中共中央党校出版社,1981年,第681-694页。

运动"整顿农村党的基层组织",认为社教运动实际上"也是一次群众性的整党运动"。① 由于在总体思想上存在严重的"左"倾错误,上述规定几乎没有起作用,一些领导人还认为这些规定存在右倾错误,要求加以修改。因此,社教运动按照已有的惯性向前发展,"左"倾错误运动不仅没有收敛,反而有进一步发展的趋势。

1964 年 6 月,刘少奇在中央工作会议上说:"和平演变"已经演变到高级机关中的某些人了,省委、市委都有他们的人。有些地区"四清"干部对工作队的办法是"喂、顶、拖、混",要想办法摆脱他们。他们抵抗就是"反党",破坏就是"反革命",要开除党籍。群众没有充分发动起来以前,不能强调团结 95% 以上的干部、依靠基层。毛泽东在讲话中则强调,国家有 1/3 的政权不拿在我们的手里,如白银厂、小站就是搞修正主义。他还提出了如果中国出了修正主义怎么办的问题。这一思想早在一年前就产生了。1963 年 6 月 14 日,他在邯郸同河北省委书记林铁等谈话时说:"你们跟湖北差不多,湖北同志讲他们(那里被篡权的基层)是占 1/3,有的土改就不彻底,有的后来变了,有的是富裕中农当权,这就是说,有 1/3 不是社会主义的,他们挂的是社会主义牌子,实行他们的一套"。同年 8 月 4 日,他在与日共一位政治局委员谈话时又说:"现在农村还有近 1/3 的生产队掌握在敌人及其同盟者的手里。"②

毛泽东的上述论断源于他特有的阶级斗争观点:中国社会的一切不正常现象都是阶级斗争的现实表现,哪怕是纯粹的经济问题或以权谋私、任人唯亲,也是阶级斗争的曲折反映。他一贯重视用伦理规范和思想教育来约束干部的行为,相对而言轻视法制建设和制度完善。当这一套不灵时,就像打开了潘多拉魔匣子,阶级异己分子纷纷逃了出来,遍地皆是。1958 年 11 月 29 日,他在就查处乡村干部中的打骂人问题给吴芝圃的信中说:"现在农村中,有一部分村乡,权力还是掌在反动分子手里。"③在生产力水平既定的条件

---

① 《农业集体化重要文件汇编(1958—1981)》(下),中共中央党校出版社,1981 年,第 696-718 页。

② 丛进:《曲折发展的岁月》,河南人民出版社,1989 年,第 533 页。

③ 《建国以来毛泽东文稿》第 7 册,中央文献出版社,1992 年,第 594 页。

下,要完成那些令人咋舌的高指标(当时还规定,完不成任务的要受纪律制裁,轻则批评检查,重则处分),只能刮浮夸风、瞎指挥风和强迫命令风。上级部门的好大喜功、文过饰非,纵使知道自己领导的地区出现了问题,由于深知其中原委,大多也大事化小,小事化了,甚至不闻不问,及至问题暴露、纸包不住火的时候,又常常一推了之。这种有了成绩归自己,出了问题整别人的做法,结果不但解决不了问题,反而会使问题更加复杂,导致扩大化。1959年庐山会议上,彭德怀对党的工作失误进行批评,这既是彭德怀作为一名共产党员应该享有的基本权利,也是他对党负责的表现,况且彭德怀的批评都是合乎实际情况的,所不同的是他敢于讲真话,因而看起来要比别人的认识深刻得多。退一步讲,即使彭德怀的批评有所不当,他也有这样的权利。可是,毛泽东却决意进行反击,并且断定他与彭德怀的斗争是无产阶级与资产阶级的斗争。如果考虑到彭德怀是一位有着30多年党龄的资深革命家、党和军队的主要领导人,这样的指责显然就更是没有道理的。使人更感到荒唐的是,全党几乎一致接受了毛泽东的论断。庐山会议的错误转向绝不是一次偶然的曲折,实际上它在党与共和国的历史上是一个承前启后的转折点。如果说此前对邓子恢的批评还肯定其只是犯右倾错误,这种错误是受资产阶级思想影响的结果,那么,庐山会议后情况就不一样了,凡是被毛泽东批评的人几乎无一例外地成了"资产阶级民主派"或阶级异己分子。更使人感到奇怪的是,自从1958年毛泽东在南宁会议上提出"左"比右好,"左"是方法问题、右是立场问题后,党内就再也没有发生过被毛泽东认可的"左"倾错误。用这种方法来观察中国社会,问题自然是层出不穷,与这些坏人坏事的斗争当然也就未有穷期,且越来越趋于激烈。1960年11月15日,毛泽东在《中央机关抽调万名干部下放基层情况报告》上的批语中说:农村中有1/3地区形势不好,"坏人当权,打人死人,粮食减产,吃不饱饭,民主革命尚未完成,封建势力大大作怪,对社会主义更加仇视,破坏社会主义的生产关系和生产力"。①12月,中共中央在《关于山东、河南、甘肃和贵州某些地区所发生的严重情况的指示》中指出,上述地区发现的严重情况"显然是封建势力在地方上

① 《建国以来毛泽东文稿》第9册,中央文献出版社,1996年,第349页。

篡夺领导,实行绝望性的破坏性的报复",是"'借尸还魂',篡夺领导,实行复辟和疯狂挣扎"。①

对农村形势作了如此严重错误的估计,在整风整社、社教运动中出现夸大敌情、乱打滥杀的局面也就成了不可避免的事情。如河南信阳地区在1960年的整风整社中,没有问题的县、社、队干部一个没有。其中16个县、市委书记处书记128人,错误不大的一类28人,错误严重或有一般罪恶的二类28人,罪恶十分严重的三类72人。县委委员和正副部长267人中,一类错误89人,二类错误80人,三类错误98人;公社党委副书记和副社长1 100人中,一类错误236人,二类错误331人,三类错误533人。这还是初步的结论。据说随着运动的不断深入,不但情况愈揭愈严重,而且问题的性质也暴露得更加明显了。敌人打进来、拉过去的材料大量增加,暴露出来的反革命集团和反革命的现行破坏活动一天多于一天,民主革命不彻底的情况十分突出。确山县委办公室是一个反坏集团,办公室主任黄建志是一贯道的点传师,干过伪粮警;副主任孙文芳是三青团员,干过伪保干事;4个干事,一个是地主、三青团员,一个是地主、三青团的分队长,一个是伪联保主任的儿子,一个是伪保长的儿子。② 令人难以置信的是,解放十多年了并且政治运动接连不断,情况还是如此严重。更糟糕的还在于河南信阳地区的情况并非个别现象,天津小站、河北桃园和甘肃白银厂的情况似乎还要严重得多。

1963年11月到1964年4月,王光美根据刘少奇的建议,参加了河北省唐山专区抚宁县卢王庄公社桃园大队的"四清"试点。她和工作队的其他成员一道,用"访贫问苦、扎根串连"的办法对有问题的干部进行批判和揭发。这一办法后来被称作为"桃园经验"。所谓扎根串连,就是把根子扎在贫下中农中间,串连他们中的积极分子对蜕化变质的阶级异己分子进行检举揭发,把领导权重新夺回来,使群众获得新的解放。"桃园经验"显然是"左"倾错误理论指导下的产物,但在当时却备受毛泽东的赏识,在陈

---

① 《农业集体化重要文件汇编(1958—1981)》(下),中共中央党校出版社,1981年,第416页。
② 同①,第421-422页。

伯达的一再要求下,由中共中央转发全党。毛泽东为此多次表扬刘少奇和王光美,还把它批给江青阅读。①

"桃园经验"产生前,中央领导对农村阶级斗争形势的错误估计有了进一步发展。王光美到农村参加"四清"时,毛泽东多次对她说,下边出现的问题,"根子在上面"。刘少奇在1964年春节期间与王光美谈话时也说:"犯四不清的基层干部,在公社、区、县和地委有根子"。"封建势力、资本主义势力或者反革命势力复辟了,就是因为这些干部,有下面的根子,也有上面的根子。""单单注意下面的根子,不注意上面的根子是不行的。"同年7月初,他在同河北省地委书记座谈时又说:"上面的根子也要追,上面的根子更危险,一律要追,追到什么地方算什么地方。""是公社的追到公社,是县委的追到县委,是地委的追到地委,是省委的追到省委,是中央的追到中央。"② 毛泽东于1964年6月8日在中央工作会议上则提出中国"如果出了赫鲁晓夫怎么办"的问题,并要求大家:"中国出了修正主义的中央,要顶住。"表明他已认识到:基层的问题上面有根子,在中央也有其代言人。也正是基于这一考虑,他提出了接班人的5项条件。联系到后来的表态,这恐怕已是在间接地对刘少奇敲警钟。③

8月16日,刘少奇向毛泽东提出了《关于集中力量进行城镇五反和农村社会主义教育运动的建议》,提出:"把各县工作队集中到地委,在省地委领导下集中搞一个县。一个县可集中工作队员上万人,声势浩大。省地机关派工作队,上下左右同时清理。建议中央机关也要抽出人组织工作队有1万至几万人。"毛泽东于8月18日回信表示"完全赞成"。④

根据这些变化了的思想和认识,刘少奇主持对《后10条》进行了修改,9月18日,中共中央正式下发了《后10条》的修正草案。这一修正草案主

---

① 王光美在讨论《关于建国以来党的若干历史问题的决议》稿时的发言,1980年10月。转引自丛进:《曲折发展的岁月》,河南人民出版社,1989年,第541页。

② 转引自丛进:《曲折发展的岁月》,河南人民出版社,1989年,第537页;参见《刘少奇年谱》(下卷),中央文献出版社,1996年,第588页。

③ 毛泽东后来在《炮打司令部——我的一张大字报》中明确批评说,刘少奇在"四清"运动中搞形"左"实右。

④ 转引自金冲及:《刘少奇传》(下),中央文献出版社,1998年,第961页。

要作了7个方面的修改和补充：(1) 增加了毛泽东提出的关于衡量社教运动搞得好还是不好的6条标准；(2) 领导人必须亲自蹲点，要蹲在一个大队从头到尾做完全部工作，并且要蹲两次；(3) 把放手发动群众放在第一位，提出是不是放手发动群众和贫下中农，是彻底或不彻底地进行运动的根本分界线；(4) 解决群众中存在的问题，必须首先解决干部中存在的问题，团结95%以上的群众，是团结95%以上的干部的基础；(5) 整个运动都由工作队领导；(6) 民主革命不彻底的地区，必须认真地进行补课工作；(7) 整个运动大体分为两个阶段，第一阶段主要是解决"四清"问题和对敌斗争问题，第二阶段主要是组织建设。① 由于规定运动由工作队领导，并提出对农村基层组织和干部要在扎根串联、调查研究以后分别情况区别对待，可以依靠的就依靠，不可以依靠的就不能依靠，这就在实际上把基层组织和干部撇在一边了。这是导致社教运动迅速"左"转，严重扩大打击面的一个重要原因。天津的"小站经验"就是在这种情况下被树为夺权"样板"的。

1964年3月，为加强领导力量，陈伯达作为《红旗》杂志编辑部成员参加了该地区的社教工作。经过一番斗争，在这里打出了三个"反革命集团"，成功地实现了"夺权"。天津市委加以总结，形成了"小站经验"，即"集中优势兵力，打好歼灭战"、"掌握运动的火候"、"公安工作和群众运动相结合"，等等。中共中央在批发这一经验的同时，发出了《关于社会主义教育运动夺权斗争问题的指示》，指出，"首先解决领导权问题，然后再解决经济上的'四不清'问题"是小站地区社教的成功经验，并说："当前我们国内的敌我矛盾有一部分在形式上是以人民内部矛盾出现的，甚至是以党内矛盾出现的。敌我矛盾同人民内部矛盾、同党内矛盾交织在一起。在大量的人民内部矛盾和党内矛盾中，包含着一部分很危险的敌我矛盾。必须把这一部分敌我矛盾清查出来。当前阶级斗争的复杂性就在这里。"《指示》要求对"凡是被敌人操纵或篡夺了领导权的地方，被蜕化变质分子把持了领导权的地方，都必须进行夺权的斗争，否

---

① 《农业集体化重要文件汇编(1958—1981)》(下)，中共中央党校出版社，1981年，第728—729页。

则,要犯严重的错误"。①

但毛泽东却仍然感到不满意,对国内形势的错误认识也有了进一步的发展,与中央一线领导间的矛盾也在逐渐扩大与加深。1964 年 2 月,他在同来访的新西兰共产党总书记威尔科克斯谈话时说,党内的修正主义分子在国际事务中主张"三和一少",即对帝国主义、修正主义、各国反动派和,少援助反对帝国主义的国家和党;对内主张"三自一包",刮"单干风"。例如农村工作部里面就有一个邓子恢,他是中央委员,还是副总理,却主张单干,实际上不要社会主义农业。这一股风,即"三和一少风"、"单干风"等,在前年上半年刮得很厉害。随后,他在同来访的金日成谈话时又说:中国的修正主义在国内主张"三自一包"。"三自"是自留地、自由市场、自负盈亏;一包是包产到户。目的是解散社会主义的农村集体经济,要搞垮社会主义制度。"三和一少"是他们的国际纲领,三自一包是国内纲领。这些人中有中央委员、书记处书记,还有副总理。他们在 1962 年上半年到处宣传。夏季我们开了一个会议,是工作会议,中央委员、省委书记都来参加,把这些问题都抖搂出来了。然后,又开了中央全会,开了两个月。这个会议开过以后,这些犯错误的同志都检讨了,说自己不对了。有一个同志是主张三自一包的,就是邓子恢,他是长期搞农村工作的,是农村工作部长,是副总理。除此以外,每个部都有,支部书记里头更多。这些人总是想复辟的,要提高警惕。他说,我们已经打了预防针,对全体人民进行了反对修正主义的教育,要反对新的资产阶级、新出来的资产阶级分子,他们进行贪污盗窃、投机倒把,这号人虽然为数不多,但很厉害,神通广大,他们能够从广州弄到自行车用飞机运到河北高价出卖,这个人还是一个县的农村工作部长。他认为,中国有光明的一面,这是主要的一面,同时还有黑暗的一面,搞"地下工作"的大约有 1 000 万人。在 6 亿 5 000 万人口中,这种人就占 1/65,就是 65 个人中有一个。如果现在不加注意,他们就会泛滥起来,苏联现在不就泛滥起来了吗?② 1964 年 4 月,他在武汉同来访的日本共产党访华代表团袴田里见等

---

① 《农业集体化重要文件汇编(1958—1981)》(下),中共中央党校出版社,1981 年,第 778,779 页。

② 《中共党史大事年表》,人民出版社,1987 年,第 331 页;丛进:《曲折发展的岁月》,河南人民出版社,1989 年,第 576-577 页。

人谈话时再次说道,我们党内有一部分同志同赫鲁晓夫的调子一样,在国内问题上提出"三自一包",即强调自由市场、自留地,把集体经济、社会主义市场放在第二位,把私有经济放在第一位,农民的自留地放在第一位。第三就是自负盈亏,小商人做生意要自负盈亏,就是发展资本主义。这就是三自。还有一包是主张把土地包到各家去种,不搞集体。他说,我们的中央委员、候补委员中,就有十几个人是修正主义者。①

　　时隔不久,毛泽东又提出了"官僚主义者阶级"和"走资派"两个概念。1964 年 12 月,毛泽东在看了薄一波转报的陈正人在洛阳拖拉机厂蹲点的报告后,批示道:"官僚主义者阶级与工人阶级和贫下中农是两个尖锐对立的阶级。"同日,他又在农机部驻洛阳拖拉机厂社教工作团一个多月来的工作报告上批示:"这些走资本主义道路的领导人,是已经变成或者正在变成吸工人血的资产阶级分子,他们对社会主义革命的必要性怎么会认识足呢? 这些人是斗争对象,革命对象,社教运动绝对不能依靠他们,我们能依靠的,只有那些同工人没仇恨而又有革命精神的干部。"② 12 月 26 日,在 71 岁的生日宴会上,毛泽东又说,现在也出现了新鲜事物了,用几盒香烟就可以把一个党支部书记给贿赂了。如果把女儿嫁给一个干部,那就要什么有什么。1951 年开始,我们开展了三反斗争,有人说,我们抓过头了,我看没有过头,否则,早就出修正主义了。什么是修正主义? 这些人就是修正主义者,就是官僚主义者阶级。他们与工人阶级和贫下中农是两个尖锐对立的阶级。③ 在之前不久,毛泽东在一个批示中甚至说:"我们的工业究竟有多少在经营管理方面已经资本主义化了,是 1/3,1/2,或者还要更多些,要一个一个地清查改造,才能知道。"④ 真是到了风声鹤唳、草木皆兵的地步了。社会主义革命时间越长,阶级异己分子越多,这是在"左"倾思想占据主导地位后得出的错误结论。这实际上为农村地区普遍发生的夺权行为提供了政策上和理论上的依据。

---

① 丛进:《曲折发展的岁月》,河南人民出版社,1989 年,第 579-581 页。
② 《建国以来毛泽东文稿》第 11 册,中央文献出版社,1996 年,第 265-266 页。
③ 郭德宏、林小波:《四清运动实录》,浙江人民出版社,2005 年,第 261 页。
④ 国防大学《中共党史教学参考资料》第 24 册,第 521-522 页。

　　既有如此结论,在一线主持工作的刘少奇除了赞成外别无选择,同时还要具体负责落实。刘少奇的做法是向那些被认为存在严重问题的地方大量派出工作队,进行夺权。湖北兴城县只有28万人口,却派了18 000名工作人员。天津小站只有1 000户人家,有工作队员500人。由于不相信基层干部大多数是好的,因此在实际工作中往往采取秘密方法,避开当地干部,由工作组成员全权掌握社教大权。

　　然而,刘少奇的这些做法虽然煞费苦心,却并没有赢得毛泽东的好感。毛泽东此时已在担心中央出修正主义的问题,并在逐步采取措施防止修正主义篡夺中央的领导大权。经过一段时间的反复观察,他认定刘少奇就是"睡在自己身边的赫鲁晓夫",并在考虑采取何种措施才能将刘少奇顺利地搬出权力的中心位置,毕竟刘少奇所担任的党和国家的领导职务是历史的产物,也是通过合法选举得到全党和全国人民认可的。

　　1964年12月至1965年1月,中共中央召开工作会议,毛泽东和刘少奇的矛盾公开化。① 这次会议本是为了总结和研究社教运动中的问题,制订相应的文件的。在具体讨论中,刘少奇认为农村出现的矛盾主要是"四清"和"四不清"的矛盾,运动的性质就是人民内部矛盾跟敌我矛盾交织在一起。毛泽东则坚持认为农村的矛盾是社会主义与资本主义的矛盾。12月28日,他说:"我们这个运动,它的名称就叫做社会主义教育运动,不是叫做什么'四清''四不清'教育运动,不是什么党内外矛盾交叉或者敌我和人民内部交叉的教育运动。"1965年1月5日,他又说,从七届二中全会以来,一直是讲国内主要矛盾是资产阶级同无产阶级、资本主义同社会主义的矛盾。从杭州会议以来整个运动是搞社会主义教育,怎么来了个"四清"与"四不清"的矛盾、敌我矛盾与人民内部矛盾的交叉?哪有那么多交叉?什么内外交叉?这是一种形式,性质是反社会主义嘛!重点是整党内走资本主义道路的当权派。对刘少奇在社教中的一些具体做法,毛泽东也借题发挥,表示不满。在

---

① 唐振南,等:《刘少奇与毛泽东》,湖南人民出版社,1998年,第418-420页;黄峥:《刘少奇一生》,中央文献出版社,1995年,第399页;丛进:《曲折发展的岁月》,河南人民出版社,1989年,第602-605页;薄一波:《若干重大决策与事件的回顾(修订本)》(下卷),人民出版社,1997年,第1163-1172页。

1964 年 12 月 20 日的讲话中，毛泽东说，不可搞得打击面太宽了，要"把那些几十块钱、一百块钱、一百几十块钱的大多数'四不清'干部先解放"。"搞出那么多地主、富农、国民党、反革命、和平演变，划成百分之十几二十几，如果二十，7 亿人口就是 1.4 亿，那恐怕会要发生一个'左'的潮流。结果树敌太多，最后不利于人民。"1965 年 1 月 3 日晚，在一个小型的政治局会议上，毛泽东又不指名地批评刘少奇：有的同志提出打歼灭战，怎么打，集中了 15 000 人搞一个县，搞了烦琐哲学。"四清"工作队集中大批人员，是搞人海战术；学习文件 40 天不进村，是搞烦琐哲学；反人家右倾，实际自己右倾；不依靠群众；扎根串连，结果是冷冷清清。他又说："(刘少奇) 不说是什么社会里'四清''四不清'矛盾，也不说是什么党内的内外矛盾交叉。从字面上看来，所谓'四清''四不清'，过去历史上什么社会里也能用；所谓党内外矛盾交叉，什么党派也能用；都没有说明今天矛盾的性质，因此不是马克思列宁主义的。"[①]

这次会议发生的一些插曲，终于导致了毛泽东与中央一线成员间的正面冲突。在会前，邓小平认为这是一次平常的中央工作会议，通常情况下毛泽东是不参加这类会议的，当时毛泽东身体也不舒服，出于好意，具体负责会议筹备工作的邓小平建议毛泽东不必出席了。会议召开后，刘少奇在毛泽东讲话中不断插话，为自己的观点作解释和补充说明，这种做法在党的会议上本是正常现象，但这次却惹得毛泽东极为不快。1964 年 12 月 28 日，毛泽东带了《党章》和《宪法》到会场上，说刘少奇不让他讲话是违反《宪法》上言论自由的规定；邓小平不让参加会议是违反了《党章》中关于党员有权参加党的会议的规定，并请刘少奇、邓小平回去后也找《党章》和《宪法》看一下，不要犯法，自己通过的，又不遵守。在这种情况下，刘少奇、邓小平虽然被迫多次作了检讨，但已经不能获得毛泽东的谅解，埋下了"文革"发动后被打倒的种子。

这次会议制定的《农村社会主义教育运动中目前提出的一些问题》(简称《23 条》)，吸收了毛泽东上述讲话的精神，一方面指出：干部的多数

---

① 肖冬连，等：《求索中国——"文革"前 10 年史》(下册)，红旗出版社，1999 年，第 1110 页。

是好的和比较好的,看待干部要用一分为二的方法,对于犯轻微"四不清"错误和交代好的干部要尽早解放出来;不许用任何借口,去反对社员群众;反对搞神秘主义,严禁打人和其他体罚;"四清"要落实在建设上面,运动中要自始至终抓生产。这些规定对解脱一大批基层干部,稳定农村形势,起了积极作用。另一方面,又在指导思想上发展了"左"的错误。它批判了党内对社教运动性质的不同看法,强调社教运动的根本性质是社会主义和资本主义的矛盾;断言整个过渡时期都存在着两个阶级两条道路的斗争,忘记十几年来我党的这一条基本理论和基本实践,就会走到斜路上去;强调这次运动的重点是整党内那些走资本主义道路的当权派。这些人有的在幕前,有的在幕后,支持他们的有的在上面,有的在下面,甚至在省和中央部门工作的都有一些反对搞社会主义的人。《23 条》还明确规定,社教运动会后一律称"四清"运动。①

此后,毛泽东与中央一线领导间的矛盾与分歧越来越大。1965 年 1 月 13 日,在同一些省区的负责人谈话时说:去年 10 月,我在北京讲过,如果北京搞修正主义,你们地方怎么办? 我总感到要出问题。第二天,他又在大区书记会议上说:1963 年 5 月杭州会议写出第一个 10 条,为什么刚过了 3 个月,9 月北京又搞出个 10 条,只有 3 个月,有那么多经验?! 他还批评北京有两个"独立王国",一个是邓小平领导的中央书记处,一个是李富春领导的国家计划委员会。② 同年 8 月 11 日,毛泽东在谈到关于诱敌深入和援助越南问题时说:修正主义是一种瘟疫。1962 年在国际上在外交上,主张"三和一少"是王稼祥,在国内主张"三自一包"是陈云,而且对我们讲,不仅要包产到户,还要分田到户。说这样 4 年才会恢复,解放军也会拥护。邓子恢到处乱窜,刮单干风。陈云还守纪律,但是最厉害。③ 他说:领导人、领导集团很重要,1962 年刮歪风如果我和几个常委顶不住,点了头,不用好久,只要熏上半

---

① 《农业集体化重要文件汇编(1958—1981)》(下),中共中央党校出版社,1981 年,第 819-828 页。

② 丛进:《曲折发展的岁月》,河南人民出版社,1989 年,第 604 页。

③ 肖冬连,等:《求索中国——"文革"前 10 年史》(下册),红旗出版社,1999 年,第 1119-1120 页。

年,就会变颜色,许多事情都是这样,领导人一变,就都变了。[①]"文革"爆发后,毛泽东在《炮打司令部》的"大字报"中说,1964 年刘少奇的做法是"形左实右"。1966 年 10 月 25 日,在中央工作会议上毛又说:"常委分一、二线,搞书记处,是我建议的;再嘛,又过于信任别人,引起我警惕,还是《23 条》那时候"。1970 年 12 月 18 日,毛泽东在回答美国友人斯诺的提问时又说:"1965年 1 月,《23 条》发表。《23 条》中间第一条是说四清的目标是整党内走资本主义道路的当权派,当场刘少奇就反对。"[②]

到 1965 年下半年,毛泽东对社教运动已不再感兴趣。用他后来的话来说就是:"过去我们搞了农村的斗争,工厂的斗争,文化界的斗争,进行了社会主义教育运动,但不能解决问题,因为没有找到一种形式,一种方式,公开地、全面地、由下而上地发动了广大群众来揭发我们的黑暗面。"[③]于是有了"文化大革命"的发动。

为捍卫人民公社的基本制度而发动的社会主义教育运动,结果不但没有解决问题,反而酿成"文化大革命"的惨剧,这大概是这场运动的发动者所没有料到的。不过从这场运动发展的全过程来看,产生这样的结局,也并非纯属偶然。

"文革"正式爆发后,尽管中共中央在有关规定中强调:(1) 县以下各级的文化大革命仍按原"四清"的部署结合进行。外地学生和红卫兵不要到县以下各级机关和社队去串联,县以下各级干部和社员也不要外出串联。(2) 秋收大忙时,应集中力量搞好秋收、秋种、秋购,"四清"运动可以暂停。(3) 农村破四旧、立四新运动,应在农闲时安排搞好。(4) 县以下各级干部不能继续工作的,应由上级党委决定,"不应采取群众直接'罢官'的做法"。(5) 县以下各级领导有些陷于瘫痪的,应迅速调整干部,恢复和加强领导力量,把县的各项工作全面抓起来。[④] "在春耕大忙期间,生产大队和生产队不

---

① 逄先知,等:《毛泽东传(1949—1976)》(下),中央文献出版社,2003 年,第 1393 页。
② 转引自金明春:《"文化大革命"史稿》,四川人民出版社,1995 年,第 130 页。
③ 席宣、金春明:《"文化大革命"简史》,中共党史出版社,1996 年,第 23 页。
④ 《周恩来年谱(1949—1976)》(下卷),中央文献出版社,1997 年,第 60 页。

要进行夺权斗争。"①但在 1966 年 12 月中旬发出的《关于农村无产阶级文化大革命的指示(草案)》中,却指出:"农村无产阶级文化大革命的重点,是整党内一小撮走资本主义道路的当权派和没有改造好的地富反坏右分子。"同时强调"必须是群众当家做主,群众自己教育自己,群众自己解放自己,自己起来闹革命"。② 于是,"文革"之火迅速向农村地区蔓延和扩展。

第四节 "农业学大寨"运动的掀起

用典型带动一般,使落后向先进看齐,是中国共产党一贯的工作方法和领导方法,毛泽东对此尤为重视,在他看来,"榜样的力量是无穷的"。20 世纪 50 年代中期,他在掀起"中国农村的社会主义高潮"时曾指出:"为什么这个地方可以这样做,别的地方就不可以这样做呢?"③1957 年初,他又一次说道:"只要拿出一个办得好的合作社,就可以把反对合作化的一切怪论打下去。"④人民公社化运动中,他也有过诸多类似论述。农业学大寨运动的掀起正是上述思想在全国范围内的广泛实践。但由于对在特定条件下形成的某些"典型"缺乏具体分析,因此在宣传、推广和学习这些典型时,往往会出现简单化的偏向。这一偏向直到中共十一届三中全会后才逐渐有所改变。邓小平指出:"宣传好的典型,一定要讲清楚他们是在什么条件下,怎样根据自己的情况搞起来的,不能把他们说得什么都好,什么问题都解决了,更不能要求别的地方不顾自己的条件生搬硬套。"⑤

大寨旗帜虽然是"左"倾思想逐渐在党内占据主导地位的情况下被树立

---

① 《农业集体化重要文件汇编(1958—1981)》(下),中共中央党校出版社,1981 年,第 867 页。
② 同①,第 862 页。
③ 《毛泽东选集》第 5 卷,人民出版社,1977 年,第 226 页。
④ 薄一波:《若干重大决策与事件的回顾(修订本)》(上卷),人民出版社,1997 年,第 390 页。
⑤ 《邓小平文选》第 2 卷,人民出版社,1994 年,第 316-317 页。

起来的,但大寨大队最初却不是靠搞"左"的一套而成名的。大寨原本是华北地区一个极不起眼的小山村,在宋元时期曾是个规模较大的兵寨,因此得名。和华北地区的众多山村一样,地瘠民贫、气候恶劣、干旱少雨是大寨的基本特征。和其他典型不同的是,大寨的自然条件要恶劣得多。

尽管大寨极为贫瘠,但穷怕了的大寨人却有一种尽快摆脱贫穷的强烈欲望。中国革命的胜利推翻了封建剥削制度,为大寨人改变自身命运提供了有利的外部条件,同时它又有一支素质较高的干部队伍。从1955年开始,大寨党支部书记陈永贵积极响应中央号召,进行农业社会主义改造,大办合作社,掀起了大规模的农田基本建设。通过三战狼窝掌、闸沟造地、变坡地为人造小平原,使原先的4 700多块变成900多块,大大方便了耕作。同时,他在荒山植树造林,用秸秆大量沤制农家肥施入田里,深翻土地,从而改良了土壤的团粒结构,不仅肥力大增,而且含水性能好,成了冲不垮、毁不掉的旱涝保收的"海绵田"。

公社化运动掀起后,陈永贵和全国各地的基层干部一样,真心诚意地响应党的号召,认为人民公社一建立就能过上共产主义的好日子,积极要求办社。1963年8月,大寨遭遇了一场百年未遇的特大洪水,大寨人靠平时培养起来的集体主义精神,在陈永贵等一批共产党员和大队干部的带领下,"先治坡,后治窝"(即先治理被洪水冲毁的水平梯田,抢种庄稼,后建居宅),发扬自力更生的精神,退回国家所有的援助物资,不仅获得较好的收成,做到亩产量、社员口粮、上交国家征购粮数"三不少",而且利用集体原有的储备粮和银行存款,统一建起了崭新的砖瓦房。这是一个不小的"奇迹"。12月,中共山西省委发出通知,要求全省各级党组织认真学习大寨的先进经验,并将大寨的经验概括为"藐视困难、敢于革命的英雄气概;自力更生、奋发图强的坚强意志;以国为怀、顾全大局的高尚风格"。在具体学习中,各地还提出,学大寨不能局限于农村,要扩大到整个文教卫生领域。当然这时的学习,"左"的色彩并不明显。各地都紧紧围绕学习的目的,即主要是为了生产这一中心内容而展开,认为"脱离生产这一中心,孤立地学习,不仅失去学习的意义,也不能达到预期的结果"。新华社、《人民日报》随即相继发表了大寨大灾之年靠自力更生的精神夺取农业大丰收的报道,《人民日报》于1964年2月10日还发表了长篇通讯《大寨之路》和社论《用革命精神建设山区的好榜样》,把大寨精神归纳成4个方面:(1)远大的革命理想和对未来坚定不移的信心;(2)藐视困难、敢于和困难作斗争的顽强精神;(3)把伟大的革命精神和严格的科学态度结合起来的优良作风;(4)自力更生、奋发图强的优良作风,严格要求自己、以整体利益为重的共产主义作风。

1963年12月底至1964年2月上旬,全国农业工作会议介绍了大寨的先进经验。会后不久,农业部长廖鲁言受周恩来的指示,率国务院农村办、中国农科院作物所以及山西省晋中地委有关部门人员组成的调查组开赴大寨,作了为期21天的考察。在与大寨党团员和贫下中农代表的联席座谈会上,廖鲁言首次提出了农业"学习大寨"这一口号。他说:"大寨可是给吹开了,全国工业上树大庆,农业上学大寨。""全国学解放军、学大庆、学大寨,工农兵旗帜大家都学,全国都学。"并且他提出学习大寨主要是学习6项基本内容:一是大寨人的革命思想和敢于革命的精神;二是冲天的革命干劲与严肃的科学态度相结合;三是有一个好的领导班子,干部始终参加劳动,大公无私,以身作则;四是自力更生、艰苦奋斗;五是始终坚持依靠贫下中农的阶级路线,重视改造人的工作;六是共产主义风格,正确处理国家、集体和个人三者之间的关系。① 但是,通过实地调研,廖鲁言也发现了大寨典型背后存在的一些问题。他如实地提出了一些建议,认为大寨提倡一对夫妻要生4个孩子的做法不值得效法,这样做不利于提高人口素质和改善大寨的生活状况;大寨党支部、管委会和贫下中农委员会的分工不明确,有包办代替现象,贫下中农委员会没有小组,各种会议制度亦不健全,这实际上是批评大寨存在的家长制弊端;大寨长期搞单打一,只重视粮食生产,林业副业搞得不理想;要正确地对待先进和荣誉,一分为二地对待样板,要始终保持优良本色,不要骄傲自满;不要吃小灶,不要享受特殊待遇,砸掉自力更生的牌子,使人有学不起的感觉。应该说,这些批评与建议都是客观、中肯的。

大寨的这些做法及其所取得的巨大成绩,对于一向喜欢挑战,历来重

① 《农业集体化重要文件汇编(1958—1981)》(下),中共中央党校出版社,1981年,第814—815页。

视独立自主、自力更生，提倡自己动手，抛弃依赖思想，从不在困难面前低头的硬汉精神，一贯看不起被困难吓倒的胆小鬼、没骨气软蛋的毛泽东来说，极易形成强烈的思想共鸣，能发现极易被常人忽视的大寨现象背后更带本质的精神实质。因此，当他在听取了陶鲁笳对大寨先进事迹的汇报后，当即很感兴趣，特别是对如下三条：一是自力更生、艰苦奋斗精神；二是政治挂帅，差别不大的劳动记工方法；三是干部参加劳动，参加生产，领导生产。① 1964 年 5 月，他在听取国家计委关于"三五"计划汇报时指出，农业是一个拳头，要使拳头有劲，屁股就要坐稳，屁股就是基础工业。建设要按客观规律办事，只能是有多少钱办多少事，不能搞多了，不能以我们这些人的寿命来考虑事情。要少而精，集中力量打歼灭战，留有余地，农业主要靠大寨精神，自力更生，要在种好 16 亿亩的基础上，建设 4 亿多亩稳产高产田，要逐年减少粮食进口，增加新技术的进口，需要加强内地建设。② 这是目前见诸文字的毛泽东首次公开对大寨经验的评价。6 月，他在中央工作会议上关于第三个五年计划的讲话中再次说："农业主要靠大寨精神，自力更生。"③12 月，经毛泽东审阅同意的周恩来在三届人大一次会议上作的《政府工作报告》中，对大寨精神作了如下概括：坚持无产阶级"政治挂帅、思想领先的原则，自力更生、艰苦奋斗的精神，爱国家爱集体的共产主义风格"。④ 1964 年 5 月 6 日，毛泽东在听取余秋里汇报"三五"计划和长期计划的编制情况时说："农业投资不要那么多。农业要靠大寨精神。你给他钱，他搞得不好；你不给他钱，反而搞得好一些。农业靠大寨，工业靠大庆。"同年 10 月 10 日，他在一次讲话中又说："农业还是靠大寨精神。"⑤ 1966 年 8 月，中共八届十一中全会公报正式提出："工业学大庆，农业学大寨，全国学人民解放军，加强政治思想工作。"

随后，"农业学大寨"运动在全国范围内全面发动起来。就全国范围

①　冯东书：《"文盲宰相"陈永贵》，中国文联出版社，1998 年，第81—82 页。
②　肖克之：《"最高指示：农业学大寨"的由来》，《当代中国史研究》，1996 年第 5 期，第 92 页。
③　周德中：《毛泽东与农业学大寨运动》，《党的文献》，1994 年第 6 期，第 40 页。
④　《农业集体化重要文件汇编(1958—1981)》(下)，中共中央党校出版社，1981 年，第806 页。
⑤　《党的文献》，1994 年第 6 期，第 40 页。

来说，"农业学大寨"运动以"文革"爆发为界，可以分为两个明显不同的历史阶段。中共中央和毛泽东在1964年号召"农业学大寨"时，还没有将它与阶级斗争问题相联系，广大干部和群众也未从阶级斗争的角度来理解学大寨运动。虽然各级部门在其总结的大寨经验中都把政治挂帅、思想领先的原则放在重要位置上，但在具体工作中还都是强调学大寨要着眼于把生产搞好。党中央和毛泽东之所以在这个时候突出强调要学习大寨的先进事迹和成功经验，除了因为大寨人在陈永贵等一批党员干部的领导下，战天斗地，取得了巨大成就外，更有其深层次的考虑。

肇始于1958年的人民公社化运动，原本寄托着毛泽东对中国农村发展方向的无限希望。但是，伴随着"大跃进"运动第一个回合的失败，作为"三面红旗"之一的人民公社化运动也遭到了来自党内外、国内外的尖锐批评。对这些批评本应作冷静的分析，有则改之，无则加勉。但在毛泽东看来，所有这些批评都是阶级敌人及其代理人的恶毒攻击。而他一贯认为，被敌人反对的是好事；凡是敌人反对的，我们就要坚持；凡是敌人赞成的，我们就要反对。这种政治立场上的两军对垒、针锋相对、泾渭分明，表面看来很革命，但在实际工作中却极容易混淆是非。

对人民公社基本制度的捍卫和对反对者的无情批判并不惜在政治上与之实行彻底的决裂，并没有立即使假设的人民公社的优越性充分发挥出来，相反，随着国际、国内一系列困难的到来，党内外在人民公社问题上的意见分歧却在进一步扩大，连中央最高决策层的意见也难以完全统一起来。在这种情况下，大寨人的成功实践给毛泽东以充分的理由来证明集体经济的优越性和人民公社决策的正确性，大寨人用自己的实际行动给毛泽东争了面子，也给他提供了用以反击党内外、国内外的尖锐批评的有力武器；加上大寨人不在困难面前低头，敢于挑战困难的豪情与勇气，抛弃依赖思想，不等、不靠、不要外部支援，完全靠自力更生，大灾之年仍能对国家作出同样贡献的无私奉献精神以及不怕压、不信邪的豪迈气概，等等，无不在思想上引起毛泽东的强烈共鸣。毛泽东喜欢挑战，自认为"与天斗，其乐无穷；与地斗，其乐无穷；与人斗，其乐无穷"。与苏联领导人赫鲁晓夫闹僵后，中国在国际上一时陷入了四面楚歌的"光荣孤立"之中，国内的形势也非常困难，但毛泽东没有被吓

倒,没有退缩,反而平添了挑战的动力,他从大寨的成功实践中看到了希望和
出路。他一贯重视榜样的力量和典型的导向作用。20 世纪 50 年代初,他从
仅有三条驴腿的王国藩合作社的成功经验中看到了中国农村的发展方向。
他认为只要有一两个合作社的成功经验就可以把一切反对派的怪议论彻底
地打下去,道理很简单:既然一个社能成功,为什么其他的社就不能成功呢?
除了客观条件不同外,无非是主观能动性发挥得不够。同样,一个自然条件
并不好的大寨大队,在那个缺水的干旱山坡上,一亩地却能收七八百斤粮食
(当时华北地区平均不到 300 斤),他们除了自己吃饱、留了储备外,360 多人
平均每年还要向国家交售 800 多斤粮食。如果全国农村都像大寨这样干,还
会有怎样的困难不能被克服呢? 在毛泽东时代,吃饭问题始终是中国人面临
的一个难以解决的严峻问题。新中国成立前夕,毛泽东在五评美国炮制的
“白皮书”中,批驳了艾奇逊等人的唯心史观,并夸下海口:在中国共产党的
领导下,再多的人口也能解决吃饭问题,而且“一个人口众多、物产丰盛、生活
优裕、文化昌盛的新中国,不要很久就可以到来”。① 但是,试图通过“大跃
进”使中国尽快富强起来的良好愿望不仅没有实现,反而带来数千万人口非
正常死亡、更多人患病的大劫难。为了渡过严重困难时期,中国政府不得不
用有限的外汇向资本主义国家购买粮食。尽管所购粮食总量并不巨大,但在
颂扬过朱自清宁可饿死也不领美国救济粮的毛泽东看来,在感情上无论如何
都是难以接受的,这也败坏了社会主义中国的声誉。1964 年 5 月,毛泽东在
听取国家计委领导小组汇报“三五”计划的设想时插话说:只要有利,向魔鬼
借钱也愿意,我们不走这条路,魔鬼不给我们贷款,贷款我们也不要(后来很
长一段时间内,中国人以既无内债、又无外债而自豪,也坚决不要任何性质的
国际援助,哪怕是像唐山大地震这样的严重灾难也拒绝接受一切援助,把对
政治原则的重视放到了对人的生命的珍视之上)。我们要靠山东曲阜陈家
庄陈以梅、大寨陈永贵。靠自力更生,事情总是会起变化。② 他一向视吃进
口粮为修正主义,依赖外国是奴隶思想。因此当赫鲁晓夫宣布撤专家、

① 《毛泽东选集》第 4 卷,人民出版社,1991 年,第 1512 页。
② 顾龙生:《毛泽东经济年谱》,中共中央党校出版社,1993 年,第 598 页。

停援助、毁合同、卡脖子时,他提出要炼"争气钢"。1964年10月,中国成功地试爆了原子弹后,他不无讥讽地表示要给赫鲁晓夫发个一吨重的大勋章,以"表彰"由于他的背信弃义,迫使中国人发奋努力,尽快取得成功的"功绩"。

毛泽东还对大寨大队实行的以政治挂帅、差别不大又不繁琐的劳动记工和报酬分配办法很感兴趣。他多次说过:过去在革命根据地的时候,实行供给制,人还思想健康些,并不为追求待遇吵架。共产党打了30多年仗,实行供给制的人,内战时有几十万,一直到解放初期,大致过的是平均主义的生活,工作都很努力,打仗都很勇敢,完全是靠革命精神的鼓励。① 1964年3月,他在看完由山西省委农工部整理的有关大寨的分配方案和劳动记工等材料后又一次说了上面这些话。在他看来,大寨通过其成功的实践,证明了他理想中关于社会主义模式的一些构想和设计的正确。

这样看来,原本主要是在生产上取得成功的大寨大队就远远地超越了其自身的价值所在,而成为极具政治宣传价值并应普遍推广的先进典型,而当上先进的成就感、荣誉感以及要保住这一荣誉的使命感,也使大寨人尽量愿意按照官方的意愿去总结出各种各样适合官方胃口、符合官方要求的"先进经验",况且这种典型本身就是由官方树起来的,因而也就必然要反映官方的意志,一旦它不能总结出符合官方胃口的"经验",它的典型意义也就会立时烟消云散、荡然无存。也许对大寨的普通群众来说,当不当典型都无关紧要,但对于各级行政部门来说,事情就远不是那么简单。这也是后期"农业学大寨"行动走入歧途的根源所在。

事情确实如此。在《23条》提出"(社教)运动的重点,是整党内那些走资本主义道路的当权派"后不久,昔阳县委在1965年5月所写的一篇题为《昔阳县学大寨运动的转折点》的文章中,明确指出,过去学大寨运动开展不起来,主要原因是对大寨精神认识不足。"对大寨生产建设中

① 参见毛泽东在北戴河会议上的讲话,1958年8月21日;另见他在读苏联《政治经济学教科书》第3版社会主义部分的谈话,1959年底至1960年春。

的成果看得清,而对大寨生产建设面貌起了巨大变化的根本原因总结不够。只注意推广大寨生产上的具体经验,而对大寨革命精神宣传不够。没有抓住学大寨的要领。"①1965 年 7 月,昔阳县委发出一份名为《学大寨是一场思想大革命》的文件,指出:"哪里的资本主义自发势力严重(单干风、投机倒把、贪污盗窃等),哪里学大寨就学不好;哪里不注意抓阶级斗争这个纲,哪里的学大寨就形不成群众运动。""可以这样说,大抓阶级斗争和两条道路斗争的纲,是深入广泛地开展学大寨运动的纲。"《山西日报》农村部编写的《怎样才能把大寨经验学到手》一书中更明确指出:就学大寨的全部经验来说,阶级斗争是"纲",其他具体经验是"目",纲举才能目张。不可能想象,在一个不认真抓社会主义革命的生产队、生产大队,能够把大寨的经验真正学到手。很显然,昔阳县委和《山西日报》的总结都已"念歪了经"。但是,如果这种情况仅仅出现在山西一个省内,那也只能是说山西的做法出现了偏颇,问题的严重性主要在于,全国各地都是这么认识的。11 月 1 日,《人民日报》在社论《农业要靠大寨精神》中说:"大寨精神就是毛泽东思想挂帅,以阶级斗争为纲,彻底革命、不断革命的精神;就是依靠人民公社集体力量,穷干苦干巧干实干,吃大苦耐大劳的自力更生的精神;就是党的鼓足干劲,力争上游,多快好省地建设社会主义总路线的精神"。把大寨精神说成"以阶级斗争为纲"的精神,是总路线的精神,很显然与其原本意义上的自力更生的精神是存在根本区别的。这既是对大寨精神的背离,也是大寨能出"全能"经验的开始。这种情况正如陈永贵 1973 年 9 月 21 日在昔阳三干会上讲话中说的那样:"我说句老实话,大寨的经验是全面的,哪一方面也完全具备。""我感到大寨有好多东西,你要什么都有。"②虽然在"农业学大寨"运动中也不是没有人对这种错误做法提出过异议,如周恩来就曾多次指出,学大寨"要注意实事

---

① 转引自孙启泰、熊志勇:《大寨红旗的升起与坠落》,河南人民出版社,1990 年,第 74 页。

② 陈大斌:《大寨寓言:"农业学大寨"的历史警示》,新华出版社,2008 年,第 140 页。

求是,因地制宜";①"大寨经验是在山西,不一定在河北、江苏实用";②"各省、市、自治区应树立自己学大寨的标兵,以便本省、本地区派人去学习"。③ 但此类清醒认识在当时那种特定的时代大背景下显得是那么苍白无力,更遑论会在实际工作中得到贯彻执行了。

"文革"正式爆发后,大寨经验在毛泽东"既善于打碎一个旧世界,更善于建设一个新世界"的战略构想中占据了更为重要而突出的位置。毛泽东之所以决定发动"文革",除了要在政治上批判以刘少奇为首的所谓"修正主义路线"外,更重要的还在于要建立一个农林牧副渔全面发展、工农商学兵各业具备、没有差别和分工、分配上大体平均、人人都能得到充分发展的新的"理想社会"。这一社会与他早年设想的"新村"在基本原则上是相同的,但又有进一步的引申与发展,同时也是对1958年兴起的人民公社体制基本制度的固守,这表明其思想中的"乌托邦"因素不仅从未泯灭过,反而会在条件适合时再度抬头、死灰复燃。由于毛泽东在长期革命和建设过程中累积起来的高度自信和人们对他的盲目崇拜,加上他的一些理论又常常能找到马克思主义个别论断的支持(包括对这些论断的误解),并经常伴随着对反对者的残酷斗争和无情打击,因而广大干部和群众常常自觉不自觉地把他的某些带有明显空想色彩的论述当做自己言行的指南,当做追求和奋斗的理想目标。因此,在毛泽东时代,中国人的诸多非理性的狂热行为和违法乱纪在局外人看来是如此的荒诞不经和不可思议,但置身其中的当事人不仅没有认识到这有什么不对劲,反而认为是在为追求他们心中的崇高理想目标而奋斗。即使是在实际工作中发现了问题,当时人们也常常是从自己身上找原因和差距,认为是自己未能准确、完整以及深刻领会和理解毛泽东的有关论述,从未也不可能想过或怀疑这些论述本身是否存在问题。中国在毛泽东时代所出现的一切悲剧都与这种不正常的政治社会现象相关。这种情况正如邓小平指出的那样:"一个国家的命运寄托在

---

① 《周恩来年谱(1949—1976)》(下卷),中央文献出版社,1997年,第657页。
② 同②,第349页。
③ 同②,第595页。

一两个人的威望上是很不正常的。"①

"农业学大寨运动"中,"割资本主义尾巴"在全国历久不衰,大寨的其他经验都受到一定程度的限制,如大队核算制始终没有在全国得到推广。这与毛泽东的态度有很大的关系。他虽然没有正式提倡过"割资本主义尾巴",但他确实非常讨厌在资本主义时代得到充分发展的商品经济、利润挂帅、金钱万能、注重物质利益、轻视精神道德建设等做法。

早在1955年7月,毛泽东在一次讲话中就提出要使小生产和资本主义"绝种",虽然当时他是从我国社会的发展方向这一角度来论述的。随后不久完成的社会主义改造实现了他提出的要使生产资料的公有制成为我国社会的唯一经济基础的战略目标,应该说,从理论上讲这使资本主义在我国的复辟丧失了制度前提。但是,对小农经济的彻底改造却绝非能以日程计功,而按照毛泽东对列宁所说"小生产是经常地、每日每时地、自发地和大批地产生着资本主义和资产阶级"②一段话的僵化理解,便是把对小生产的不断地彻底地改造当做防止资本主义复辟的重要内容。

本来,在苏共二十大揭露斯大林问题后,趁着苏共干涉、控制的减轻,各国都在力图探索适合本国情况建设道路的有利时机,毛泽东曾有针对性地号召人们破除迷信、解放思想。但是,毛泽东从一开始思想就处于矛盾之中,即一方面他特立独行、桀骜不驯的坚强性格促使他敢于反潮流,藐视权威,不愿当儿皇帝、小媳妇;另一方面,在现实的政治生活中,他又不能容忍人们对他的思想和主张抱怀疑态度,哪怕是短时间的怀疑也不行。他要人们既当马克思又当秦始皇,实际就是这种矛盾思想的反映。频繁激烈的党内斗争,少数野心家别有用心的鼓噪喧嚣,政治体制上的权力过分集中等,都使毛泽东由人逐渐变成了"神"。至少从人民公社化运动发动时起,整个中国逐渐成了为毛泽东心目中理想社会而奋斗的试验场。

于是,毛泽东的一言一行都成了绝对真理,不经意讲的一句话也被人们当做"最高指示",奉若神明,句句是真理,一句顶一万句,成为行动的指南。

---

① 《邓小平文选》第3卷,人民出版社,1993年,第316-317页。
② 《列宁选集》第4卷,人民出版社,1995年,第135页。

如果人们的某些行动正好与他的有些主张与想法不谋而合或有相似之处,那就会被当做典型经验在全国加以推广,这也是他领导方法的显著特点。

长期如此,一些惯于窥测政治风向的领导人往往根据毛泽东的个人好恶来制定方针政策。毛泽东一生厌恶金钱,偶尔碰到也会像抓了癞蛤蟆一样立即扔掉。[①] 公社化运动兴起后,他多次讲要逐步消灭资产阶级法权,恢复战争年代的供给制,当听说公共食堂能解放妇女,[②]从而一方面能增加劳动力,一方面有利于提高妇女的地位时,他就强调要大办食堂,即使碰壁也不能解散。他认为,私有制是产生资本主义的温床,于是,当时的有些报刊就发表文章,提出割所谓生产资料私有制的"尾巴"。公社化初期,各地(除山地和少数民族聚居地等外)普遍强调要以发展农业尤其是以发展粮食生产为主,对家庭副业、养殖业一般不予鼓励,有时还要限制。

《群众》杂志1958年第7期一篇署名高啸平的文章《揭露矛盾解决矛盾不断跃进》,就对扬州地区的养猪业收入超过农业(指小农业即种植业尤以粮食生产为主)收入的做法提出批评。文章指出:更为严重的是"乡、社干部也大量养猪,滋长了资本主义思想,迷失了方向"。同时,对农业注重自留地的开发利用,将其视为"摇钱树、米罐子"的观点提出批评。把社员扩大"自留地的经营范围,不仅是种植蔬菜,而且大量种植粮食和经济作物,因此收入比重很大",农民租用耕畜和农具,私人占有成片经济林木,社、队规模过小,以生产队为分配单位,种植"插花地"、"飞地"等,作为"小农经济留下的尾巴",提出要"用大搞人民公社化运动(的办法),使群众自觉地割掉小农经济私有制的尾巴"。[③]

后来,毛泽东虽然对农村政策作了一些调整,但其基本思想始终没有变化,这就是所有制规模越大越好,公有化程度越高越好;虽然强调生产队基本核算制度30年不变,但在条件具备的地方试行大队核算制也不要反对;虽然强调要保留社员的自留地,不得平调社员的任何财产,但坚决反对

---

① 权延赤:《走下神坛的毛泽东》,内蒙古人民出版社,1998年,第83页。
② 权延赤:《领袖泪》,中共中央党校出版社,1996年,第17页。
③ 《群众》,1958年第7期,第18页。

包产到户、分田单干。在这些政策原则的背后,其隐含的思想倾向是不言自明的。

1975 年 9 月 15 日,经毛泽东同意,全国第一次农业学大寨会议在昔阳召开,这次会议开了一个多月,直到 10 月 19 日才闭幕。这次会议前后,再次在全国掀起了"农业学大寨"运动的高潮。会上邓小平作了重要讲话,指出:这次会议是继 1962 年七千人大会以后最为重要的一次会议,它的任务是为了实现"四个现代化"的目标。而农业现代化是"四个现代化"的关键。农业学大寨的目的就在于要把农业生产搞上去,要认真学大寨的真经。

华国锋在会上作了总结报告。经过毛泽东认真审阅的这一报告,提出了当前学大寨的现实任务:全党动员,大办农业,苦战 5 年,为普及大寨县而奋斗。报告认为这是落实毛泽东关于学习理论、反修防修重要指示,巩固无产阶级专政的迫切要求;是把国民经济搞上去,使我国在 20 世纪内走在世界前列的迫切要求;又是做好战备工作的迫切要求。全党必须紧张地动员起来,统一认识,统一步伐,团结和领导全国人民,完成这一伟大政治任务。

一贯以忠实执行"毛泽东革命路线"著称,被毛泽东钦定为接班人的"农业专家"华国锋在毛泽东去世后不久,亲自提议并于 1976 年 12 月召开了第二次全国"农业学大寨"会议。华国锋在讲话中指出,学大寨就是要坚持以阶级斗争为纲,彻底揭发批判"四人帮";就是要落实毛主席关于管理也是社教的指示,建设一个坚持毛主席革命路线、团结战斗的领导班子,把领导权真正掌握在马克思主义者和广大工人群众、贫下中农手里;就是要认真做好思想政治工作,加强工人阶级、贫下中农的革命团结,搞好革命队伍的建设;就是要大搞群众运动,充分发挥广大干部和群众的干劲、智慧和创造性,开展社会主义劳动竞赛,大干社会主义。①

"文革"结束后不久,思想战线率先拉开了拨乱反正的序幕。邓小平

---

① 《农业集体化重要文件汇编(1958—1981)》(下),中共中央党校出版社,1981 年,第 924—925 页。

于 1977 年 3 月对华国锋提倡的"两个凡是"提出了公开的批评。4 月,邓小平又给中央写信,提出要"用准确的、完整的毛泽东思想来指导全党和全国人民,把党和社会主义事业,把国际共产主义运动的事业,胜利地推向前进"。① 一年后,《光明日报》又发表了"特约评论员"写的《实践是检验真理的唯一标准》一文,使思想解放的潮流向纵深推进。

在这种情况下,尽管大寨这面旗帜是毛泽东亲自树立的,但此时的毛泽东已经由"神"逐渐重新变成了人,他的言论、思想是否正确也要接受实践的检验。很显然,此时再靠乞灵于毛泽东的权威已经不行了。在思想转轨、经济建设逐渐成为中心工作的情况下,大寨的那一套强调阶级斗争、突出政治的"左"倾经验,显然已经受不住实践的再次检验。如果大寨此时能适应整个大气候的转变,及时地调整以前过"左"的做法,重新回到最初的强调自力更生、艰苦奋斗、不在困难面前低头、先国家后个人等精神上去,并注意反思后期学大寨运动中所产生的严重问题,采取妥善措施加以解决的话,那么它就仍不失为先进的榜样,人们也会理解并原谅在特殊形势下,大寨的一些违背自己意愿的不得已的过激做法。但遗憾的是,长期笼罩在鲜花、掌声、荣誉光环之下的大寨人肩负着既背不起、又放不下的使命感和成就感,先是对思想解放、政治转轨默不作声,继而则进行公开地抵制。这就决定了大寨红旗最终很快坠落的历史命运。

还在 1978 年春天,安徽省委第一书记万里就在省委党校的工作会议上指出:"什么这个学大寨学歪了,那个学大寨学错了,大寨本身就不正。"这是"农业学大寨"运动发动后全国发出的第一个公开批评大寨经验的声音。11 月,万里在听取滁县地委书记的汇报时又说:"你大寨那一套我们学不了。""你走你的阳关道,我走我的独木桥。""你说你是大寨经验,我说是极'左'样板。""我们学不了他们,也不想学他们。"②

之后,新华社、《人民日报》、《山西日报》等先后刊发了大量文章和报道,对大寨经验进行日益深刻、系统的批评。重要的有《昔阳县的粮食产量

① 《邓小平文选》第 2 卷,人民出版社,1994 年,第 39 页。
② 张广友:《改革风云中的万里》,人民出版社,1995 年,第 177-178 页。

不实》(新华社内部文章)、《"七斗八斗"斗得人心散了、工作乱了》(《山西日报》1979年3月19日)、《"大批大斗"是极左口号》(1979年3月20日)。1980年9月,《人民日报》、《光明日报》、中央人民广播电台、新华社的一些记者组成联合记者组到大寨、昔阳和山西省各地做了40天的调查,得出的结论是:大寨在"文革"中蜕变为推行极"左"路线的工具;大寨主要领导人为适应政治需要歪曲历史事实编造"大寨斗争史",为自己捞取政治资本;搞"七斗八斗",造成严重阶级斗争扩大化,逼死许多人命;打击迫害许多干部群众;抛弃和背叛自力更生精神和爱国爱集体的共产主义风格,依势到处接受和索取国家和各部门的巨大援助;以一套极"左"的做法对抗党的农村政策等。① 同时揭露了陈永贵等在"文革"中大搞造反夺权,揪斗"走资派",打击迫害干部群众,推行极"左"路线,大搞封建家长制作风,扶植帮派势力,搞"家族"统治,甚至搞违法乱纪的事实。随着这些问题的披露,陈永贵及其创造的"大寨经验"受到了广泛的谴责。这一年,他先后被免去昔阳县委、晋中地委、山西省委、中央政治局委员(辞职)、国务院副总理(辞职)等职。

1980年8月,中共山西省委经过广泛讨论,多方征求意见,向中共中央上报了《关于全省农业学大寨经验教训的初步总结》的报告。在这份总结报告中,山西省委认为:大寨曾经是我国农业战线的一面旗帜,是山区农村建设的一个先进典型,受过党和人民的重视;但在"文革"中却蜕变为一个适应极"左"路线需要的政治典型,成为农业战线推行"左"倾路线的样板。

中共中央在对这一总结报告的批示②中指出,"文革"以来,全国农业学大寨所造成的严重后果,应由当时的中央负主要责任,在山西应由省委负主要责任。同时指出,全国各地学大寨的农业先进典型绝大多数在生产、建设上都是有成绩的、有贡献的。大寨和昔阳的绝大多数干部群众,在农业战线上也作出过贡献。"文革"前,在大寨和昔阳推行极"左"路线以

---

① 孙启泰、熊志勇:《大寨红旗的升起与坠落》,河南人民出版社,1990年,第319页。
② 《农业集体化重要文件汇编(1958—1981)》(下),中共中央党校出版社,1981年,第1053—1056页。

及由此造成的严重后果,主要应由陈永贵负责。

批示指出,表扬先进人物和先进典型,一向是我们党推行各项工作的有效方法之一。但是,必须坚持辩证唯物主义的思想路线,实事求是地把任何先进典型都看做是群众集体智慧和辛勤劳动的产物。对于先进典型,我们当然要努力从政治上、思想上给以正确的指导,尽可能使其避免失去先进性以至垮台,但是当它们的主观和客观条件发生了重大的变化,以致不再继续成为先进典型的时候,就不应当人为地去"保",更不允许滥用职权,动用国家财力、物力和人力去支撑所谓"先进典型"的门面,甚至弄虚作假,欺骗上级,欺骗舆论。那种把先进典型的经验模式化、绝对化、永恒化的做法,是错误的、有害的。在推广先进经验的时候,必须分析它是在什么情况下产生的,适合于哪些条件,哪些是带有普遍性的东西,哪些是不带有普遍性的具体做法,绝不能生搬硬套、强迫命令,重犯过去"农业学大寨"运动中的错误,不分东西南北,不分自然条件和耕作习惯,用大寨这样一个典型的经验性指导农村所有地区和不同行业的各项工作。同时,对先进典型也不要提不适当的、过高的要求,以免助长弄虚作假的风气。要一分为二,经常指出不足之处,使他们不断进步。总之,要实事求是,因地、因事、因时制宜,分类指导,并且由群众当家做主、作出决定。

批示指出,任何先进技术经验或经营管理经验,都必须同农民的经济利益联系起来,重视经济效果,在农民自愿接受的基础上,经过试验逐步推广;切不可用一阵风的运动方式一哄而起,更不能乱扣政治帽子,采取行政压制手段。

批示还指出,表扬和宣传在创造先进经验方面作出贡献的先进人物,从中发现、培养干部,也是我党推进工作的有效方法之一。"文革"时期,林彪、"四人帮"打击劳动模范的做法,已经得到纠正。但是,一成为劳动模范,就一定要当从下到上的各级党代表、人民代表或其他代表,一定要担任从下到上的各级党政机关或群众团体的领导职务,事实证明,这样不仅会使一些劳动模范自己骄傲自满、脱离群众,而且会使他们陷入自己的能力和精力无法应付的会议、报告和各种政治活动中去,无法再起劳动模范的作用。这种做法,害了一批劳动模范,也给党的工作带来了不应有的损失。现在,我们要接受正反两方面的经验教训,使培养劳动模范、培养工农干部有一套完整的切实可行的制度,并且坚持下去。让劳动模范担负一定的领导职务,一定要考虑到使这种职务同其能力、水平相适应,不要让他们担任不能胜任的领导职务,更不应当一步登天,提得太高。对于应当提拔的劳动模范,必须坚持一人一职的原则,不要使他们上下左右兼职,脱离劳动,脱离群众,以致不能继续发挥劳动模范的应有作用。

中央的批示从理论高度剖析了大寨经验的历史局限,并从本质上揭示了"农业学大寨"运动后期出现严重失误的根源所在。山西省委的总结报告以及中央对这一报告所作的批示,标志着毛泽东亲自树起的大寨红旗最终坠落了,"农业学大寨"运动成了历史遗迹。

第五节 知识青年上山下乡运动的开展

大规模的知识青年上山下乡运动虽起于"文革"发动后的 1968 年,但毛泽东动员城市人口到农村去从事经济建设的思想早在 20 世纪 50 年代中期就提出来了。

"上山下乡"一词,源于 1956 年 1 月中共中央政治局拟定、1957 年经过修改的《1956 年到 1967 年全国农业发展纲要(草案)》。纲要说:"城市的中小学毕业的青年,除了能够在城市升学就业的以外,应当积极响应国家的号召,下乡上山去参加农业生产,参加社会主义农村建设的伟大事业"①

---

① 诸多论著都认为这一内容源于 1956 年 1 月中央政治局拟定的《1956 年到 1967 年全国农业发展纲要(草案)》,如刘文杰:《激扬与蹉跎——知识青年上山下乡运动》,河南人民出版社,1994 年,第 15 页;刘小萌:《中国知青史——大潮(1966—1980)》,中国社会科学出版社,1998 年,第 11 页;米鹤都:《上山下乡运动的起源》,《当代中国史研究》,1999 年第 2 期,第 93 页。但笔者在仔细阅读《纲要》初稿时,未能看到上述文字,而在 1957 年 10 月公布的"修正草案"中才首次见到这样的条文。

其实"上山下乡"构想的提出要远早于此。1955 年下半年,毛泽东在给《中国农村的社会主义高潮》写的一篇按语中就提出,一切可以到农村中去工作的知识分子(指中学生和高小毕业生)"应当高兴地到那里去。农村是一个广阔的天地,在那里是可以大有作为的"。① 1960 年全国二届人大会议通过的《全国农业发展纲要》要求城市的中、小学毕业青年积极响应国家的号召,上山下乡参加农业生产,但当时仍然强调上山下乡要以自愿原则为主,不能搞强迫命令。

"文革"爆发后的 1968 年,一方面考虑到要在城市逐步重建一度受到严重冲击的各种社会秩序,另一方面要为在城市无法找到合适工作岗位的众多适龄青年寻找出路,毛泽东发出了"知识青年到农村去,接受贫下中农的再教育"的号召,大规模的"上山下乡"运动从此开始。1968、1969 两届的初、高中毕业生基本都要上山下乡去接受再教育,不下乡而留在城市的不分配任何工作。1962 年—1966 年,全国仅有 129.28 万人"上山下乡",而 1967 年—1968 年,就有 199.68 万人"上山下乡",表 3-1 是历年"上山下乡"人数的详细统计。从 1962 年起到 1979 年的 18 年中,共有 1 776.48 万城市青年"上山下乡"。

表 3-1　全国知识青年上山下乡人数　　　　　单位:万人

年 份	合 计	插 队	集体场队	国营农场
总 计	1 776.48	1 282.21	203.08	291.19
1962—1966	129.28	87.06		42.22
1967—1968	199.68	165.96		33.72
1969	267.38	220.44		46.94
1970	106.40	74.99		31.41
1971	74.83	50.21		24.62
1972	67.39	50.26		17.13
1973	89.61	80.64		8.97
1974	172.48	119.19	34.63	18.66

---

① 《毛泽东选集》第 5 卷,人民出版社,1977 年,第 242-243 页。

续表

年　份	合　计	插　队	集体场队	国营农场
1975	236.86	163.45	49.68	23.73
1976	188.03	122.86	41.51	23.66
1977	171.68	113.79	41.90	15.99
1978	48.09	26.04	18.92	3.13
1979	24.77	7.32	16.44	1.01

资料来源：国家统计局：《中国劳动工资统计资料（1949—1985）》，中国统计出版社，1987 年，第 110-111 页。

1973 年 4 月，下放到福建的知青李庆霖给毛泽东写信，反映知青下放后所面临的一些实际问题，毛泽东回信说："全国此类事甚多，应当统筹解决。"[①]同年 6 月至 8 月，国务院召开了全国知识青年"上山下乡"工作会议，制定了一些政策和规划。云南发生严重迫害知青的事件后，周恩来多次要求严肃查处。1976 年 2 月，毛泽东又在一封反映陕西知青问题的来信上批示："知识青年问题，似宜专题研究，先做准备，然后开一次会，给以解决。"[②]但是，直到毛泽东去世，知青问题仍未提到解决日程上来。

1978 年 3 月，刚刚复出不久的邓小平在一次谈话中指出：要研究如何使城镇容纳更多劳动力的问题。现在是搞"上山下乡"，这种办法不是长期办法，农民不欢迎。四川一亿人，平均一人不到一亩田，城市人下去实际上形成同农民抢饭吃。要开辟新的经济领域，做到容纳更多的劳动力。[③]

同年 12 月召开的全国"上山下乡"工作会议指出，知识青年"上山下乡"是在一定历史条件下产生和发展起来的，是同我国社会主义革命和建设事业联系在一起的，成绩是主要的。会议要求，调整政策，逐步缩小"上山下乡"的范围，积极稳妥地解决好农村下乡青年问题。随着改革开放政策的进一步发展，上山下乡问题逐步得到解决。

---

① 《建国以来毛泽东文稿》第 13 册，中央文献出版社，1998 年，第 349 页。

② 同①，第 520 页。

③ 武力、郑有贵：《解决"三农"问题之路——中国共产党"三农"思想政策史》，中国经济出版社，2004 年，第 572 页。

到 1979 年,虽还有部分知识青年因多种原因留在农村,但90%以上的知青通过高校招生、参军、城市招工、疾病困难等途径离开了农村。到1983 年底,历时 20 多年的知识青年上山下乡运动宣告彻底结束。

声势浩大、持续时间很长的知识青年"上山下乡"运动,尽管在加强城乡联系、知识青年将某些先进技术带到农村从而有利于农村经济的发展以及普及农村文化教育、改善农村医疗条件等方面起着某些积极作用,但在总体上不仅没有达到预期目的,而且还带来了一系列社会问题。

首先,广大知识青年被剥夺了享受现代正规教育的机会,造成了国家的整体人才断层,进一步拉大了我国与世界发达国家在现代科学技术方面的差距,从而严重影响了我国经济建设的科技型劳动力的有效供给。其次,中国大多数农村地区原本就人多地少,城市青年又不善于农业生产,因此大量城市青年下放到农村,在客观上起着加重农民负担的负面作用,国家也为此背上了包袱。1962 年—1979 年,国家共拨付 75.4 亿元用于知青安置工作,其中还不包括大量的木材等建筑材料、各企业提供的资金以及大量的人力。再次,有些知青点由于疏于管理,致使坏人当道,发生了迫害知识青年、强奸女知青的情况,加剧了一些地区的社会矛盾。

在动员数以千万计的城市知识青年上山下乡的同时,毛泽东从 20 世纪 50 年代中期起还号召城市工人和干部到农村去创业,但应者寥寥。"文革"爆发后,不少知识分子或被认为有问题的干部先后被派到设在全国各地农村的"五七"干校进行劳动锻炼。

"五七"干校,本是根据毛泽东在"文革"全面爆发之际发表的著名的"五七"指示精神而创办的,旨在实现其心目中的"理想"社会目标,但在实际上却成了变相改造干部和知识分子(特别是被认为有问题者)的场所。1968 年 9 月,毛泽东在《人民日报》总编室编印的《柳河"五七"干校为机关革命化走出条新路》上给当时主管宣传工作的姚文元批示道:"广大干部下放劳动,这对干部是一种重新学习的极好机会,除老弱病残者外都应这样做。在职干部也应分批下放劳动。"①

① 《建国以来毛泽东文稿》第12 册,中央文献出版社,1998 年,第573 页。

"五七"干校实行军事化的管理方式,进行严格的思想压制和人身控制,在学员中鼓励相互揭发批判,不准随便请假外出或回城探亲,违反者要受到从事重体力劳动甚至批判斗争的惩罚,严重地摧残了知识分子的身心健康。大批知识分子和富有管理经验的领导干部被遣送到"五七"干校劳动改造,除了给国家造成很大的知识和人才浪费外,没有给被改造者本人或其所在单位、改造所在地带来什么积极作用。

干校一般都办在条件不是很差的农村,以便于跟各自所属单位保持经常性的联系,这些地方原本就人多地少,干校的创办无疑在客观上产生了与民争地的问题;由于干校的生活条件相对较差,因此一些学员经常要到集市上抢购农副产品改善生活,这不仅造成当地供应紧张,而且也不利于增进城乡了解。农民切身感受到的是城乡差别的存在。他们说干部下放是"穿得破,吃得好,光着膀子戴手表"。

大批城市知识青年"上山下乡"和干部、知识分子下放"五七"干校进行劳动改造,使得我国城市人口的比重在 1964 年到 1978 年间,一直徘徊在 17% ~ 18% 之间。

在城镇新增人口中,自然增长所占比重高达 80% ,城市化进程远远落后于社会经济结构转变的速度。从 1952 年到 1978 年,我国农业在社会总产值中所占份额由 45.4% 下降到 20.4% ,平均每年下降 3% ,而同期农业劳动力占社会总劳动力的份额却只由 83.5% 下降到 73.8% ,年均下降不到 0.5% 。1978 年我国城镇人口占总人口的比重为 17.92% ,比发展中国家的平均水平低了近 50% ,比苏联东欧国家低 79% ,呈现出极不协调的现象。[①]

大批城市知识青年"上山下乡"和干部、知识分子下放"五七"干校进行劳动改造,在发动者本人来说,是有着缩小城乡差别的考虑的,但姑且不论这种缩小差别的做法是否真正起到了积极作用,仅就其设想本身来说,存在明显的问题。

一般来说,随着经济的发展和社会的进步,通常是相对落后的农村向

---

① 方向新:《农村变迁论》,湖南人民出版社,1996 年,第 152 页。

城市学习,大批农民逐渐变成市民,而不是反其道而行之,让接受过一定程度的现代教育的城市知识青年到乡村去接受"贫下中农再教育",或用农业生产知识和经验去重新改造城市知识分子的头脑。因此,这正是上述运动尽管声势浩大、费时、费力,却最终走入死胡同而宣告失败的根本原因所在。

第四章

发展生产力是中心任务（1977年—1991年）

——以邓小平为核心的中共第二代领导集体的「三农」思想

以邓小平为核心的中共第二代领导集体也高度重视"三农"工作。与毛泽东时代侧重通过阶级斗争寻求解决问题的思路不同,邓小平提出并确立了"以经济建设为中心"的基本路线并通过改革来推动生产力和其他各项事业发展的思想,解决"三农"问题无疑也要通过发展和改革来实现。新中国成立后近30年农村经济缓慢发展的现实,使邓小平把更多的目光放到了解决"三农"问题上来。同时他认为,只有解决了"三农"问题,才有可能为渐次解决其他问题创造有利条件。他指出:"中国是一个有6亿多人口的大国,农村人口又占总人口的80%以上,如果不发展农业,不但影响最大多数人的生活,影响工农联盟和人民的团结,而且也不可能迅速地发展工业。"①但是,改革不仅没有现成的经验可供借鉴,而且必然会触及长期以来业已形成的既得利益者,处理不好,极有可能影响农村社会的稳定,并波及全国的稳定局势。因此,中国的改革选择了率先从计划控制程度较低但却人口众多的农村发动,目的是"先把农民这一头安稳下来"。"摆稳了这一头,就是摆稳了大多数,七亿多人口稳定了,天下就大定了。"②对此,邓小平一再强调:"中国稳定不稳定首先看这80%稳定不稳定。城市搞得再漂亮,没有农村这一稳定的基础是不行的。"③"农村不稳定,整个政治局势就不稳定。"④"没有稳定的环境,什么都搞不成,已经取得的成果也会失掉。"⑤

农业生产责任制就是在这一背景下开始实行并在全国范围内逐步建立起来的。在农业生产责任制普遍确立以后,中共中央从1982年开始连续5年发布了5个关于"三农"问题的"一号文件",分别就进一步完善以家庭联产承包为主的责任制、放活农村工商业、疏通农产品流通渠道、取消农产品统购统销、调整农村产业结构、增加农业投入、建立新型城乡关系等作出明确规定,农村"第一次飞跃"所产生的制度效应得到持久释放,部分

---

① 《人民日报》,1957年10月19日。
② 中央文献研究室、国务院发展研究中心:《新时期农业和农村工作重要文献选编》,中央文献出版社,1992年,第6页。
③ 《邓小平文选》第3卷,人民出版社,1993年,第54页。
④ 同③,第237页。
⑤ 同③,第264页。

农村地区则开始"第二次飞跃"的探索,并取得初步成效,积累了丰富的经验。

第一节　以家庭联产承包为主的农业生产责任制的确立

中共十一届三中全会后全面拉开的农村改革大幕,开始时在许多地方完全是广大农民的自发行为,但其在全国的逐步普及、推广,没有邓小平等领导人的大力支持是很难取得成功的。对此,邓小平曾指出:"农村搞家庭联产承包,这个发明权是农民的……我的功劳是把这些新事物概括起来,加以提倡。"[①]中国改革从农村拉开大幕,有其深刻的社会历史原因。"改革从农村开始不是偶然的,是由我国的基本国情和当时农村的困境决定的。"[②]具体来说,就是20多年农村人民公社制度的强制实行,不但没有解决农村的基本问题,反而使问题日积月累,到了不得不改革的地步。

与农村人民公社兴起时的轰轰烈烈、宣传鼓噪、大肆张扬、全面发动,全国一盘棋、一刀切的做法相比,它的消失显得静悄悄,没有给基层农民的生活带来多大的震荡,尽管围绕人民公社基本制度的废除,党内从上到下都发生过激烈的争论。

对农村人民公社体制构成直接威胁的是各种农业生产责任制的推广,特别是包干到户责任制的普遍实行。在人民公社体制存在的20多年间,各地先后采取过不同形式的生产责任制,其中影响最大的要数包产到户,这在20世纪60年代前期曾被作为"单干风",受到过的猛烈批判,其情形已如前述。但就其对人民公社体制冲击的程度而言,包干到户无疑要深刻得多。

包产到户、包干到户都是生产责任制的具体表现形式。尽管二者都姓

---

① 转引自陈继安:《邓小平谈邓小平》,湖北人民出版社,1995年,第346页。

② 《江泽民文选》第2卷,人民出版社,2006年,第208页。

"包",但却存在着明显的差别。包产到户仍以生产队为基本核算单位,农户承包土地后,实行承包产量,以产计工,增产奖励,减产扣工,农户生产的粮食、棉花等农产品,要全部交给生产队,由生产队上缴国家征购任务,留下集体提留,再按各户上缴的产品数量计算出工分,最后按工分实行统一分配,牲畜、家具等主要生产工具仍归集体所有,共同使用。开始时,有的地方称为"几定一奖",如定勤、定地段、定产量、定用工、定费用,超产或节约开支奖励,减产或增加开支受罚。包干到户,又称"大包干"。它以户为基本核算单位,农户按人口或劳力承包集体土地,并同生产队签订合同(也有君子协定的),农户不仅独立完成全部生产过程,而且还必须按合同上缴国家的征购任务,交足集体的提留,剩下全部产品归承包农户所有,除大型农具和公共水利设备外,牲畜、犁、耙等农具固定到农户掌握和使用。这种承包制比包产到户更加责任明确,利益直接,操作简便,克服了包产到户在分配上吃"二锅饭"的弊端。用农民的话就是"交够国家的,留足集体的,剩下全是自己的"。

中国农村最初的生产责任制是从包工到组、包工到户、责任到人、包产到户等开始的,走了一条渐进的道路。之所以如此,主要的考虑是减少改革的阻力。经过数十年"左"倾思潮的束缚,人们对社会主义模式的思想认识已经十分僵化,容不得过分激烈的改革措施,从那些容易取得成效,相对而言也容易打开缺口的领域进行改革,很显然改革所付出的机会成本要少得多。这也是中国改革的大幕首先从农村拉开的原因。另一方面,数十年来农村所蓄积的矛盾十分复杂尖锐,单一公有制的僵化模式和经营管理方式使中国农村面临近乎崩溃和破产的境地,而农业在我国国民经济中的地位又是基础性的,无农不稳,农村面貌不改变,中国的其他事业就无法发展,十一届三中全会后确立的以经济建设为中心的战略方针就不可能获得成功。① 针对这一情况,邓小平在 1992 年春的南方谈话中说:搞农村家庭联产承包,开始的时候只有 1/3 的省干起来,第二年超过 2/3,第三年才差

① 郑有贵:《为什么中国经济体制改革由农村率先进行并首获成功》,《中共党史研究》,1998 年第 5 期;何清涟:《现代化的陷阱——当代中国的经济社会问题》,今日中国出版社,1998年;《邓小平文选》第 3 卷,人民出版社,1993 年,第 117 页。

不多全部跟上,这是就全国范围讲的。开始搞并不踊跃呀,好多人在看。又说,农村搞家庭联产承包,这个发明权是农民的。农村改革中的好多东西,都是基层创造出来,我们把它拿来加工提高作为全国的指导。①

事实确是如此。人民公社体制最先受到冲击和挑战的是在人地矛盾比较尖锐、经济比较落后、以单一农业经济为主要经济构成的安徽、四川等省开始的。此后,贵州、甘肃、内蒙、河南等省区也纷纷搞起了包产到户等多种形式的生产责任制。由于安徽、四川是新时期全国率先推行包产到户的省份,并且取得了很大的成功,因此当时有"要吃米,找万里"、"要吃粮,找紫阳"、"东风万里,紫阳高照"等说法。邓小平后来在回顾这一情况时也曾说过,农村改革"开始的时候,有两个省带头,一个是赵紫阳同志主持的四川省,那是我的家乡;一个是万里同志主持的安徽省……我们就是根据这两个省积累的经验制定了关于改革的方针政策"。② 邓小平还说过:中国的改革是从农村开始的,农村改革是从安徽开始的,万里是立了功的。

但是,包产到户等生产责任制的推行并非没有遇到任何阻力,恰恰相反,阻力之大是难以估量的。毕竟,人们经受"左"倾思想的禁锢长达数十年之久,僵化的社会主义模式是人们唯一见到且已深入人心的模式,任何对这一模式的些微改变都会引起戴"左"视眼镜者的本能反抗、抵制与指责,更不用说会对人民公社体制带来根本否定的包产到户、包干到户了。

支持与反对者之间争论的焦点集中在产量与方向上。包产到户、包干到户能增加产量,这是谁也不能否定的实际情况。以较早实行包干到户的安徽凤阳县小岗生产队为例,仅 1979 年就向国家贡献粮食 65 000 斤,油料 20 000 斤,归还历年积欠的贷款 800 元,并留储备粮 1 000 多斤,公积金 150 多元。全队农副业总收入 47 000 多元,人均 400 多元。这是合作化后 23 年来第一次向国家作贡献。③ 但反对者以它不符合集体经济的发展方向加以否定。他们说:"看产量喜人,看方向愁人。"他们认为,包产到户就

① 《邓小平文选》第 3 卷,人民出版社,1993 年,第 374、382 页。

② 《十二大以来重要文献选编》(下),人民出版社,1988 年,第 1443 页。

③ 张广友:《联产承包责任制的由来与发展》,河南人民出版社,1983 年,第 85-86 页、110-112 页;吴象:《中国农村伟大希望之所在》,经济科学出版社,1984 年,第 29-33、50-51 页。

是分田单干,是资本主义复辟,搞包产到户虽然能增产,但并不表明其具有优越性,而恰恰是集体经济遭到破坏、优越性没有得到充分发挥的结果。这种似是而非的看法,确实难以驳倒。

好在形势的发展对赞成包产到户的人是有利的。一方面,经过十一届三中全会前后的思想解放,以"阶级斗争为纲"的口号已被果断地停止使用,"以经济建设为中心"成了全党工作的出发点;另一方面,以务实著称的邓小平在中央领导层已渐居中心地位。这些情况的出现,注定了支持包产到户的万里、赵紫阳等人是幸运的。

其实,早在万里、赵紫阳等开始赞成包产到户的时候,邓小平就明确表示了支持的意见。1978年底,万里曾向邓小平等汇报说:少数地方搞起了"包产到户"和"联产计酬",是否可以试试? 有什么错误,省委负责。当时邓小平明确表示同意并强调要从实际出发。随后不久,邓小平在出国访问途经四川时,把安徽放宽农业政策的做法告诉了赵紫阳,① 这既是对四川工作的肯定,同时又反应了邓小平本人的态度,从而坚定了赵紫阳在四川进行进一步改革的信心和勇气。

其后,又经过一年多的冷静观察和调查研究,邓小平终于就农村政策问题公开发表意见,明确支持以联产承包责任制为中心内容的农村经济体制改革。1980年5月13日,他就农村改革问题向中央负责人发表了重要讲话,说:"农村政策放宽以后,一些适宜搞包产到户的地方搞了包产到户,效果很好,变化很快。安徽肥西县绝大多数生产队搞了包产到户,增产幅度很大。'凤阳花鼓'中唱的那个凤阳县,绝大多数生产队搞了大包干,也是一年翻身,改变面貌。有的同志担心,这样搞会不会影响集体经济。我看这种担心是不必要的。"他说:"总的说来,现在农村工作中的主要问题还是思想不够解放。""从当地具体条件和群众意愿出发,这一点很重要。"② 关键时刻邓小平的表态,对包产到户的进一步发展起到了难以估量的推动作用。没有这一表态,不仅"双包"不能推广,就连已经搞起来的地

---

① 刘文耀:《伟大的创造:联产承包与撤社建乡——1977—1984年四川农村改革的回顾与思考》,《四川党史》,1998年第6期。

② 《邓小平文选》第2卷,人民出版社,1994年,第315-316页。

方也可能复辟回潮。因此,有的农民在听到这篇谈话后流着眼泪说:"邓大人真是我们的大恩人!"万里后来也说:"中国农村改革,没有邓小平的支持是搞不成的,1980 年春夏之交的斗争,没有邓小平的那一番谈话,安徽燃起的包产到户之火,还可能会被扑灭。光我们给包产到户上了户口管什么用,没有邓小平的支持,上了户口还很有可能会被'注销'的。"① 当然,支持包产到户的远不止邓一个人,胡耀邦、陈云都曾公开表示过支持的态度。"要吃米,找万里"最初就是胡耀邦在 1979 年提出来的。

邓小平讲话后不久,中央有关部门组织实际工作者和理论工作者分赴西北、西南、中南一些省、区农村调查包产到户问题。各省、市、自治区也组织力量进行了大量调查。在此基础上,中共中央于 1980 年 9 月召开了省、市、自治区党委第一书记会议。经过激烈争论,形成了《关于进一步加强和完善农业生产责任制的几个问题》这一文件。文件肯定了十一届三中全会以来农村出现的各种责任制形式,认为凡是有利于鼓励生产者最大限度地关心集体生产,有利于增加生产、增加收入、增加商品的责任制形式,都是好的和可行的,都应加以支持,而不可拘泥于一种模式,搞一刀切。对于包产到户,文件认为,应当区别不同地区、不同社队采取不同的方针:在边远地区和贫困落后地区,长期"吃粮靠返销,生产靠贷款,生活靠救济"的生产队,可以包产到户,并在较长时期内保持稳定;在一般集体经济比较稳定、群众对现行责任制形式比较满意的地方,就不要搞包产到户,已经搞的,可依群众意愿继续实行。文件指出,在社会主义公有制和集体所有制占绝对优势的情况下,生产队领导下实行的包产到户是依存于社会主义经济的,不会脱离社会主义轨道,没有什么复辟资本主义的危险,因而并不可怕。②

此后,尽管人们对包产到户的看法尚未完全一致,但已很难见到对此进行公开责难和组织批判、围攻的现象。1981 年 1 月,国家农委副主任杜润生在随赵紫阳对鄂、豫、鲁三省的 5 个专区考察后,写出了《关于农村经济政策问题的一些意见》,通过生动的事实证明,包产到户激发了农民的生

---

① 张广友:《改革风云中的万里》,人民出版社,1995 年,第 251 页。

② 《农业集体化重要文件汇编》(下),中共中央党校出版社,1981 年,第 1050—1051 页。

产积极性,这是"生产关系一定要适合生产力性质这一法则,在背后起着不可抗拒的作用"。中共中央办公厅在转发这个材料时提出:"当前各地程度不同地存在着'上边放,中间挡,戏到下边没法唱'的问题,希望你们采取有力措施,逐步予以解决。"①这一批示中所包含的倾向性意见,对各地的思想触动很大,同时也给那些顽固阻挠包产到户的领导人以很大的压力,如果在这个问题上再不解放思想,转变认识,就有可能成为改革的绊脚石,要承担相应的政治和领导责任。1981年12月,全国农村工作会议在北京召开。会议形成的《纪要》充分肯定了十一届三中全会以来亿万农民的伟大实践,指出:包括包产到户在内的各种责任制都是社会主义集体经济的生产责任制,不论采取什么形式,只要群众不要求改变,就不要变动。包干到户不是分田单干,"不同于合作社以前的小私有的个体经济,而是社会主义农业经济的组成部分;随着生产力的发展,它将会逐步发展成更为完善的集体经济"。②

至此,包产到户、包干到户等生产责任制终于获得了合法身份,上了姓"社"的户口。到1981年底,全国有近98%的生产队建立了不同形式的农业生产责任制,其中以实行双包的占绝大多数。到1982年,这一比例上升至99%。1984年初又宣布延长土地承包期为15年不变。

1982年的中央一号文件明确肯定包产到户、包干到户的生产责任制属于社会主义性质。1983年的中央一号文件则肯定:"联产承包责任制采取了统一经营与分散经营相结合的原则,使集体优越性和个人积极性同时得到发挥。这一制度的进一步完善和发展,必将使农业社会主义合作化的具体道路更加符合我国的实际。这是在党的领导下我国农民的伟大创造,是马克思主义农业合作化理论在我国实践中的新发展。"③

农业生产责任制的建立与健全,充分发挥了农民家庭的生产功能。原先以"一大二公"为基本特征的农村人民公社此时已不可能通过强制性的

---

① 《三中全会以来重要文献汇编》(下),人民出版社,1982年,第967页。

② 同①,第1064页。

③ 中央文献研究室、国务院发展研究中心:《新时期农业和农村工作重要文献选编》,中央文献出版社,1992年,第165页。

手段迫使农民种植何种作物,集体生产、统一分配的"大呼隆"、"大锅饭"体制亦已不复存在。这些情况说明,农村人民公社领导生产的功能已基本丧失。于是,农村人民公社体制自然地走到了历史的尽头。

早在十一届三中全会上,就有人对农村人民公社"政社合一"的体制弊端提出批评。从1979年8月起,先后在四川广汉、邛崃、新都等县,吉林榆树、怀德、农安县,甘肃古浪县、文县石坊公社,河南栾城县都马公社,浙江黄岩县店头公社,广东开平县金鸡公社,辽宁铁岭县熊官公社,安徽凤阳县寺城公社等进行了改革"政社合一"、"三级所有"体制的试点。有的取消了农村人民公社,建立乡政权,取消大队,建立村政权,将原公社一级经济组织改为农工商联合公司;有的保留农村人民公社的名称,但实行党政分开,建立乡政府;有的对农村人民公社体制不作根本变动,只是在原先的干部中实行严格的分工。

1982年12月,五届人大五次会议通过的新宪法明确规定设立乡、镇一级人民政府,以根本法的形式预告将全面放弃"政社合一"的人民公社体制。1983年1月,中共中央在一号文件中把"政社合一"体制的变革作为一项重大改革措施提了出来,指出:"社政合一的体制要有准备、有步骤地改为政社分设,准备好一批改变一批。"① 10月,中共中央、国务院又专门发出《关于实行政社分开建立乡政府的通知》。② 通知指出:"随着农村经济体制的改革,现行农村政社合一的体制显得很不适应……当前的首要任务是把政社分开,建立乡政府。同时按乡建立乡党委,并根据生产的需要和群众的意愿逐步建立经济组织。要尽快改变党不管党、政不管政和政企不分的状况。""政社分开,建立乡政府的工作要与选举乡人民代表大会代表的工作结合进行,大体上在1984年底以前完成。""乡的规模一般以原有公社的管辖范围为基础,如原有公社范围过大的地方可以适当划小。""村民委员会是基层群众性自治组织,应按村民居住状况设立。村民委员会要积极办理本村的公共事务和公益事业,协助乡人民政府搞好本村的行政工

---

① 《十二大以来重要文献汇编》(上),人民出版社,1986年,第258-259页。

② 中央文献研究室、国务院发展研究中心:《新时期农业和农村工作重要文献选编》,中央文献出版社,1992年,第220-221页。

作和生产建设工作。""各地在建立中可根据当地情况制订村民委员会工作简则,在总结经验的基础上,再制订全国统一的村民委员会组织条例。有些以自然村为单位建立了农业合作社等经济组织的地方,当地群众愿意实行两个机构一套班子,兼行经济组织和村民委员会的职能,也可同意试行。""政社分开,建立乡人民政府是一件大事,各级党委必须加强领导,坚持群众路线,做好宣传工作和思想政治工作,先行试点,逐步展开,保证工作质量。凡是已经进行改革的地方,已定的规模和已设的机构应在实践中总结经验,逐步完善。"

　　到1983年底,12 702个人民公社宣布解散。1984年,又有39 838个人民公社宣布解体。1985年,所余249个人民公社全部解体。[①] 至此,在我国存在了20多年的人民公社体制不复存在,取而代之的是91 138个乡镇政府和94万多个村民委员会。[②] 农村人民公社正式退出了中国的历史舞台。

第二节　乡镇企业的大力发展

　　乡镇企业是指农村集体经济组织或农民投资为主(即投资超过50%,或虽不足50%却能够达到控股和实际支配作用),在乡镇(包括所辖村)举办的承担支援农业义务的各类企业。1987年6月,在会见南斯拉夫领导人时,邓小平说了很长一段话,热情肯定了乡镇企业的重要作用:"农村改革中,我们完全没有预料到的最大的收获,就是乡镇企业发展起来了,突然冒出搞多种行业,搞商品经济,搞各种小型企业,异军突起。这不是我们中央的功绩。乡镇企业每年都是百分之二十几的增长率,持续了几年,一直到现在还是这样。乡镇企业的发展,主要是工业,还包括其他行业,解决了占农村剩余劳动力50%的人的出路问题。农民不往城市跑,而是建设大

---

① 凌志军:《历史不再徘徊》,人民出版社,1997年,第355页。
② 《中国农业年鉴(1986)》,农业出版社,1986年,第151页。

批小型新型乡镇。如果说在这个问题上中央有点功绩的话,就是中央制定的搞活政策是对头的。这个政策取得了这样好的效果,使我们知道我们做了一件非常好的事情。这是我个人没有预料到的。"① 事实正是如此。

发展乡村工业,是缩小城乡和工农差别的重要措施之一。在我国,乡镇企业是由农村人民公社时期的社队企业发展过来的。早在农村人民公社化运动发动之初,毛泽东就曾指出:"我国有一个特点,人口有6亿,如此之多,耕地只16亿亩,如此之少,不采取一些特别方法,国家恐怕搞不好。""中国农村有5亿多农村人口从事农业生产,每年劳动而吃不饱;这是最不合理的现象。美国农业人口只占13%,平均每人有二千斤粮食,我们还没有他们多,农村人口要减少怎么办? 不要涌入城市,就在农村大办工业,使农民就地成为工人。""将来达到一半劳动力搞工业,这样我们的国家就像个样子了。"②

1959年2月在第二次郑州会议上,毛泽东说:目前公社直接有的东西还不多,如社办企业、社办事业,由社支配的公积金、公益金等。虽然如此,我们伟大的、光明灿烂的希望也就在这里。这实际上已赋予农村工业缩小城乡、工农差别,体现社会主义优越性的重要政策目标。农村工业有了迅速发展。当然就社队工业发生发展的内部机理来说,还与我国历史上就是一个有着多层次工业结构的国情有关,③ 这可以说是"路径依赖"的一个明显的现实例证,至少在苏南地区是这样。

从1978年十一届三中全会后至1984年人民公社制度解体,社队工业有了快速、长足的发展,无论是总产值、企业数,还是从业人员所占比重都超过以前任何时期。由于受整个宏观经济"调整、改革、整顿、提高"的影响,社队工业发展速度并不稳定,但在质量上却稳步提高,加上人民公社体制在不断地解体之中,社队工业发展的束缚进一步减轻,能灵活接受价值规律的调控,从而基本适应了社会主义市场经济的要求。

十一届三中全会上中共中央提出的《关于加快农业发展若干问题的决

---

① 《邓小平文选》第3卷,人民出版社,1993年,第238页。
② 郭书田:《毛泽东与中国农业》,新华出版社,1995年,第192页。
③ 段本洛:《苏南历史上多层次的工业结构》,《历史研究》,1988年第5期。

定》(在四中全会上正式通过)指出:"社队企业要有一个大发展,逐步提高社队企业的收入占公社三级经济收入的比重。凡是符合经济合理的原则,宜于农村加工的农副产品,要逐步由社队企业加工。城市工厂要把一部分宜于在农村加工的产品或零部件,有计划地扩散给社队企业经营,支援设备、指导技术。对社队企业的产、供、销要采取各种形式,同各级国民经济计划相衔接,以保障供销渠道能畅通无阻。国家对社队企业,分别不同情况,实行低税或免税政策。"① 1979 年 7 月,国务院颁发了《关于发展社队企业若干问题的规定(暂行草案)》的通知,②这是国家第一次颁发的关于社队企业的完整的重要文件,被称为发展社队企业的"百科全书",对发展社队企业的重大意义、发展方针、经营范围、企业调整和发展规划、资金来源、所有制、城市工业的产品扩散、加强产供销的计划性、各行各业要积极扶持社队企业、价格政策和奖售补贴、税收政策、劳动制度、劳动报酬和劳动保护、利润使用、建立健全经营管理制度、技术更新和技术改造、整顿企业、建立精干的管理机构、加强领导等 18 个方面,都作出了明确的规定,社队企业的发展完全合法化了,进入了一个新的历史时期。1980 年,国务院又先后发布了《关于推动经济联合的暂行规定》,使社队工业通过和国营、大集体企业相互之间的联合把生产技术、产品质量、经营管理等提高到一个新水平,为社队工业的发展开辟了新的领域。同时,还发布《关于开展和保护社会主义竞争的暂行规定》,使社队工业能够在法律的保护下合理合法地和各种经济形式的企业开展有益的竞争,从而使自己的特点和优势得到较充分的发挥。而国营企业,由于其管理体制上的缺陷,暂时在竞争方面还不如社队企业得心应手。这些规定的发布在三个方面为社队企业的发展提供了有利条件:(1) 国营企业在流通领域中事实上的垄断地位被打破了,社队工业可以自己组织公司经理部推销自己的产品,还可以进入城市,委托代销,取得国营商业的支持;(2) 原材料供应放宽了,国营企业超额完成生产任务的生产资料产品可以进入市场;(3) 财政金融方面放宽

---

① 《农业集体化重要文件汇编(1958—1981)》(下),中共中央党校出版社,1981 年,第 996 页。

② 《中国乡镇企业管理百科全书》,农业出版社,1987 年,第 551-555 页。

了,特别是农业银行的重新建立,为社队工业的购销活动提供了很大的资金支持。

到1980年底,全国社队工业的总产值已达506.4亿元,比1978年增长32.2%。20世纪80年代初社队工业的迅猛发展,一方面与党和政府相继出台了有利于社队工业发展的优惠政策有关,也同"文革"结束后人们久被压抑的社会购买力迅速膨胀有关;另一方面还与这一时期国家的经济政策失误、宏观调控不力有关。经济"过热"现象,一方面是宏观决策失误的产物;另一方面又加剧了这一失误的严重后果。中共中央和国务院虽然在1979年9月就作出了对国民经济进行"调整、改革、整顿、提高"的决定,但是因社队工业在很大程度上是纯市场行为,对经济决策的回应不如国营企业那么敏锐。于是,中共中央、国务院于1981年5月颁发了由中央书记处农村政策研究室主持起草的《国务院关于社队企业贯彻国民经济调整方针的若干规定》,提出对社队企业的调整"既要坚决服从全局进行调整,又要尊重社队的自主权,必须采取慎重步骤,做好调查研究,分别情况,发挥它的积极作用,限制消极因素,发展短线,压缩长线,使其健康地发展"。[①]

国家宏观经济的紧缩使社队工业的发展遇到了一些困难。例如,某些定点生产的企业接不到生产任务;某些实行城乡协作的企业联系中断;某些经济合同毁约;相当一部分产品在市场上找不到销路。面对这些问题,一些从事社队工业的领导人由于对经济全局缺乏了解,对微观经济要受宏观经济制约的道理理解不深,在经济生活变动面前思想比较混乱,认为"社队工业的黄金时代已经过去,从此要走下坡路了"。有些人还认为调整就是使没有纳入指令性计划的生产让位于计划内的生产;调整就是要社队工业为大工业让路。流行的说法是,社队工业过去是"乱中取胜",现在要"治中淘汰"。中共中央和国务院作出打击经济领域中的严重犯罪活动的决定后,更有人认为社队工业是不正之风的风源,有些国营企业的门口甚至张贴通告,不接待社队企业人员。有的地方由于过分估计了问题的严重性,强令所有社队企业的供销人员在家交代问题,相当一部分企业不敢派

---

① 《中国农业年鉴(1982)》,农业出版社,1983年,第370页。

出供销人员,正常的业务关系受到冲击,企业濒临倒闭。

在这种情况下,各级社队企业管理部门根据中央指示,强调对社队企业整顿的重点是:以发展生产为中心,改善经营管理,建立合理的生产秩序;主要内容是:要求社队企业进行清产核资、清理债权债务、建立健全资金和物资管理制度,反对乱挖乱用资金,反对贪污、浪费、请客送礼和行贿,反对滥发奖金,纠正不正之风。1982 年农业部召开社队企业整顿工作座谈会,强调社队企业整顿要以提高经济效益为中心,实行 4 个结合:一是整顿与调整结合;二是整顿与企业技术改造结合;三是整顿与企业改革结合;四是整顿与精神文明建设相结合。抓住三个主要矛盾:一是整顿和建设好领导班子;二是建立和完善经济责任制;三是整顿财务管理和健全财会制度。这次会议还对社队企业提出了两项有深远意义的重要改革措施:一是建立健全企业的民主管理制度;二是实行多种形式的经营承包责任制。①

随着人民公社体制的解体,1984 年 3 月,中共中央、国务院以四号文件的形式转发了由农牧渔业部向中央和国务院呈送的《关于开创社队企业新局面的报告》,决定把原社队企业改名为乡镇企业。社队企业作为一个特定历史条件下的产物宣告结束。

对于乡镇企业的大发展,邓小平不仅态度鲜明,充分肯定,而且热情支持。1987 年 3 月,他在会见喀麦隆总统时说:我国 80% 的人口是农民,农民没有积极性,国家就发展不起来。"农民积极性提高,农产品大幅度增加,大量农业劳动力转到新兴的城镇和新兴的中小企业。这恐怕是必由之路。"②9 月,他在同意大利共产党领导人谈话时又说道:"长期以来,我们百分之七十至八十的农村劳动力被束缚在土地上,农村每人平均只有一两亩土地,多数人连温饱都谈不上。一搞改革和开放,一搞承包责任制,经营农业的人就减少了。剩下的人怎么办? 十年的经验证明,只要调动基层和农民的积极性,发展多种经营,发展新型的乡镇企业,这个问题就能解决。乡镇企业容纳了 50% 的农村剩余劳动力。"不仅如此,"乡镇企业反过来对

---

① 《中国农业年鉴(1983)》,农业出版社,1984 年,第 320 页。
② 《邓小平文选》第 3 卷,人民出版社,1993 年,第 213-214 页。

农业又有很大的帮助,促进了农业的发展"。① 邓小平的上述论断,使人们彻底走出了思想认识上的迷津和误区,中国的乡镇企业从此迎来了大发展的春天。

第三节　农业现代化的新思路

邓小平将改革开放以来发生在中国农村的经济体制改革和生产方式上的变革看成是两次"飞跃"。其中"第一次飞跃"就是废除人民公社制度,实行家庭联产承包责任制。而"第一次飞跃"所带来的巨大成效,使邓小平进一步坚定了关于农村改革的基本思路,并且提出了"第二次飞跃"的思想。还在农村改革之初,针对有人认为"包产到户是分田单干,是资本主义",邓小平十分明确地指出:"我们总的方向是发展集体经济。实行包产到户的地方,经济的主体现在也还是生产队。这些地方将来会怎样呢?可以肯定,只要生产发展了,农村的社会分工和商品经济发展了,低水平的集体化就会发展到高水平的集体化,集体经济不巩固的也会巩固起来。"②1990 年 3 月,他再次指出:中国社会主义农业的改革和发展,从长远的观点看,要有两个飞跃。"第二个飞跃,是适应科学种田和生产社会化的需要,发展适度规模经营,发展集体经济。这是又一个很大的前进,当然这是很长的过程。"③

这是因为,以家庭承包经营为标志的"第一次飞跃"的实现,虽然极大地调动了农民的生产积极性,促进了农业生产力的发展,初步改变了农村社会的面貌,但是,"第一次飞跃"并未从根本上完成传统农业向现代农业的转变。对此,邓小平有着清醒的认识。他一直认为:"我国农业现代化,不能照抄西方国家或苏联一类国家的办法,要走出一条在社会主义制度下

---

① 《邓小平文选》第 3 卷,人民出版社,1993 年,第 251—252 页。

② 《邓小平文选》第 2 卷,人民出版社,1994 年,第 315 页。

③ 同①,第 355 页。

合乎中国情况的道路。"①这条道路,既要符合我国的实际情况,又要坚持社会主义制度。对于我国的实际情况,邓小平再清楚不过了,"人口这样多,耕地这样少"。② 因此,农业规模经营不可能搞得很大,必须强调适度,强调集约经营。同时,邓小平没有忘记,我国是社会主义国家,"一个公有制占主体,一个共同富裕,这是我们所必须坚持的社会主义的根本原则"。③

为此,必须站在巩固社会主义制度的高度,强调发展农村集体经济。所以,把发展适度规模经营和发展集体经济结合起来,走集体化、集约化的道路,很自然地成为中国农业现代化的必由之路,成为邓小平所构想的中国社会主义农业改革和发展"第二次飞跃"的基本内容。

在家庭承包经营已普遍实行的基础上,如何推进农业的集体化、集约化? 这是长远规划中国农业改革和发展道路时必须回答的问题。对此,邓小平明确提出:"关键是发展生产力,要在这方面为集体化的进一步发展创造条件。具体说来,要实现以下4个条件:第一,机械化水平提高了(这是说广义的机械化,不限于耕种收割的机械化),在一定程度上实现了适合当地自然条件和经济情况的、受到人们欢迎的机械化。第二,管理水平提高了,积累了经验,有了一批具备相当管理能力的干部。第三,多种经营发展了,并随之而来成立了各种专业组或专业队,从而使农村的商品经济大大发展起来。第四,集体收入增加而且在整个收入中的比重提高了。具备了这4个条件,目前搞包产到户的地方,形式就会有发展变化。"④

很显然,在邓小平的构想中,在"第一次飞跃"的基础上实现"第二次飞跃",由低水平的集体化发展到高水平的集体化,既是一个目标,又是一个发展过程。"(作为目标)农村经济最终还是要实现集体化和集约化……仅靠双手劳动,仅是一家一户的耕作,不向集体化集约化经济发展,

① 《邓小平文选》第2卷,人民出版社,1994年,第362页。
② 同①,第259页。
③ 《邓小平文选》第3卷,人民出版社,1993年,第111页。
④ 同①,第315-316页。

农业现代化的实现是不可能的。就是过一百年二百年，最终还是要走这条路。"① 邓小平很清楚，"（作为发展过程），这种转变不是自上而下的，不是行政命令的，而是生产发展本身必然提出的要求"，②将是一个"很长的过程"。在这个漫长的过程中，必须坚持解放思想、实事求是、因地制宜、分类指导的方针，对于具备条件实现"第二次飞跃"的地方，要积极引导；对于暂不具备条件的地方，也不要急于求成。"现在还是坚持家庭联产承包责任制。在一定的条件下，走集体化集约化的道路是必要的。但是不要勉强，不要一股风。如果农民现在还没有提出这个问题，就不要着急。条件成熟了，农民自愿，也不要去阻碍。"③ 因此，到 20 世纪 90 年代，当十三届八中全会决定"把以家庭联产承包为主的责任制、统分结合的双层经营体制，作为我国乡村集体经济组织的一项基本制度长期稳定下"时，他非常高兴地说："这次十三届八中全会开得好，肯定农村家庭联产承包责任制不变。"④邓小平之所以如此重视农村生产关系的变革，如此强调家庭承包制的稳定，就在于他对生产力标准的准确把握。恰如他一贯认为的："社会主义经济政策对不对，归根到底要看生产力是否发展，人民收入是否增加。这是压倒一切的标准。"⑤

之所以要把实现农业生产的集体化和集约化作为农业发展的"第二次飞跃"，一方面是因为"要提高机械化程度，利用科学技术发展成果，一家一户是做不到的"；⑥ 另一方面是因为，在全国不少农村地区，"农户承包经营以后，集体统一经营层次很薄弱，除了土地以外，集体基本上没有经济收入，有些单靠一家一户办不了、办不好的事，集体也无力去办"，迫切需要"采取因地制宜的办法，在巩固农户承包经营的基础上，逐步建立好集体统一经营的层次，从而为不断提高农户承包经营的水平提供有力的服务和支

---

① 《邓小平年谱(1975—1997)》(下)，中央文献出版社，2004 年，第 1349-1350 页。
② 《邓小平文选》第 3 卷，人民出版社，1993 年，第 316 页。
③ 同①，第 1349 页。
④ 同②，第 371 页。
⑤ 《邓小平文选》第 2 卷，人民出版社，1994 年，第 314 页。
⑥ 同①，第 1350 页。

持"。① 因此,我国农业生产力发展的长远趋势和现实困境,都要求我们在稳定和完善以家庭承包为主的责任制的基础上,积极发展多种形式的适度规模经营和集体经济,为逐步实现"第二次飞跃"进行有益的探索。

为了实现"第二次飞跃",邓小平强调,一定要毫不动摇地继续坚持农业和农村改革的基本政策,并在实践中不断地加以完善和发展。他一再指出:现行的方针政策不会变也不能变。"改变现在的政策,国家要受损失,人民要受损失,人民不会赞成,首先是八亿农民不会赞成。""不但我们这一代不能变,下一代,下几代,都不能变,变不了。"②不变的原因和依据就在于,联产承包责任制具有强大的适应性,在长期稳定这一制度的基础上,可以实现农业生产的持续发展,活跃农村社会经济,为"第二次飞跃"创造条件。

随着农村改革的深化,一些人担心会重新出现两极分化,产生新的资产阶级。对此,邓小平有针对性地提出了应当允许一部分人通过诚实劳动先富裕起来,然后通过先富帮后富,实现共同富裕的思想。他说:"如果导致两极分化,改革就算失败了。"③"我的一贯主张是,让一部分人、一部分地区先富起来,大原则是共同富裕。一部分地区发展快一点,带动大部分地区,这是加速发展、达到共同富裕的捷径。"④但共同富裕不是同步富裕,他坚决反对人民公社时期那种吃大锅饭、搞平均主义的做法。

如同"第一次飞跃"一样,实现农村社会经济发展的"第二次飞跃",也必须充分照顾不同地区的不同条件和特殊情况,切忌一刀切。在20世纪80年代初,当家庭承包责任制在全国迅速推开的时候,邓小平提醒说:"我们在宣传上不要只讲一种方法,要求各地都照着去做。"⑤与此相适应,中央从来也没有把联产承包制作为农村改革的唯一形式绝对化,始终强调:"分户承包的家庭经营只不过是合作经济中的一个层次……凡是群众要求

---

① 《江泽民论有中国特色社会主义(专题摘编)》,中央文献出版社,2002年,第123-124页。
② 《邓小平文选》第3卷,人民出版社,1993年,第83-84页。
③ 同②,第139页。
④ 同②,第166页。
⑤ 《邓小平文选》第2卷,人民出版社,1994年,第316-317页。

实行这种办法的地方,都应当积极支持。当然,群众不要求实行这种办法的,也不可勉强,应当允许多种责任制形式同时并存。"① 20 世纪 90 年代,在谈到农业将来要走集体化、集约化的道路时,邓小平依旧告诫"不要勉强,不要一股风"。可见,在中国农业改革和发展的全过程中,邓小平一直都强调实事求是、因地制宜的原则,用他自己的话说:"中国农村就是根据这样的原则,走自己的路,取得成功的。"②

20 世纪 80 年代中期以来,中国农村已逐步形成了承包制、租赁制、股份制、社区共有制、专业合作制、使用权转让或拍卖等多样化的公有制实现形式,出现了种养大户、村办农场、专业技术协会、股份合作制农业企业、产业化经营等多样化的适度规模经营形式。对于这些已经在不同程度上实现了"第二次飞跃"的先进典型,邓小平主张:"要讲清楚他们是在什么条件下,怎样根据自己的情况搞起来的,不要把他们说得什么都好,什么问题都解决了,更不能要求别的地方不顾自己的条件生搬硬套。"③同时,要及时总结他们在"第一次飞跃"基础上实现"第二次飞跃"的有益尝试,找出规律性的东西来,为探索"第二次飞跃"渐次实现的道路积累实践经验。

为了从根本上彻底解决中国的农业发展问题,邓小平反复强调:"农业的发展一靠政策,二靠科学。"④这就是说,在不断变革和完善农村经济体制、发展农业生产力的同时,必须依靠科学技术振兴农业。在适合我国现有农业发展水平的经济体制确立后,必须长期坚持并不断完善。同时也要看到,政策对于农业发展的贡献虽然是长期的、持续的,并且是起基础性作用的,然而一旦某种相对成熟的制度确立后,靠政策的力量来发展农业,其后劲便会出现不足。在这种情况下,科技进步的推动作用就会凸显出来。正是基于这一考虑,邓小平指出:"将来农业问题的出路,最终要由生物工程来解决,要靠尖端技术。"⑤他说:"提高农作物单产,发展多种经营,改革

---

① 《十二大以来重要文献选编》(上),人民出版社,1986 年,第 256 页。
② 《邓小平文选》第 3 卷,人民出版社,1993 年,第 95 页。
③ 《邓小平文选》第 2 卷,人民出版社,1994 年,第 316—317 页。
④ 同②,第 17 页。参见《邓小平年谱(1975—1997)》(下),中央文献出版社,2004 年,第 838 页。
⑤ 同②,第 275 页。

耕作栽培方法,解决农村能源,保护生态环境等等,都要靠科学。"[1]这是因为,科技进步是无止境的,而任何一次科技方面的重要变革都会促进生产力的飞跃性发展。农业是一种弱质产业,但同时又是最重要的战略性基础产业。在我国工业化过程中,农业作出了重要贡献,因此在基本实现工业化后,农业理所当然地要得到反哺。除了要在产业政策方面对农业生产实行倾斜外,更为重要的就是要在科技投入方面给予保证。

第四节 农村改革的示范效应

中国的农村、农业、农民一直在中国革命和建设中发挥着重要作用。民主革命时期,通过走农村包围城市的道路,中国共产党带领中国人民夺取了全国政权,在这一过程中,农民作出了巨大牺牲。20 世纪 50 年中期,农村社会主义高潮带动了整个社会主义改造高潮的到来,随后中国农民又为中国的工业化建设作出了巨大贡献。20 世纪 70 年代后期启动的中国改革再一次选择了从农村开始,其所积累的经验教训为后来的以城市经济体制改革为中心的全方位改革提供了有力启示。因此,有学者将这三次中国社会变革称为"三次农村包围城市",不能不说是有一定道理的。

要具体了解农村改革对其他各方面改革所起的前沿探路作用,就必须了解农村改革所引发的巨大变化及其所提供的重要启示和积累的丰富经验教训。

首先,农村改革极大地解放了农村生产力,激发了农民的生产积极性,农业产量从 1979 年起连年获得大丰收。1979 年—1984 年,我国农业总产值增长 55.4%,平均每年增长 7.9%,比 1978 年前 26 年平均 2.7%的增长率高出 1.8 倍。其中家庭联产承包责任制对这一时期农业增长的贡献率为 46.89%。在农业总产值高速增长的同时,主要农副产品产量全面提高。1978 年—1984 年,粮食总产量从 30 477 万吨增加到 40 731 万吨,年增长率达 4.95%;棉花产量从 216.7 万吨增加到 625.8 万吨,增长 1.8 倍;

---

① 《邓小平年谱(1975—1997)》(下),中央文献出版社,2004 年,第 882 页。

油料产量由 521.8 万吨增加到 1 191 万吨,增长 1.3 倍;猪牛羊肉由 856.3 万吨增加到 1 540.6 万吨,增长了 80%。在农业生产迅速发展和农副产品大幅度增长的同时,农民收入也快速增长,每年递增 15.1%。[①] 需要指出的是,据林毅夫等人的研究,在 1979 年—1984 年间农副产品的大幅度增长中,实行农业生产责任制的贡献率占 46.89%,起到了明显地主要作用。[②] 这为在城市企业的经济活动中普遍推行责任制提供了依据。

不仅如此,家庭联产承包责任制的推行在带来农村经济发展的同时,还引发了农村社会经济结构的深刻变迁。这种情况正如邓小平在苏州等地区调研时所发现的那样。1983 年春节前夕,邓小平到江浙沪考察工作并进行调研,首站选择在苏州落脚。之所以选择苏州作为这次考察和调研的开篇,是因为 4 个多月前召开的中共十二大确定:到 2000 年实现全国工农业年总产值比 1980 年翻两番,使人民的物质文化生活在总体上达到小康水平。邓小平想知道,像苏州这样经济发展水平一向很高的地区能否顺利实现翻两番的目标? 主要靠什么实现翻两番? 苏州的做法对全国其他地区有何借鉴和参考作用?

在苏州的 3 天时间里,邓小平认真听取了江苏省和苏州市主要领导人的详细汇报,并不断发问:到 2000 年江苏能不能翻两番? 苏州有没有信心,有没有可能? 对此,江苏省和苏州市的负责同志均作了明确的肯定回答。当听到苏州 1982 年的人均工农业总产值已超过 800 美元时,邓小平问道:工农业总产值人均 800 美元,达到这样的水平,社会上是一个什么面貌? 发展前景是什么样子? 省市领导人以苏州农村为例,总结出了 6 个方面的显著变化:第一,人民的吃穿用问题解决了,基本生活有了保障;第二,住房问题解决了,人均达 20 平方米;第三,就业问题解决了,城镇基本上没有待业劳动者;第四,人口不再外流了,农村的人总想往大城市跑的情况已经改变;第五,中小学教育普及了,教育、文化、体育和其他公共福利事业有能力自己安排了;第六,人们的精神面貌、思想观念显著变化,犯罪行为大

① 转引自吴敏先:《中国共产党与中国农民》,东北师范大学出版社,2000 年,第 152 页。
② 林毅夫,等:《制度、技术与中国农业发展》,上海人民出版社,1994 年,第 93—95 页。

大减少。听到这里,邓小平又问:苏州农村的发展采取了什么方法? 走的是什么路子? 得到的答案是主要靠两条:一条是重视知识,吸收了不少上海的退休老工人和科技人员,俗称"星期天工程师",帮助办起了许多工厂;另一条是发展了集体所有制,也就是发展了中小企业,在农村就是大力发展社队工业,而社队工业凭借的是灵活的经营机制、市场经济。邓小平认真而专注地听完省市领导人的汇报后,得出了这样的结论:"市场经济很重要。"①这为日后中国正式确立市场化经济体制改革指明了方向。

其次,中国农村改革走的是一条先易后难的渐进之路,实践证明,这是一条风险小、见效快、起步时阻力少的改革道路,实际上也是邓小平"不争论"思想的具体体现。这种情况正如邓小平指出的那样:"(农村改革)有一些省犹疑徘徊,有的观望了一年才跟上,有的观望了两年才跟上。中央的方针是等待他们,让事实教育他们。"②由此,他得出了这样一个重要结论:"允许看,但要坚决地试。""不争论,大胆地试,大胆地闯。农村改革是如此,城市改革也应如此。"③他还指出:"我们确定的(改革)原则是:胆子要大,步子要稳。所谓胆子要大,就是坚定不移地搞下去;步子要稳,就是发现问题赶快改。"④

农村改革的成功,不仅使邓小平进一步坚定了农村改革的基本方向,巩固并不断完善已被实践证明为行之有效的一系列方针、政策,更为重要的还在于他受到农村改革成功的鼓舞,适时地作出了将改革的重点转向城市经济体制乃至政治体制的战略决策。1984 年 6 月和 10 月,先后召开了全国人大六届二次会议和中共十二届三中全会,作出了将改革的重点由农村转移到城市的重要决定。1985 年 4 月,邓小平在会见坦桑尼亚领导人时说:"农村改革取得成功以后,我们就转到城市。""有农村改革的成功经验作借鉴,加上我们清醒地认识到有风险,可以避免犯大的错误。"⑤同年 6

① 《邓小平文选》第 3 卷,人民出版社,1993 年,第 24-25 页;《邓小平年谱(1975—1997)》(下),中央文献出版社,2004 年,第 886-887 页。

② 《邓小平文选》第 3 卷,人民出版社,1993 年,第 238 页。

③ 同②,第 373-374 页。

④ 同②,第 118 页。

⑤ 同②,第 117-118 页。

月,他在会见阿尔及利亚客人时又说:"改革先从农村开始,农村见了成效,我们才有勇气进行城市的改革。"①同年8月,他在会见津巴布韦领导人时说:"有了农村改革的经验,现在我们转到城市经济改革。"②1987年6月,在会见南斯拉夫领导人时,邓小平再次指出:"农村改革的成功增加了我们的信心,我们把农村改革的经验运用到城市,进行以城市为重点的全面经济体制改革。"③同样,城市经济体制改革也遵循了循序渐进、逐步深入的原则,而不是强制性的一刀切。"开始的时候只有1/3的省干起来,第二年超过2/3,第三年才差不多全部跟上。"④

　　城市经济体制的改革,毫无疑问要比农村改革复杂得多,艰巨得多。"城市改革比农村改革更复杂,而且有风险。""城市改革每走一步,都会影响千家万户。"⑤但是,有了农村改革的经验积累,有可能使城市改革会容易一些。"农村改革的经验使我们相信城市改革能够搞好。"⑥事实正是如此,农村改革的成功不仅使邓小平得出了"市场经济很重要的"结论,而且也为中共十四大正式提出中国经济体制改革的最终目标是确立社会主义市场经济体制的重要论断提供了实践依据。

　　第三,由农村改革所形成的改革氛围,为人们思考和解决城市经济活动中所出现的类似问题提供了有益启示。对城市经济体制改革的思考,从20世纪50年代中期开始就提了出来。1956年9月,陈云在中共八大上提出的"三个主体、三个补充"思想就是试图解决经济活动中国家统得过多、过死而导致经济活动日益丧失活力这一严重弊病的。随后在"大跃进"期间,在发挥地方积极性的口号下,不少企业的经营活动权轻率地下放给了地方和企业本身,引起国民经济的严重混乱。此后,对经济体制改革的探索虽未中断,但成效不大,且每生反复,以致形成了"文革"结束后的那种高度集权、缺乏活力的企业运行机制。要不要对这种经济体制进行改革,

---

① 《邓小平文选》第3卷,人民出版社,1993年,第130页。

② 同①,第138页。

③ 同①,第238-239页。

④ 同①,第374页。

⑤ 同①,第117页。

⑥ 同①,第78页。

争论似乎不大,但一涉及如何具体进行改革,便争论蜂起,阻力重重。

在这种情况下层层推进的农村改革为城市经济体制改革提供了值得效法的榜样,人们的思想和认识也就是在这一过程中不断得到解放和深化的。1979 年 6 月召开的全国人大五届二次会议提出要建立计划调节和市场调节相结合的经济体制,1981 年 6 月中共十一届六中全会提出要大力发展社会主义商品经济,1982 年中共十二大提出了计划经济为主、市场调节为辅的思想。所有这些都为 1984 年 10 月召开的中共十二届三中全会正式作出进行城市经济体制改革的重大战略决定做了充分准备。

因此,完全可以说,在我国改革开放的伟大实践中,农业和农村工作起着排头兵和桥头堡的作用,发挥着前沿探路的功能,农村改革不仅为城市改革积累了重要经验,而且还由此带动和促进整个国民经济的繁荣和活跃,为后续改革打下了扎实基础。对此,江泽民指出:"农村改革取得的重大成功,有力地促进了农村经济和整个国民经济的发展,为城市改革和其他方面改革的顺利进行积累了重要经验。可以肯定地说,没有农村改革的成功和农村经济的繁荣,整个经济体制改革就不可能全面展开,国民生产总值就不可能提前实现翻一番,我们的国家就不可能出现今天这样生机勃勃的局面。改革和发展的实践,充分说明了农业和农村工作在我们国家发展中所处的极端重要的地位。"① 他说:"改革率先从农村突破,进而推动城市和整个经济体制的全面改革,这是中国改革成功的路子。"②

---

① 江泽民:《论社会主义市场经济》,中央文献出版社,2006 年,第 140 页。
② 《江泽民文选》第 2 卷,人民出版社,2006 年,第 208 页。

第五章

农村经济社会体制改革的深化（1992年—2002年）

——以江泽民为核心的中共第三代领导集体的『三农』思想

以江泽民为核心的中共第三代领导集体继续高度重视"三农"问题的解决。

江泽民曾指出:"完全可以这样说,没有农业的牢固基础,就不可能有我们国家的自立;没有农业的积累和支持,就不可能有我国工业的发展;没有农村的稳定和全面进步,就不可能有整个社会的稳定和全面进步;没有农民的小康,就不可能有全国人民的小康;没有农业的现代化,就不可能有整个国民经济的现代化。""因此农业、农村和农民问题,关系着改革开放和社会主义现代化事业的大局,关系着党的执政地位的巩固,关系着国家的长治久安。这不但是个重大的经济问题,同时也是个重大的政治问题。"① 他又说:"农业、农村和农民问题,始终是关系我国革命、建设和改革全局,关系经济繁荣、社会安定、国家富强和人民幸福的重大问题。"②

江泽民指出:"农业是国民经济的基础,农村稳定是整个社会稳定的基础,农民问题始终是我国革命、建设、改革的根本问题。"③ 他还提出,各级领导班子的主要负责人都要把很大精力甚至主要精力"放到农村工作上","都要经常关注和亲自指导农村工作,凡属农村改革和发展的重大问题,都要亲自调查研究,作出决策和部署,并检查落实情况"。班子里的其他成员,"不论分管什么工作,都要关心和研究农村问题,使自己分管的工作更好地为农村发展服务"。要"在指导思想和工作布局上,真正把农业放在经济工作的首位"。④ 具体来说,就是在计划安排上,切实把农业摆在第一位;在资金投放上,首先保证农业的需要;部署工作,首先安排好农村工作;检查经济工作,首先看农业和农村经济搞得如何。

① 《江泽民文选》第1卷,人民出版社,2006年,第258页。
② 《毛泽东邓小平江泽民关于"三农"问题的部分论述》,中国农业出版社,2005年,第7页。
③ 《江泽民论有中国特色社会主义(专题摘编)》,中央文献出版社,2002年,第117页。
④ 同②,第36,38页。

第一节 农村经济体制改革的深化

我国经济体制改革最终确定什么样的目标模式,是关系到整个社会主义现代化建设全局的一个重大问题。这一问题的核心,实际上就是如何正确认识和处理计划与市场的关系。传统观念认为,市场经济是资本主义特有的东西,计划经济则是社会主义的基本特征。十一届三中全会以来,随着改革的深入,中国共产党逐步摆脱了这种传统的僵化认识。

1979 年 11 月底,邓小平在会见美国客人时指出:"说市场经济只存在于资本主义社会,只有资本主义的市场经济,这肯定是不正确的。社会主义为什么不可以搞市场经济。"①

但在实际生活中,市场经济的提法还不容易被广泛接受,而是用市场调节来代替。1981 年 6 月通过的《关于建国以来党的若干历史问题的决议》指出:必须在公有制基础上实行计划经济,同时发挥市场调节的辅助作用。党的十二大对此作了进一步的说明。大会的报告指出:我国在公有制基础上实行计划经济;有计划的生产和流通,是我国国民经济的主体;同时,允许对于部分产品的生产和流通不作计划,由市场来调节。也就是说,根据不同时期的具体情况,由国家统一计划划出一定的范围,由价值规律自发地起调节作用。这一部分是有计划生产和流通的补充,是从属的、次要的,但又是必需的、有益的。正确贯彻计划经济为主、市场调节为辅的原则,是经济体制改革中的一个根本性问题。我们要正确划分指令性计划、指导性计划和市场调节各自的范围和界限,在保持物价基本稳定的前提下有步骤地改革价格体系和价格管理办法,改革劳动制度和工资制度,建立起符合我国情况的经济管理体制,以保证国民经济的健康发展。

这以后,虽然社会主义商品经济理论一度受到压制,但我国经济体制

---

① 《邓小平文选》第 2 卷,人民出版社,1994 年,第 236 页。

改革的实践却从农村扩展到了城市,尤其是日益壮大的城乡公有经济的蓬勃发展,在客观上推动了认识的转变。

1984年5月,国务院发布《关于进一步扩大国营工业企业自主权的暂行规定》(即"扩权十条"),由此促使人们认识到整个经济体制改革的必要性。同年9月,国务院总理赵紫阳给政治局其他常委写信,提出"计划第一,价值规律第二,这个表述不确切,今后不宜使用";"社会主义经济是以公有制为基础的有计划的商品经济。计划要通过价值规律来实现,要运用价值规律为计划服务"。

在此基础上,1984年10月,党的十二届三中全会通过的《中共中央关于经济体制改革的决定》,明确提出社会主义经济是有计划的商品经济,从而确立了社会主义有计划商品经济理论。这一《决定》由于说了许多老祖宗没有说的话,在当时被称作中国版的政治经济学"初稿"。《决定》的公布加快了改革开放的步伐。在农村改革逐步深入的同时,城市经济体制改革全面展开,价格改革以转换机制为重点,从以调为主,转向以放为主。市场调节的范围进一步扩大了,人们的认识也随之有了发展。

1985年10月,邓小平在同外宾谈话时说:"社会主义和市场经济之间不存在根本矛盾。问题是用什么方法才能更有力地发展社会生产力。我们过去一直搞计划经济,但多年的实践证明,在某种意义上说,只搞计划经济会束缚生产力的发展。把计划经济和市场经济结合起来,就更能解放生产力,加速经济发展。""社会主义优越性最终体现在生产力能够更好地发展上。多年的经验表明,要发展生产力,靠过去的经济体制不能解决问题。现在看得很清楚。实行对外开放政策,搞计划经济和市场经济相结合,进行一系列的体制改革,这个路子是对的。"①1987年2月,邓小平在同中央几位负责同志的谈话时又说:"为什么一谈市场就说是资本主义,只有计划才是社会主义呢?计划和市场都是方法嘛。只要对发展生产力有好处,就可以利用。它为社会主义服务,就是社会主义的;为资本主义服务,就是资

---

① 《邓小平文选》第3卷,人民出版社,1993年,第148-149页。

本主义的。"他还提出,现在不要再讲"计划经济为主"了。①

在这样的认识基础上,党的十三大报告指出,社会主义有计划商品经济体制,应该是计划与市场内在统一的体制。必须认识到,社会主义商品经济和资本主义商品经济在所有制性质上有着本质的区别。必须把计划工作建立在商品交换和价值规律的基础上,以指令性计划为主的直接管理方式,不能适应社会主义商品经济发展的要求,应当逐步缩小指令性计划的范围。国家对企业的管理应逐步转向以间接管理为主。计划和市场的作用范围都是覆盖全社会的。新的经济运行机制,总体上应当是"国家调节市场,市场引导企业"的机制。国家运用经济手段、法律手段和必要的行政手段,调节市场供求关系,创造适宜的经济和社会环境,以此引导企业正确地进行经营决策。

从20世纪80年代后期起,由于受国内政治风波以及国际上一系列社会主义国家相继被"和平演变"的影响,理论界有人把经济以及政治、社会生活中出现的一些问题归咎于改革的政治方向有问题,认为不该选择市场取向,不能削弱计划经济,甚至有人把市场经济同"和平演变"联系起来,说搞市场经济就是资产阶级自由化在经济领域中的表现,市场取向就等于资本主义取向,市场经济就等于资本主义。

对此,邓小平在一系列讲话中明确指出:社会主义不等于计划经济,市场经济不等于资本主义,计划和市场都是手段。他强调:"我们要继续坚持计划经济与市场调节相结合……绝不能重复回到过去那样,把经济搞得死死的。"② 他又说:"我们必须从理论上搞懂,资本主义与社会主义的区别不在于是计划还是市场这样的问题。社会主义也有市场经济,资本主义也有计划控制。""不要以为搞点市场经济就是资本主义道路,没有那么回事。计划和市场都得要。不搞市场,连世界上的信息都不知道,是自甘落后。"1991年初,他在上海视察时又说:"不要以为,一说计划经济就是社会主义,一说市场经济就是资本主义,不是那么回事,两者都是手段,市场也可

---

① 《邓小平文选》第3卷,人民出版社,1993年,第203页。
② 同①,第306-307页。

以为社会主义服务。"①在南方谈话中,邓小平对计划和市场关系的认识又向前发展了一步。他指出:计划多一点还是市场多一点,不是社会主义与资本主义的本质区别。计划经济不等于社会主义,资本主义也有计划;市场经济不等于资本主义,社会主义也有市场。②

邓小平的这些论断,极大地启发了人们的思想。1992 年 2 月,江泽民在主持召开党的十四大报告起草座谈会上指出:十四大报告要以邓小平南方谈话为指导,研究回答中国经济体制改革的目标是什么的问题。6 月 9 日,江泽民来到中共中央党校,在对省部级干部学员的讲话中表示:他个人比较倾向于用"社会主义市场经济"的提法。他认为,社会主义市场经济,也就是有计划的市场经济。因为社会主义一开始就是有计划的,因此,不会因为在提法中没有"有计划"三个字,就发生是不是取消了计划性的疑问。③

根据上述认识,江泽民在中共十四大上代表中共十三届中央委员会所作的《加快改革开放和现代化建设步伐,夺取有中国特色社会主义事业的更大胜利》报告中,正式提出了建立社会主义市场经济体制的目标与要求。报告指出:改革开放十多年来,市场经济逐步扩大,大多数商品的价格已经放开,计划直接管理的领域显著缩小,市场对经济活动调节的作用大大增强。实践表明,市场作用发挥比较充分的地方,经济活力就比较强,发展态势也比较好。我国经济要优化结构,提高效益,加快发展,参与国际竞争,就必须继续强化市场机制的作用。实践的发展和认识的深化,要求我们明确提出,我国经济体制改革的目标是建立社会主义市场经济体制,以利于解放和发展生产力。

报告指出,我们要建立的社会主义市场经济体制,就是要使市场在社会主义国家宏观调控下对资源配置起基础性作用,使经济活动遵循价值规律的要求,适应供求关系的变化;通过价格杠杆和竞争机制的功能,把资源配置到效益好的环节中去,并给企业以压力和动力,实现优胜劣汰;运用市

---

① 《邓小平文选》第 3 卷,人民出版社,1993 年,第 364、367 页。
② 同①,第 372 页。
③ 汤应武:《抉择——1978 年以来的中国改革的历程》,经济日报出版社,1998 年,第 457 页。

场对各种经济信号反应比较灵敏的优点,促进生产和需求的及时协调。同时也要看到市场有其自身的弱点和消极方面,必须加强和改善国家对经济的宏观调控。在这些方面,社会主义市场经济和资本主义市场经济并没有本质区别,真正的区别在于,社会主义市场经济体制是同社会主义基本制度结合在一起的。例如在所有制结构上以公有制为主体,在分配制度上以按劳分配为主体,在宏观调控上可以更好地发挥计划和市场两种手段的长处等,就是社会主义市场经济所独有的。

十四大通过的决议则指出,建立社会主义市场经济体制,涉及经济基础和上层建筑的许多领域,要有一系列相应的体制改革和政策调整,必须抓紧制定总体规划,有计划、有步骤。根据这一要求,十四大以后,中共中央组织力量进行深入调查研究,总结改革开放的实践经验,借鉴国外的成功做法,完成了关于社会主义市场经济体制的具体化、系统化的研究工作。1993年11月,中共十四届三中全会通过了《中共中央关于建立社会主义市场经济体制若干问题的决定》(简称《决定》),勾画了社会主义市场经济体制的基本框架,并对有关的重大问题作出了明确的原则性规定。

《决定》指出,要实现在20世纪末初步建立社会主义市场经济体制的目标,就必须坚持以公有制为主体、多种经济成分共同发展的方针,进一步转换国有企业经营机制,建立适应市场经济要求,产权清晰、权责明确、政企分开、管理科学的现代企业制度;建立全国统一开放的市场体系,实现城乡市场紧密结合,国内市场与国际市场相互衔接,促进国民经济的健康运行;转变政府管理经济的职能,建立以间接手段为主的完善的宏观调控体系,保证国民经济健康运行;建立以按劳分配为主体,效率优先、兼顾公平的收入分配制度,鼓励一部分地区、一部分人先富起来,走共同富裕的道路;建立多层次的社会保障制度,为城乡居民提供同我国国情相适应的社会保障,促进经济发展和社会稳定。《决定》特别强调,建立社会主义市场经济体制,必须继续深化包括农村经济体制在内的经济体制改革。

这以后,在中共中央和国务院的统一部署和领导下,按照建立社会主义市场经济体制的要求,先后对经济活动中的一系列政策作了修改、补充和完善。2001年12月,中国又正式加入了世界贸易组织,成为这一组织的第 143 个成员。

在这种情况下,农业生产如何适应社会主义市场经济发展的要求、成功应对世界市场的挑战,是一个前人从未遇到过的难题。同时,由于长期以来我国一直是一个人口众多的农业大国,因此农业始终是一种基础性战略产业;但由于农业生产技术落后,农产品商品化程度不高,农民的商品意识淡薄,农业的比较效益较低,农业又是一种弱质产业。因此,在市场经济条件下,农业所承受的挑战和压力之大是可以想象的。但是,改革没有也不可能走回头路,农业只能主动适应建立社会主义市场经济体制的要求,接受世界市场的挑战。对此,以江泽民为核心的中共第三代领导集体作了认真准备和精心部署,先后作了一系列重大战略决定,强调要加快转变农业的生产经营方式和种植结构。

1993 年 11 月,中共中央、国务院发出《关于当前农业和农村经济发展的若干政策措施》,提出在原定耕地承包期(15 年)到期后,再延长 30 年不变。开垦荒地、营造林地、治沙等从事开发性生产的,承包期可以更长,同时在承包期内提倡"增人不增地,减人不减地"的办法,力求土地承包关系的长期稳定。1998 年 9 月,江泽民在安徽考察工作时又提出:"稳定家庭承包经营,核心是要稳定土地承包关系。土地是农业最基本的生产资料,也是农民最可靠的社会保障。长期稳定农村土地承包关系,既是发展农业生产力的客观要求,也是稳定农村社会的一项带根本性的措施。中央的土地承包政策是非常明确的,就是承包期再延长 30 年不变。而且 30 年也可以也没有必要再变。"①

在此基础上,中共十五届三中全会于 1998 年 10 月作出了《关于农业和农村工作若干重大问题的决定》(以下简称《决定》),对建立适应社会主义市场经济体制的农业生产经营体制作了详细规定。

首先,要继续坚持并不断完善以家庭联产承包为主的经营责任制,这是"中国特色社会主义农业"的主要内容。对此,江泽民指出,20 多年来我国农村在体制改革方面主要取得了以下成效:(1) 突破了高度集中的人民

---

① 江泽民:《论社会主义市场经济》,中央文献出版社,2006 年,第 402-403 页。

公社体制,实行以家庭联产承包为基础、统分结合的双层经营体制;(2)突破了"以粮为纲"的单一结构,发展多种经营和乡镇企业,全面活跃农村经济;(3)突破了统购统销制度,面向市场,搞活农产品流通;(4)突破了单一集体经济的所有制结构,形成了以公有制为主体、多种所有制经济共同发展的格局。通过改革,农村社会的基本面貌发生了翻天覆地的变化:一是农业综合生产能力大幅度提高,结束了主要农产品长期短缺的历史;二是农村产业结构和劳动力就业结构有了重大调整,乡镇企业异军突起,农村开始了史无前例的工业化进程;三是农民生活显著改善,全国农村从总体上进入了由温饱向小康迈进的阶段;四是在农村经济快速发展的基础上,农村各项社会事业也取得了明显的进步,农民的思想观念和精神面貌发生了积极的变化。总结新中国成立以来我国农业发展的经验教训,就是必须按照生产关系的变革一定要适合生产力发展水平的要求,确立适合我国现有生产力水平的农业生产经营方式。江泽民总结十一届三中全会以来农村改革的基本经验,主要有4条:(1)必须把调动农民的积极性作为制定农村政策的首要出发点;(2)必须尊重农民的首创精神;(3)必须大胆探索农村公有制的有效实现形式;(4)必须坚持农村改革的市场取向。他指出:"家庭经营再加上社会化服务,能够容纳不同水平的农业生产力,既适应传统农业,也适应现代农业,具有广泛的适应性和旺盛的生命力,不存在生产力水平提高以后就要改变家庭经营的问题。"他说:"一条是不搞土地私有,一条是不改变家庭承包经营,这就是有中国特色社会主义的农业。"①

江泽民还指出,要实现农村社会经济的持续、快速发展,就必须保持农村基本政策的长期稳定,在巩固已有改革成果的基础上,加以不断完善和创新。江泽民一再指出:"十一届三中全会以来党在农村的基本政策不会变,农村承包制政策不能变。"②"稳定和完善以家庭联产承包为主的责任制和统分结合的双层经营体制,是党在农村的基本政策,必须长期坚

---

① 《江泽民文选》第2卷,人民出版社,2006年,第212-213页。
② 杜润生:《中国农村改革决策纪事》,中央文献出版社,1999年,第193页。

持。"①"所谓完善,核心是从当地实际情况出发,逐步健全统分结合的双层经营体制,把集体经济的优越性和农民家庭经营的积极性都发挥出来。"②其中最主要的是要处理好统和分的关系。只要作为"统"的集体经营和作为"分"的家庭经营这"两个层次都健康发展了,干群关系就会更加密切,党在农村的凝聚力和基层政权就会得到加强"。"完善双层经营体制,发展社会化服务体系,都离不开集体经济实力的增强。"③江泽民指出,一定要认识到"把集体的土地承包到户,实行双层经营,本身就是农村集体经济最有效的实现形式";"如果把家庭承包经营这个基础动摇了,集体经济就失去了根基";"壮大集体经济实力,要探索新的形式和路子,再也不能搞那种剥夺农民利益、归大堆的所谓集体经济了。少数确实具备条件的地方,可以在提高农业集约化程度的基础上,发展多种形式的土地适度规模经营,但也要群众自愿"。④

据此,《决定》指出,要坚持长期稳定以家庭承包经营为基础、统分结合的双层经营体制。实行家庭承包经营,符合生产关系要适应生产力发展要求的规律,使农户获得充分的经营自主权,能够极大地调动农民的积极性,解放和发展农村生产力;符合农业生产自身的特点,可以使农户根据市场、气候、环境和农作物生长情况及时作出决策,保证生产顺利进行,也有利于农户自主安排剩余劳动力和剩余劳动时间,增加收入。这种经营方式,不仅适应以手工劳动为主的传统农业,也能适应采用先进科学技术和生产手段的现代农业,具有广泛的适应性和旺盛的生命力,必须长期坚持。家庭承包经营是集体经济组织内部的一个经营层次,是双层经营体制的基础,不能把它与集体统一经营割裂开来、对立起来,不能认为只有统一经营才是集体经济。要切实保障农户的土地承包权、生产自主权和经营收益权,使之成为独立的市场主体。农村集体经济组织要管理好集体资产,协调好利益关系,组织好生产服务和集体资源开发,壮大经济实力,特别要增

---

① 江泽民:《论社会主义市场经济》,中央文献出版社,2006年,第303页。
② 《江泽民论有中国特色社会主义(专题摘编)》,中央文献出版社,2002年,第121页。
③ 同②,第123页。
④ 同①,第403页。

强服务功能,解决一家一户难以解决的困难。

《决定》还指出,稳定完善双层经营体制,关键是稳定完善土地承包关系。土地是农业最基本的生产要素,又是农民最基本的生活保障。只有稳定土地承包关系,才能引导农民珍惜土地,增加投入,培肥地力,逐步提高产出率;才能解除农民的后顾之忧,保持农村稳定。这是党的农村政策的基石,决不能动摇。要坚定不移地贯彻土地承包期再延长30年的政策,同时要抓紧制定确保农村土地承包关系长期稳定的法律法规,赋予农民长期而有保障的土地使用权。对于违背政策缩短土地承包期、收回承包地、多留机动地、提高承包费等错误做法,必须坚决纠正。土地使用权的合理流转,要坚持自愿、有偿的原则依法进行,不得以任何理由强制农户转让。少数确实具备条件的地方,可以在提高农业集约化程度和群众自愿的基础上,发展多种形式的土地适度规模经营。

其次,要逐步建立与社会主义市场经济体制相适应的农业生产经营体系,按照市场化方向对原有农业生产经营方式进行改革。

江泽民指出:"发展农村社会主义市场经济,总的讲,必须坚持以市场为导向,充分利用农村人力、土地和各种资源,农、林、牧、副、渔全面发展,第一、二、三产业综合经营,科、贸、工、农相结合,以星罗棋布的新型集镇为依托,形成一个大农业、大流通、大市场的新格局,从而提高农业的整体经济效益和综合生产能力,走出一条建设有中国特色的社会主义新农村的路子。"① 在1993年10月召开的中央农村工作会议上,他又指出,深化农村改革"应以培育市场主体、健全市场体系、加强宏观指导和对农业的保护为主要内容,加快建立适应社会主义市场经济要求的农村经济运行机制和管理体制"。② 随着实践的深入,1998年9月,江泽民在安徽考察工作时进一步明确提出了我国农村下一步改革的基本方向。他指出:深化农村改革,首先必须长期稳定以家庭承包经营为基础的双层经营体制;其总的目标是建立以家庭承包经营为基础,以农业社会化服务体系、农产品市场体系和

① 《江泽民论有中国特色社会主义(专题摘编)》,中央文献出版社,2002年,第128页。
② 江泽民:《论社会主义市场经济》,中央文献出版社,2006年,第145页。

国家对农业的支持保护体系为支撑,适应发展社会主义市场经济要求的农村经济体制。具体是做好以下6个方面的工作:一是进一步完善农村所有制结构;二是在稳定、完善双层经营体制的基础上,促进农村土地、资金、技术、劳动力等生产要素合理流动和优化组合,发展多种形式的联合和合作;三是支持农民发展各类专业服务组织,同时转变政府农业经济、技术部门的职能,建立国家、集体和农民及其合作组织相结合的农业社会化服务体系;四是深化农产品流通体制改革,逐步形成国家宏观调控下主要由市场形成价格的新机制,建立统一、开放、竞争、有序的农产品市场体系;五是改革农村投融资体制,增加对农业的投入,完善粮食储备调节、风险基金和保护价收购制度,建立农业保险制度,加快国家对农业的支持和保护体系建设;六是改革和规范农村税费制度,探索减轻农民负担的治本之策。①

按照江泽民提出的"公有制实现形式可以而且应当多样化"②的思想,《关于农业和农村工作若干重大问题的决定》提出要"探索和完善农村公有制的有效实现形式"。"必须发展公有制为主体的多种所有制经济,探索和完善农村公有制的有效实现形式,使生产关系适应生产力发展要求。实行土地集体所有、家庭承包经营,使用权同所有权分离,建立统分结合的双层经营体制,理顺了农村最基本的生产关系。这是能够极大促进生产力发展的农村集体所有制的有效实现形式。"同时,必须坚持以市场为取向的改革,为农村经济注入新的活力。确立农户自主经营的市场主体地位,鼓励农民面向市场发展商品生产,进入流通领域。改革农产品流通体制,主要由市场形成价格,在国家宏观调控下发挥市场对资源配置的基础性作用。加强和改善国家对粮食这一特殊商品的宏观调控,保护农民积极性,保证供给和价格基本稳定。农村经济转入社会主义市场经济的轨道,在这个新的条件下把农民的积极性引导到更高的阶段,对于实现农业的专业化、市场化、现代化具有全局性意义。

《决定》指出,农村出现的产业化经营,不受部门、地区和所有制的限

---

① 《江泽民文选》第2卷,人民出版社,2006年,第214页。
② 同①,第20页。

制,把农产品的生产、加工、销售等环节连成一体,形成有机结合、相互促进的组织形式和经营机制。这样做,不动摇家庭经营的基础,不侵犯农民的财产权益,能够有效解决千家万户的农民进入市场、运用现代科技和扩大经营规模等问题,提高农业经济效益和市场化程度,是我国农业逐步走向现代化的现实途径之一。发展农业产业化经营,关键是培育具有市场开拓能力、能进行农产品深度加工、为农民提供服务和带动农户发展商品生产的"龙头企业"。要引导"龙头企业"同农民形成合理的利益关系,让农民得到实惠,实现共同发展。要充分利用现有的农产品加工、销售企业,不要盲目上新项目,避免重复建设。

《决定》还指出,要从农村经济现状和发展要求出发,继续完善所有制结构。在积极发展公有制经济的同时,采取灵活有效的政策措施,鼓励和引导农村个体、私营等非公有制经济有更大的发展。适应生产和市场需要,发展跨所有制、跨地区的多种形式的联合和合作。供销合作社、信用合作社要继续深化改革,更好地为农业、农民服务。农民采用多种多样的股份合作制形式兴办经济实体,是改革中的新事物,要积极扶持,正确引导,逐步完善。以农民的劳动联合和农民的资本联合为主的集体经济,更应鼓励发展。

《决定》还对深化农产品流通体制改革、完善农产品市场体系作了规定,指出:进一步搞活农产品流通,尽快形成开放、统一、竞争、有序的农产品市场体系,为农民提供良好的市场环境,是农业和农村经济持续稳定发展的迫切需要。要根据各类农产品的不同特点和供求状况,采取相应的方式和步骤,改革农产品流通体制。要加强农村商业网点建设,改革农业生产资料流通体制,积极开拓农村市场。同时,要引导农村资金、技术、劳动力等要素市场规范发展。

第三,改革乡镇企业的运营机制。1993 年 11 月,中共中央在《关于建立社会主义市场经济体制若干问题的决定》中指出:"乡镇企业是农村经济的重要支柱。要完善承包经营责任制,发展股份合作制,进行产权制度和经营方式的创新,进一步增强乡镇企业的活力。在明晰产权的基础上,促进生产要素跨社区流动和组合,形成更合理的企业布局。"1997 年 3 月,中共中央、国务院批转了农业部《关于我国乡镇企业情况和今后改革与发展意见的报告》,明确经济体制改革和经济增长方式的转变、努力提高经济运行的质量和效益,是乡镇企业今后发展的方向,要求乡镇企业发展要采取多种形式深化企业改革,明晰产权关系,确保乡镇企业资产特别是集体资产保值增值,完善经营机制,提高企业的经济效益和竞争能力。1998 年4 月,江泽民在江苏考察乡镇企业时指出:"在我们这样一个农村人口占大多数的国家搞现代化,发展乡镇企业是一项重大战略,是一个长期的根本方针,各级领导同志对此一定要有战略眼光……发展乡镇企业是实现农业现代化、实现农村小康的必由之路……要根据市场需要、国家产业政策和当地资源优势,调整优化产业结构,尤其要大力发展农副产品加工业、贸工农一体化的龙头企业,把乡镇企业发展与推进农业产业化经营结合起来。"①

在此基础上,中共十五届三中全会通过的《关于农业和农村工作若干重大问题的决定》提出,乡镇企业是推动国民经济新高涨的一支重要力量,在技术进步、产品更新换代和开拓国内外市场等方面蕴藏着巨大的潜力。当前乡镇企业正处于结构调整和体制创新的重要时期,各级党委和政府要站在全局和战略的高度,对乡镇企业积极扶持,合理规划,分类指导,依法管理。乡镇企业要适应农业产业化经营的需要,着重发展农副产品加工业和储藏、保鲜、运销业。要结合整个工业结构调整,加强技术改造和企业管理,提高产品质量,增强竞争能力。东部地区的乡镇企业要注重提高科技含量,发展高附加值产品和外向型经济。中西部地区重点发展劳动密集型和资源加工型产业,同时要尽量应用新技术,提高质量和效益。积极推进乡镇企业改革,放手让群众从实际出发,探索和选择企业的经营方式和组织形式,增强企业活力,调动投资者、经营者和劳动者的积极性,确保集体资产保值增值。严禁逃废对金融机构的债务。

经过多年探索,乡镇企业产权制度改革取得突破性进展,由原先产权不明的集体所有制占主要形式逐步转变为个体、私营、合作经营和股份制

---

① 《江总书记视察农村》,中国农业出版社,1998 年,第 244 页。

企业等多种形式。到 1998 年,全国 2 003.94 万个乡镇企业中,个体企业占 83.6%,私营企业占 11.1%。两者合计为 1 897.35 万个,占 94.7%。在 22 186.4 亿元乡镇企业增加值中,个体企业占 33.2%,私营企业占 21.8%,两者合计为 12 215.1 亿元,占 55%。[①]

以苏州地区为例,1993 年 8 月,苏州市委、市政府作出全面推进乡镇企业改革的决策,要求全面转变经营机制,着重推进企业所有制结构和组织结构变革。全市乡镇企业按照"因厂制宜"方针,在随后的两年中,主要推行 4 种形式的改制转制。一是实行多种形式的股份合作制。共有 1 800 多家企业分别实行了增量折股型、存量转换型、公私合股型、个体合伙型的股份合作制,其中还组建了 133 家规范化的股份有限责任公司。二是由原经营者实行风险抵押承包。推行企业 1 700 多家,收取抵押金超亿元。三是对集体退出的企业进行租赁和拍卖。其中实行租赁经营的 4 000 多家,拍卖近千家。四是以集体控股的骨干企业为龙头组织企业集团。共组建 300 多个,其中省级集团占一半,并有 56 家被农业部认定为全国乡镇企业集团。1995 年 5 月,江泽民在苏州考察期间前往吴江参观考察了永鼎集团、鹰翔集团,对苏州以市场为取向、做大做强乡镇企业的做法给予充分肯定。经过两年的全面转制,全市乡镇企业的所有制结构和实现形式发生重大变化,促进了乡镇工业优化发展。

从 1995 年 10 月起,中共苏州市委、苏州市政府制定《关于深化乡镇企业改革的意见》,要求各地积极推行产权制度改革,探索集体经济的最佳实现形式,扶持民营经济加快发展,全面构建苏州乡镇工业的新机制新体制。1996 年 8 月,苏州市委、市政府从市县两级机关中抽调 400 名干部,分赴全市 160 多个乡镇,调研并指导乡镇企业改革工作。农村各级党政主要领导亲自抓乡镇企业改革,全市各部门大力支持乡镇企业改革,很快形成了浓厚的改革氛围。各地坚持"分类指导、积极稳妥、先易后难、从小到大、逐步推进"的原则,对处于不同发展阶段、不同生产力水平的企业,采用不同的

①　武力、郑有贵:《解决"三农"问题之路——中国共产党"三农"思想政策史》,中国经济出版社,2004 年,第 672 页。

企业组织形式和所有制形式来推进改革,整个改制工作面广、量大,但进行得有序规范。各级各部门严格把好资产评估、产权界定、招标竞争、证照变更、审查验收等 5 个关键环节,实行透明、规范操作。全市共对近万家乡镇、村集体企业进行了资产评估,对拍卖或转让集体存量资产的企业都实行招标竞价拍卖,保障集体资产不流失。当年底,占全市乡镇企业 80% 左右的中小企业全部推行了产权制度改革。从 1997 年起,苏州市及时组织对已经改制企业开展"回头看",以进一步规范和完善改制行为,同时部署实施大中型乡镇企业的产权制度改革。截至年底,全市乡镇企业实施改制的已占 92%。在经历了两年改革"阵痛"后,从 1998 年起,苏州乡镇工业主要经济指标全面回升。1999 年上半年,工商部门对所有改制企业按新组建企业的性质重新变更工商登记。2000 年 6 月,市委、市政府作出国有(集体)资本从一般性竞争领域和中小企业全面退出的决策,同时在全市乡镇企业中部署开展"二次改革",重点是将近千家集体控股或参股比重较大的股份合作制企业进一步改制为股份有限公司或有限责任公司,将租赁型企业全部改制为股份制企业或直接进行出售。至 2001 年底,历时 6 年的乡镇企业产权制度改革工作基本结束。据统计,全市先后共有 15 718 家企业实施改制,其中组建股份有限公司 18 家、有限责任公司 1 667 家、股份合作制企业 3 486 家,拍卖转让企业 4 687 家,摘集体帽子还其私营面目企业 3 997 家,改组为混合所有制型企业 1 745 家,实施兼并企业 390 家、破产企业 114 家、关停企业 60 家;尚未改制企业仅剩 205 家,比重不足 1%。①

经过全面改制,苏州乡镇企业一改几十年的集体投资、集体经营占主导地位的模式,形成了投资主体多元化、集体资产实现形式多样化、企业组织形式多层化的崭新格局。从所有制结构看,改制结束时全市乡镇企业 440 亿元实收资本中,乡(镇)、村两级集体资本金占比已下降至 47.4%,个人和社会法人占 33%,外商占 19.6%。从集体资产收益结构看,改制后全市乡(镇)、村两级所拥有的 173 亿元集体净资产,52% 作为集体股权投入

---

① 苏州市经济贸易委员会,等:《苏州乡镇工业》,中共党史出版社,2008 年,第 13 页。

企业,取得投资分红收益,34%以资产租赁形式从企业获取出租收入,其余14%则作为企业之外的其他领域直接经营、投资入股、出租而取得收益,①从而创新了集体经济的发展方式,丰富了集体经济的内涵,也极大地促进了农村工业领域民营经济的发展。

以家庭联产承包为主的责任制和统分结合的双层经营体制的确立,农产品流通体制改革的深化、农产品市场体系的完善和乡镇企业产权制度的改革,标志着社会主义市场经济体制在中国农村地区初步建立。

第二节 农业、农村工作战略地位的始终坚持

在我国这样的人口大国中,农业会在很长时间内一直处于基础性的战略地位。在新的时代条件下,农业的基础性地位主要表现在:农业生产满足了全社会对农产品的基本需求,农村的稳定为国民经济的顺利发展提供了有利的社会环境,富余的农村劳动力为工业化提供了充足的产业后备军,农村市场是工业品的理想销售场所,农业积累曾经为工业化建设提供了必备的资金积累。在新的历史时期,农业在我国的经济社会发展中仍占有重要的基础性战略地位。

江泽民始终高度重视农业生产和农村工作在我国国民经济中的基础性战略地位。他反复强调:"在加快改革开放和经济发展的形势下,农业的基础地位不能削弱,要作为最根本的产业,优先安排发展。"②这是因为:"在我们这样一个人口众多、底子又薄的大国里,农业问题、粮食问题,始终是国计民生第一位的大问题。农业始终是战略产业,粮食始终是战略物资,必须抓得很紧,任何时候都松懈不得。"农业、粮食问题一旦出事,"谁也救不了我们","想靠国际粮食市场解决我们吃饭的问题,这是根本靠不

---

① 王荣,等:《苏州农村改革 30 年》,上海远东出版社,2007 年,第 140 页。
② 江泽民:《论社会主义市场经济》,中央文献出版社,2006 年,第 50—51 页。

住的,是一种不切实际的危险想法"。① "靠吃进口粮过日子,必然受制于人。"②他说:"我国是一个有12亿多人口的发展中大国,吃饭问题始终是头等大事。12亿多人吃饭,只有依靠自己,靠谁都靠不住。决不能轻言农业过关了。一定要把农业的基础打牢。发展农业是一项长期的艰巨任务,必须始终把农业放在国民经济的首位。"③一定要始终十分重视农业和农村工作,下决心解决诸如乱摊派、农民负担过重等问题,而且要一抓到底,取信于民。解决农业问题还要有前瞻意识,"千万不要等到问题积累多了再来抓农业,那样损失就大了"。④ 而且,农业基础是否巩固,农村经济是否繁荣,农民生活是否富裕,不仅关系农产品的有效供应,而且关系工业品的销售市场,关系国民经济发展的全局。如果农业没有更大的发展,农村经济不能登上新的台阶,我国现代化建设的第二步和第三步发展目标就不可能顺利实现。⑤

进入21世纪以来,我国工业经济正处于战略转型的历史阶段,开始向买方经济过渡,不少产品在城市中已供大于求,大量过剩的生产设备开始闲置或被替换掉,但广大农村却缺少适销对路的产品。因此,开发农村市场就成了一个亟待解决的重要问题,这不仅关系到我国工业经济能否成功转型、配合国家西部大开发战略的实施等问题,而且也关系到在不断加大对外开放、国内外经济关联度日益紧密的情况下我国经济能否成功应对类似东南亚金融危机等国外经济波动,实现持续、快速、协调发展,保持国家宏观经济安全的重大问题。在这种情况下,江泽民一再未雨绸缪地强调:农村是一个"非常广阔的市场",要组织一批国有企业,加紧生产那些农民需要而又买得起的适销对路的产品,"城市下岗职工和暂时停工停产或开工不足的企业,还可以采取灵活多样的形式,到农村搞技术服务、生产服务、销售服务和人员培训服务等,城乡结合起来,共同促

---

① 《江泽民论有中国特色社会主义(专题摘编)》,中央文献出版社,2002年,第120页。
② 江泽民:《论社会主义市场经济》,中央文献出版社,2006年,第143页。
③ 同②,第551页。
④ 同②,第314页。
⑤ 同②,第142页。

进农村的发展,共同开拓农村市场"。① 这不仅有利于促进农村经济的发展,缩小城乡差别,增加农民收入,而且对扩大内需,推进城市经济体制改革也有很大作用。

随着整个国家社会经济的快速发展,必须不断增加农民收入,缩小城乡收入差距。这既是维持社会稳定的政治需要,也是实现经济持续、稳定发展的重要保证。对此,江泽民指出:"增加农民收入是一个带有全局性的问题,不仅直接关系到农村实现小康,还直接关系到开拓农村市场,扩大国内需求,带动工业和整个国民经济增长,从长远看还可能影响农产品的供给。"② 他说:"农民收入问题直接关系国民经济发展的全局。如果农民增产不增收,生产积极性受到影响,粮食供应形势就可能发生逆转。农民收入和农村购买力上不去,扩大内需的方针就难以真正落实,经济发展出现的好形势也难以保持。广大农民不能富裕起来,全面建设小康社会的目标也不可能最终实现。"③ 要增加农民收入,从根本上说,就必须"不断提高我国农业综合生产能力,高度重视保护和提高粮食生产能力,保护耕地,保护农民的积极性,面向市场、依靠科技,加快农业和农村经济结构调整,提高农业产业化经营的水平,大幅度提高农业的素质和效益"。④

然而,由于农业"是社会效益高而自身效益低的弱质产业"⑤,要正确处理农业和其他产业间的相互关系,就必须适时加大对农业生产的投入和保护力度,这是发展农业生产,增加农民收入的重要举措。在处理农业和其他产业间的关系问题上,新中国成立后的很长一段时间里,我国采取的是从农业中提取积累以满足重工业优先发展战略对资金的需求的方针,这在当时的历史条件下是一种迫不得已的选择。如江泽民指出的那样:"建国初期实行依靠农业积累发展工业的战略是必要的。"⑥ 改革开放以来,联产承包责任制的推行,打破了多年来束缚我国农业发展的沉重枷锁,农业

① 江泽民:《论社会主义市场经济》,中央文献出版社,2006 年,第 384 页。
② 《江泽民论有中国特色社会主义(专题摘编)》,中央文献出版社,2002 年,第 130-131 页。
③ 江泽民:《论"三个代表"》,中央文献出版社,2001 年,第 82 页。
④ 同①,第 551 页。
⑤ 同②,第 129 页。
⑥ 同①,第 140 页。

生产连年大幅度增加,在不少地方尤其是产粮大省纷纷出现了卖粮难问题。在这种情况下,一些人错误地认为困扰我国多年的农业问题已经解决,从而产生了麻痹心理,对农业问题不那么重视了,对农业的保护措施逐步减少或取消了,甚至一些用于农业投资的资金也被挪用到搞开发区和房地产等项目上,加上农业基础设施建设没有及时跟进,因此从20世纪80年代后期开始,我国的农业产量连年下滑。"农业已成为国民经济中最薄弱的环节。"要改变这一状况,必须随着国民经济的发展、国家综合国力的增强,适时加大对农业的保护力度,实行工业反哺农业。对此,江泽民指出,世界上所有经济发达的国家,一直把农业放在重要地位,并实行强有力的扶持和保护政策。"我国农业还处在从传统向现代农业转化的过程中,处在由计划经济体制向社会主义市场经济体制转变的过渡期,更应受到国家的保护。"①"市场经济越发展,工业化程度越高越需要加强对农业的保护和扶持。"②

根据江泽民的有关论述,国家对农业的主要保护途径如下:一是加强农业基础设施,如大型水利和交通工程等的建设;二是加强农业生产社会化和产业化的社会服务体系建设;三是加强农业科技的研究开发和普及推广;四是建立和完善农产品的收购保护制度、国家粮食储备制度和风险防范、规避制度;五是继续稳定和不断完善现行农村基本政策;六是加大对农业生产的资金投入,切实减轻农民负担,提高农民的生产积极性;七是建立和完善农产品市场体系;等等。

实施科教兴农和加强农业基础建设,是江泽民一再强调的重要思想。他指出:"农业发展从长远看最重要的,一是水的问题,一是科技问题。""要切实抓好农业基本建设。一手抓水利设施、防洪工程等建设,一手抓植树种草、治理水土流失等生态环境建设,提高农业抗御自然灾害的能力。同时,下工夫解决北方农业干旱缺水的问题,大力发展节水灌溉,提高水资源利用率。"③又说:"实现农业增长方式的转变,最重要的

---

① 江泽民:《论社会主义市场经济》,中央文献出版社,2006年,第141页。
② 《江泽民论有中国特色社会主义(专题摘编)》,中央文献出版社,2002年,第129页。
③ 《江泽民文选》第2卷,人民出版社,2006年,第215页。

一环,就是要狠抓科教兴农,把农业发展转到依靠科技进步和提高农民素质的轨道上来,努力提高科技在农业增长中的贡献份额。"①他指出,在发展农业科技问题上,既要继续普及先进实用技术,发挥常规农业技术的作用,又要有重点地跟踪世界科技新潮流,决不能放弃生物工程、尖端前沿的东西。②

由于乡镇企业在实现农村城镇化、消灭城乡差别、瓦解二元经济结构、增加农民收入、吸纳富余劳动力、繁荣农村经济等方面都具有无可比拟的积极作用,因此,江泽民高度重视发挥乡镇企业在农村经济社会变革中的重要作用。他一再强调,"从农业和农村长远发展看,只有乡镇企业发展起来了,才能增加农业投入,支持农业现代化;也只有大力发展乡镇企业,才能解决农村富余劳动力的问题,增加农民收入,保证农村社会长期稳定。发展乡镇企业是实现农业现代化、实现农村小康的必由之路",也是"有中国特色的工业化道路"。③ "发展乡镇企业,对农村的建设是一项带有革命性的改革,具有深远的意义。只有把乡镇企业搞起来,才能安排农村富余劳动力,解决农村富裕的问题;才能以工补农,增加对农业的投入,促进农业的现代化;也才能更好地壮大集体经济实力,巩固农村基层的党政组织,拓宽农村共同致富的道路。"④当然,乡镇企业自身也有一个不断完善、自我提高的过程,以适应现代经济发展的要求。对此,江泽民指出:"要继续把发展乡镇企业作为振兴农村经济的一个战略重点,进一步搞活经营机制,优化结构,提高效益,增强产品的竞争意识。"⑤只有这样,乡镇企业才有美好的发展前途,才能更好地担负起振兴经济、实现乡村社会经济现代化的历史重任。

当然,农业自身也必须主动适应发展社会主义市场经济的需要,调整经济和产业结构。2000 年 11 月 28 日,江泽民在中央经济工作会议上指

---

① 江泽民:《论社会主义市场经济》,中央文献出版社,2006 年,第 306 页。
② 江泽民:《论科学技术》,中央文献出版社,2001 年,第 27–28 页。
③ 同①,第 216 页。
④ 同②,第 310–311 页。
⑤ 同②,第 148 页。

出:继续推进农业和农村经济结构的战略性调整,这是增加农民收入的根本途径。2001 年 1 月,在中央农村工作会议上他又指出:在市场经济条件下政府引导和推动结构调整,主要任务就是培育市场,创造良好的市场环境。当前最迫切的是建立健全农业质量标准、农产品质量检测检验和市场信息三个体系。这是健全农产品市场体系最重要的基础性工作,也是促进农产品优质化最有效的手段。推进农业和农村经济结构的战略性调整,提高农业效益,增加农民收入,必须在稳定总量、保证供给的前提下,着力优化品种、优化品质、优化布局,提高农产品加工转化水平,促进农业效益大幅度增长;必须在全面发展种植业和养殖业的基础上,加快发展农村二、三产业,推进乡镇企业结构调整和体制创新,促进农村产业结构优化升级;必须实施城镇化战略,有重点地发展小城镇,加快转移农业富余劳动力,促进城乡经济协调发展;必须推进农业科技进步,开发农村人力资源,运用现代技术改造传统农业,促进农业由粗放经营向集约经营转变。

第三节　农村基层政治民主的扩大

加强农村民主政治建设,是社会主义制度的本质要求,这源于社会主义国家是人民当家做主这一马列主义的基本原理。新中国成立以来,在不同的历史时期,国家都十分重视农村的基层民主建设,但具体方式和成效不一。

人民公社制度废除后不久,一些地方的农村出现了村民自治组织,这引起了当时的全国人大常委会委员长彭真的关注,他曾授意全国人大派代表团到农村进行调研。1987 年 11 月,全国人大六届常委会第二十三次会议审议通过的《中华人民共和国村民委员会组织法(试行)》,规定在全国农村普遍设立村民自治委员会,作为"村民自我管理、自我教育、自我服务的基层群众性自治组织",从而为村民自治提供了法律保障。关于设立村民委员会的意义,彭真指出:"有了村民委员会,农民群众按照民主集中制的原则,实行直接民主,要办什么,不办什么,先办什么,后办什么,都由群众自己依法决定,这是最广泛的民主实践。他们把一个村的事情管好了,逐渐就会管一个乡的事情;把一个乡的事情管好了,逐渐就会管一个县的事情,逐步锻炼、提高议政能力。"①

经过一段时间的实践,1994 年召开的全国农村基层组织建设工作会议,明确了提出完善村民选举、村民议事、村务公开、村规民约等制度,使村民自治的内容进一步完善。民政部在总结各地经验的基础上,将开展村民自治活动的基本内容提炼、概括为 4 个方面:民主选举、民主决策、民主管理和民主监督。1997 年 10 月,在中国共产党第十五次全国代表大会上,江泽民代表第十四届中央委员会所作的政治报告中,明确写上了"四个民主"的内容。这是当代中国民主政治建设史上的一件大事。

1998 年 9 月,江泽民在安徽考察工作时指出:"经济体制改革需要同政治体制改革相互配合、相互促进。扩大农村基层民主,保证农民直接行使民主权利,是社会主义民主在农村最广泛的实践,也是充分发挥农民积极性、促进农村两个文明建设、确保农村长治久安的一件带有根本性的大事。要在农村基层实行民主选举、民主决策、民主管理和民主监督。当前,重点要抓好村级民主制度建设,依法健全三项制度:一是村民委员会的直接选举,让农民群众选举自己满意的人管理村务。二是村民议事制度,村里的大事,尤其是与家家户户切身利益密切相关的事情,都要经村民大会或村民选出的代表讨论,不能由少数人说了算。三是村务公开制度,凡是群众关注的问题,都要定期向村民公开,接受群众监督。扩大农民基层民主,必须坚持党的领导,必须坚持依法办事,把握住了这两条就能够有领导、有秩序、有步骤地进行。"②他还把实行农村基层民主作为推进农村政治体制改革的重要内容,强调:在不断推进农村经济体制改革的同时,逐步推进农村政治体制的改革,要在农村基层实行民主选举、民主决策、民主管理、民主监督,建立健全村民委员会的直接选举制度、村民议事制度和村务

---

① 中共中央文献研究室、国务院发展研究中心:《新时期农业和农村工作重要文献选编》,中央文献出版社,1992 年,第 489 页。

② 《江泽民文选》第 2 卷,人民出版社,2006 年,第 214~215 页。

公开制度,真正让广大农民行使当家做主的权利。[①]

在此基础上,1998年10月中共十五届三中全会通过的《关于农业和农村工作若干重大问题的决定》对扩大农村基层民主做出了一系列规定,其主要内容如下:

(1)扩大农村基层民主,实行村民自治,是党领导亿万农民建设有中国特色社会主义民主政治的伟大创造。为了更好地调动广大农民的积极性和主动性,促进农村各项改革和建设事业的全面发展,必须进一步扩大农村基层民主。

(2)全面推进村级民主选举。村民委员会要严格依照法律法规,坚持公平、公正、公开原则,由村民按期进行直接选举,真正把群众拥护的思想好、作风正、有文化、有本领、真心实意为群众办事的人,选进领导班子。

(3)全面推进村级民主决策。凡是涉及村民利益的重要事项,如村提留的收缴和使用、村干部享受误工补贴的人数和标准,以及村集体经济所得收益的使用、村办公益事业需要村民负担的事项,以及土地承包、宅基地使用和集体经济项目承包的方案等,都须提请全体村民或村民代表会议讨论,按多数人的意见作出决定。

(4)全面推进村级民主管理。依据党的方针政策和国家的法律法规,结合本地实际,全体村民讨论制定村民自治章程和村规民约,把村民的权利和义务、村级各类组织之间的关系和工作程序,以及经济管理、社会治安、村风民俗、婚姻家庭、计划生育等方面的要求,规定得明明白白,加强村民的自我管理、自我教育和自我服务。

(5)全面推进村级民主监督。凡是村里的重大事项和群众普遍关心的问题,都应向村民公开。村务公开的重点是财务公开。村民委员会要广泛听取群众意见,大多数群众不赞成的事情,应予纠正。经村民民主评议不称职的村干部,应按照规定程序进行调整。

(6)搞好村民自治,制度建设是根本。重点是建立健全村民委员会的民主选举制度、以村民会议或村民代表会议为主要形式的民主议事制度,

---

[①] 江泽民:《论社会主义市场经济》,中央文献出版社,2006年,第404—405页。

以及以村务公开、民主评议和村民委员会定期报告工作为主要内容的民主监督制度。村务活动要照章办事，推进村民自治的制度化、规范化。

（7）乡级民主建设是农村基层民主的重要组成部分。要坚持和完善乡镇人民代表大会代表的直接选举制度。乡镇人民代表大会要认真履行法律规定的各项职权。乡镇政府要切实转变职能，精简机构，裁减冗员，先要坚决把不在编人员精减下来，做到依法行政，规范管理。乡镇政权机关都要实行政务公开，方便群众办事，接受群众监督。

（8）发展农村基层民主，必须贯彻依法治国方略，同健全法制紧密结合。坚持有法可依，有法必依，执法必严，违法必究。要完善保障农民直接行使民主权利的法律法规。对压制和破坏民主、侵犯农民民主权利的行为，要坚决查处。加强法制教育和宣传，使农村干部增强法制观念和依法办事能力，使广大农民知法守法，履行应尽义务，用法律保护自己的合法权益。加强农村社会治安综合治理，严厉打击各种刑事犯罪和恶势力，为农民的生产和生活创造良好的治安环境。正确处理新时期农村人民内部矛盾，善于运用法律的、行政的、经济的和思想教育的手段，化解矛盾，解决纠纷，促进安定团结。

（9）扩大农村基层民主，要在党的统一领导下有步骤、有秩序地进行，充分发挥乡（镇）、村基层党组织的领导核心作用。要及时总结和推广有利于农民群众当家做主的好经验，精心组织，分类指导，推动农村基层民主政治建设健康发展。

1998年11月，全国人大九届常委会第五次会议审议通过了修订的村民委员会组织法，将"四个民主"用法律条文的形式确定了下来。

2000年12月，中共中央办公厅、国务院办公厅联合发出《关于在全国乡镇政权机关全面推行政务公开制度的通知》，对乡镇政务公开作了部署：在乡镇政权机关和派驻站所全面推行政务公开制度，有利于加强农村基层政权建设、党组织建设和干部队伍建设，提高乡镇政权机关依法行政的水平，增强权力运行的透明度，促进廉政勤政建设，推动党在农村各项政策的落实。

江泽民还把推行政务公开同减轻农民负担联系起来。他指出："现在农民负担重,一个主要的原因就是靠农民供养的人员太多。'养民之道,必以省官为先务'。乡镇机构改革,要认真研究解决这个问题。"① 2001 年 2 月,他在河南考察工作时再次指出:"对一些规模过小、辐射能力很弱的乡镇,可以考虑在统筹规划、搞好试点的基础上,撤乡并镇,以精简机构,减少财政供养人员,进一步优化配置乡镇一级各方面的资源。"②

第四节 小城镇建设和城市化步伐的加快

综观世界城市化发展进程,随着经济整体发展水平的提高,城市化水平也随之不断提升,这是由城市的拉力和农村的推力共同作用的结果。正如邓小平所说:"农民积极性提高,农产品大幅度增加,大量农业劳动力转到新兴的城镇和新兴的中小企业。这恐怕是必然之路。总不能老把农民束缚在小块土地上,那样有什么希望?"③在中国这样的人口大国里,如果只注重发展大中城市,是无法转移如此庞大的农村人口的,只能是大城市和小城镇建设同步推进。所谓小城镇,包括建制镇和集镇,是指非农人口相对集中的规模比城市小的居住区,是乡镇工业密集发展的区域,是农村商品的集散地,城乡交通、邮电通讯的枢纽,也是农村科技、教育、文化、金融、服务业中心。它地处城乡结合部,上挂城市,下联农村,在性质上更接近于城市。

然而,新中国建立后的一个很长时期内,城市化和小城镇建设却远没有与国家的工业化建设同步展开,城市人口在全国总人口中的比重长期保持稳定。变化发生在改革开放以后,在 1979 年到 1985 年的许多有关农村问题的重要文件中,都有关于发展小城镇的规定。

---

① 《江泽民选》第 2 卷,人民出版社,2006 年,第 215 页。

② 武力、郑有贵:《解决"三农"问题之路——中国共产党"三农"思想政策史》,中国经济出版社,2004 年,第 718-719 页。

③ 《邓小平文选》第 3 卷,人民出版社,1993 年,第 213-214 页。

1979年9月,中共十一届四中全会通过的《中共中央关于加快农业发展若干问题的决定》提出,要"有计划地发展小城镇建设和加强城市对农村的支援",并指出:"这是加快实现农业现代化,实现四个现代化,逐步缩小城乡差别、工农差别的必由之路。我国农村现在有8亿人口,有3亿劳动力,随着农业现代化的进展,必将有大量农业劳动力可以逐步节省下来,这些劳动力不可能也没必要都进入现有的大、中城市,工业和其他各项建设事业也不可能和没必要都放在这些城市。我们一定要十分注意加强小城镇的建设,逐步用现代工业交通业、现代商业服务业、现代教育科学文化卫生事业把它们武装起来,作为改变全国农村面貌的前进基地。全国现有两千多个县的县城,县以下经济比较发达的集镇或公社所在地,首先要加强规划,根据经济发展的需要和可能,逐步加强建设。还可以运用现有大城市的力量,在它们的周围农村中,逐步建设一些卫星城镇,加强农村的支援。"①

1981年,中共中央、国务院转发国家农委《关于积极发展农村多种经营的报告》的通知也指出:"要结合发展多种经营,依靠集体经济的力量,发展小城镇建设。这不但是城乡商品交流的需要,而且对向农村传送先进的科学文化,改变国家整个经济布局,逐步缩小城乡差别都有非常深远的意义。"②

1984年1月,中共中央在当年的一号文件中又指出:"随着农村分工分业的发展,将有越来越多的人脱离耕地经营,从事林牧渔等生产,并将有较大部分转入小工业和小集镇服务业。这是一个必然的历史性进步,可为农业生产向深度广度进军,为改变人口和工业的布局创造条件。不改变'八亿农民搞饭吃'的局面,农民富裕不起来,国家富强不起来,四个现代化也就无从实现。""农村工业适当集中于集镇,可以节省能源、交通、仓库、给水、排污等方面的投资,并带动文化教育和其他服务事业的发展,使

---

① 中共中央文献研究室、国务院发展研究中心:《新时期农业和农村工作重要文献选编》,中央文献出版社,1992年,第46-47页。

② 同①,第103-104页。

集镇逐步建设成为农村区域性的经济文化中心。"①

1985年1月,中共中央又在当年的一号文件中指出:要"加强对小城镇建设的指导","运用经济杠杆,鼓励宜于分散生产或需要密集劳动的产业,从城市向小城镇和农村扩散"。②

小城镇建设在我国之所以特别重要,是因为中国的农村人口十分庞大,光靠大城市无法在短期内吸纳完全部农村剩余人口,而且城市过大,也会带来一系列难以解决的问题,即现代化过程中难以解决的所谓"城市病";而小城镇面广量大,对农村剩余劳动力的吸附力很强,同时小城镇离农村较近,跟农民的生活方式相近,农民较容易适应那里的生活环境。因此,小城镇建设在我国具有特别重要的意义。对此,1993年11月,中共中央在《关于建立社会主义市场经济体制若干问题的决定》中指出:加强规划,引导乡镇企业适当集中,充分利用和改造现有小城镇,建设新的小城镇,逐步改革小城镇的户籍管理制度,允许农民进入小城镇务工经商,促进农村剩余劳动力的转移。

正是在中央有关规定和领导人讲话的鼓舞和支持下,1979年以来,随着经济的发展和城乡人口流动政策的松动,我国的城镇化水平有了明显提高。特别是进入20世纪90年代以后,由于前一阶段农村和整个国家经济的快速发展,城市拉力和农村推力的强度明显提升,小城镇建设和城市化步伐明显加快。到1996年为止,小城镇共创造就业岗位14 182.2万个,年均增长约788万人,其中由农村转入的2 687万人,年均149万人,分别占城镇新增就业人数和同期农村劳动力转移总量的18.9%和17.1%。③ 具体数据见表5-1。

---

① 中共中央文献研究室、国务院发展研究中心:《新时期农业和农村工作重要文献选编》,中央文献出版社,1992年,第232-234页。

② 同①,第333页。

③ 方向新:《农民变迁论》,湖南人民出版社,1998年,第153页。

表 5-1 1978 年—1996 年我国农村劳动力转移情况

年份	W 农村劳动力转移量		转移到城镇就业		农村非农就业	
	累计人数（万人）	比上年增（＋ －%）	累计人数（万人）	比上年增（＋ －%）	累计人数（万人）	比上年增（＋ －%）
1978	3 298	－	148	－	3 150	－
1979	3 409	3.4	219	48	3 190	1.3
1980	3 848	12.9	346	58	3 502	9.8
1981	4 130	7.3	438	28.6	3 692	5.4
1982	4 309	4.3	504	15.1	3 805	3.1
1983	4 912	14	572	13.5	4 340	14.1
1984	6 583	34	695	21.5	5 888	35.7
1985	7 558	14.8	845	21.6	6 713	14
1986	8 534	12.9	1 012	19.8	7 522	12
1987	9 309	9.9	1 179	16.5	8 130	8.1
1988	9 950	6.9	1 339	13.6	8 611	5.9
1989	9 957	0.1	1 459	9	8 498	－ 1.3
1990	10 251	3	1 577	8.1	8 674	2.1
1991	10 623	3.6	1 717	8.9	8 906	2.7
1992	11 642	9.6	1 877	9.3	9 765	9.6
1993	13 060	12.2	2 062	9.9	10 998	12.6
1994	14 221	8.9	2 257	9.5	11 964	8.8
1995	15 184	6.8	2 477	9.7	12 707	6.2
1996	15 714	3.5	2 687	8.5	13 027	2.5

资料来源:据《中国统计年鉴》1991、1993、1996、1997 年卷综合。参见方向新:《农民变迁论》,湖南人民出版社,1998 年,第 154 页。

与此同时,城镇及其人口数量也在稳步提高(如表 5-2 所示)。

表 5-2 1979 年—1995 年城镇个数和人口增长情况

城镇类别	1979 年		1995 年		1995 年比 1979 年增长（倍）	1979 年		1995 年		1995 年比1979 年增长（倍）
	数量	比重（以特大城市为1）	数量	比重（以特大城市为1）		人口（万人）	比重（%）	人口（万人）	比重（%）	
合计	3 067	－	17 628	－	4.75	1 272	100	31 428	100	1.47
特大城市	16	1	32	1	1	3 497	27.5	6 979	22.2	1
大城市	27	1.7	43	1.3	0.59	1 965	15.4	2 958	9.4	0.51

续表

城镇类别	1979 年		1995 年		1995 年比 1979 年增长（倍）	1979 年		1995 年		1995 年比 1979 年增长（倍）
	数量	比重（以特大城市为1）	数量	比重（以特大城市为1）		人口（万人）	比重（%）	人口（万人）	比重（%）	
中等城市	67	4.3	191	6	1.85	2 043	16.1	5 770	18.4	1.82
小城市	106	6.6	370	11.6	2.49	1 033	8.1	4 253	13.5	3.12
建制镇	2 851	178.2	16 992	5310	4.96	4 183	32.9	11 466	36.5	1.74

资料来源：方向新：《农民变迁论》，湖南人民出版社，1998 年，第 183 页。

改革以来，我国的城镇人口虽由 1978 年底的 17 245 万人增加到 1996 年的 35 950 万人，城市化水平由 17.9% 提高到 29.4%，年均提高 0.64 个百分点，同期农业劳动力占社会劳动力的份额由 73.8% 下降到 50.5%，年均下降 1.29 个百分点，但是，我国的城镇化水平在世界上仍是偏低的，与发达国家相比是如此，与同等发达水平的国家相比也是如此（如表 5-3 所示）。

表 5-3　　1990 年—1995 年中国城市化滞后状态

年　份	1990	1991	1992	1993	1994	1995
中国城市化水平（%）	26.41	26.37	27.83	28.14	28.62	29.04
相应收入下国际城市化平均水平（%）	30.8	31.6	33	34	36.9	39.1
滞后程度（%）	16.5	20	19.3	20.7	22.2	25.7

资料来源：中国社会科学院农村发展研究所等：《1995 年中国农村经济发展年度报告兼析 1996 年发展趋势》，中国社会科学出版社，1996 年，第 184 页。

1995 年以后，城镇化速度明显加快。1996 年 11 月，江泽民在中央经济工作会议上指出："发展小城镇是一个大战略。城乡差距大，农业人口多，是长期制约我国经济良性循环和社会协调发展的重要因素。加快小城镇建设，不仅有利于转移农业富余劳动力，解决农村经济发展的一系列深层次矛盾，而且有利于启动民间投资，带动最终消费，为下世纪国民经济发展提供广阔的市场空间和持续的增长动力。各地要把小城镇建设纳入国民经济和社会发展规划，制定政策措施，切实加以推动。小城镇建设要合理布局,科学规划,规模适度,注重实效。要注意运用市场机制,更多地发挥民间投资的作用,走出一条在政府引导下,主要通过市场机制建设小城镇的路子。要把发展小城镇同发展乡镇企业、发展科技型农业结合起来。经过五至十年的努力,把一批小城镇建设成为具有一定辐射和带动能力的农村区域经济文化中心,使全国的城镇化水平有明显提高。"① 随后,他在中共十五届三中全会前后,又多次说道:"在大力发展乡镇企业的同时,积极推进小城镇建设,也是一个大战略。"并指出:搞好小城镇建设,首先要制定好规划。做到科学规划、合理布局、精心建设。他还提出,要研究制定加快发展小城镇的政策措施,进一步改革小城镇的户籍制度。② 据此,1998年中共十五届三中全会通过的《中共中央关于农业和农村工作若干重大问题的决定》提出,要制定和完善促进小城镇健康发展的政策措施,进一步改革小城镇户籍管理制度,并提出经过10年努力,将一部分基础较好的小城镇建设成为农村区域性经济文化中心。2000年6月,中共中央、国务院出台了改革开放以来第一个关于小城镇建设的专门文件,提出了小城镇建设的"四项原则":尊重规律,循序渐进;因地制宜,科学规划;深化改革,创新机制;统筹兼顾,协调发展。当年,对小城镇户籍制度进行了实质性的改革,规定凡在县级市市区、县人民政府驻地镇及县以下小城镇有合法固定住所、稳定职业或生活来源的农民,均可根据本人意愿转为城镇户口,并在子女入学、参军、就业等方面享受与城镇居民同等待遇。对进镇落户的农民,根据本人意愿,可以保留其承包土地的经营权,也允许依法有偿转让土地等。

在上述政策的推动下,从20世纪90年代初起,我国的小城镇建设和城市化速度进一步加快,城镇化率几乎每年都提高一个百分点,到2004年底,全国的城镇化达到41.8%以上,2005年更进一步达到43%。③ 尽管这一比例仍远低于世界上经济发展与我国基本处于同等水平的地区和国家,

---

① 《江泽民论有中国特色社会主义(专题摘编)》,中央文献出版社,2002年,第135-136页。

② 武力、郑有贵:《解决"三农"问题之路——中国共产党"三农"思想政策史》,中国经济出版社,2004年,第707页。

③ 王伟光:《建设社会主义新农村的理论与实践》,中共中央党校出版社,2006年,第179页。

但就中国来说,在这么短的时间里能达到这一水平应该说是很不容易的,考虑到中国是一个占世界总人口近 1/4 的人口大国,同时中国人又一直有着安土重迁的传统,中国能取得这一成绩就更是了不得的。

第五节　农村社会主义精神文明建设的推进

重视加强农村地区的思想政治工作和农村社会主义精神建设,是中国共产党农村工作的一个良好传统。20 世纪 50 年代中期,毛泽东就明确提出:"对于农村的阵地,社会主义不去占领,资本主义就必然去占领。"①此后,他多次亲自发动的农村社会主义教育运动,其目的也有加强农村社会主义精神文明建设的考虑。然而由于受阶级斗争错误理论的影响,加上有些方法也存在失误,总的来说收效不大。中共十一届三中全会以后,中国共产党将工作重心转移到经济建设上来,同时强调要两手硬,尽管其中也屡屡发生失误,但由于有了物质文明充分发展的深厚基础,因而避免了以往精神文明建设流于空洞说教的弊端。

1983 年 1 月,中共中央发出《关于加强农村思想政治工作的通知》,提出"在建设高度的物质文明的同时要建设高度的社会主义精神文明","逐步提高农民的政治、思想觉悟,使人人争做有理想、有道德、有文化、守纪律,爱祖国、爱社会主义、爱党、爱集体的社会主义农民"。关于教育的重点内容和目标,《通知》规定:"要进行唯物论、无神论的教育,提出科学,反对封建迷信。要进行法制教育,做到人人遵纪守法,树立良好的社会秩序和风气。要进行控制人口、计划生育、男女平等、保护妇女儿童的教育。对青年还要按照他们的特点进行历史知识和革命传统的教育。"②

以江泽民为核心的中共第三代领导集体组成后,特别重视社会主义精

---

① 《毛泽东选集》第 5 卷,人民出版社,1977 年,第 117 页。
② 中共中央文献研究室、国务院发展研究中心:《新时期农业和农村工作重要文献选编》,中央文献出版社,1992 年,第 186,189-190 页。

神文明的建设,努力加强农村地区的思想政治工作。江泽民多次指出:"越是搞改革开放和社会主义市场经济,越要重视对农民特别是青年农民进行爱国主义、集体主义、社会主义思想教育。农村的思想文化阵地,先进的正确的思想和优良社会风尚不去占领,落后的错误的思想和不良社会风气就必然会去占领。"① 他提出,一定要重视农村的社会主义精神文明建设,用农民群众喜闻乐见的形式,对他们"进行爱国主义、集体主义、社会主义教育和艰苦奋斗的教育,努力在农民中传播社会主义市场经济知识、科学知识和法律知识,坚定广大农民走建设有中国特色社会主义道路的信念,提高农民的思想道德素质和科学文化素质"。② 在农村开展社会主义教育,成了一项常抓不懈的工作。

1991 年 6 月,中共中央在批转中央宣传部、组织部和中央政策研究室《关于目前农村社会主义思想教育开展情况的报告》的通知中指出:在全国农村普遍开展的社会主义思想教育,是加强和改善党对农村工作的领导,搞好农村基层党组织和政权建设,推动农村经济发展,维护农村社会安定,巩固农村社会主义阵地的一件大事。要求各级党委要把这项工作列入议事日程,认真抓好。③ 1995 年 10 月,中共中央办公厅、国务院办公厅在转发中央宣传部、农业部《关于深入开展农村社会主义精神文明建设活动的若干意见》的通知中,再次指出:在我国农村深化改革、扩大开放、建立社会主义市场经济体制的重要历史时期,大力加强社会主义精神文明建设,全面提高农民的思想道德和科学文化素质,塑造有理想、有道德、有文化、有纪律的社会主义新型农民,对于深入贯彻党在农村的各项方针政策,促进农村改革发展稳定和社会全面进步,具有十分重要的意义。各地党委和政府要认真贯彻党的十四届五中全会精神,把社会主义精神文明建设提到更加突出的地位,把物质文明建设和精神文明建设作为统一的奋斗目标,始终不渝地坚持"两手抓、两手都要硬",紧密结合本地区、本部门的实际,制

---

① 《江泽民文选》第 1 卷,人民出版社,2006 年,第 276 页。
② 江泽民:《论社会主义市场经济》,中央文献出版社,2006 年,第 152-153 页。
③ 中共中央文献研究室、国务院发展研究中心:《新时期农业和农村工作重要文献选编》,中央文献出版社,1992 年,第 723 页。

定具体规划,采取有力措施,努力提高农村精神文明建设水平。

在认真总结改革开放以来特别是中共十三届四中全会以来农村开展社会主义精神文明建设经验教训的基础上,1998年10月,中共十五届三中全会通过的《关于农业和农村工作若干重大问题的决定》(简称《决定》)提出,农村精神文明建设的根本任务,是全面提高农民的思想道德素质和科学文化素质,为农村经济社会发展提供强大的精神动力、智力支持和思想保证。《决定》还对农村社会主义精神文明建设的指导思想、主要途径、基本内容、目标任务等作了详细规定。

关于农村精神文明建设的指导思想,《决定》指出,农村精神文明建设要坚持以邓小平理论为指导,紧紧围绕发展经济、建设小康的目标,同农村经济工作、基层民主政治建设和社会治安综合治理相结合,以创建"文明户"、"文明村镇"为主要形式,依靠群众,立足基层,狠抓落实,讲求实效。对农民进行爱国主义、集体主义和社会主义教育,进行党的基本路线和方针政策教育,进行社会公德、职业道德、家庭美德教育。思想道德教育要贯穿到群众性创建精神文明的各项活动中去。开展国防教育,做好民兵、预备役和拥军优属工作。引导农民移风易俗,革除陋习。反对封建迷信活动,禁止"黄、赌、毒"。全面贯彻党的宗教政策,依法打击邪教和利用宗教进行的非法活动。加强农村文化设施建设,扩大广播、电视覆盖面,组织好文化、科技、卫生"三下乡",鼓励和支持农民业余文化体育活动。控制人口数量,提高人口质量,把计划生育工作与发展农村经济、帮助农民脱贫致富、建设文明幸福家庭结合起来。完善农村医疗卫生设施,稳步发展合作医疗,提高农民健康水平。

发展农村教育事业是落实科教兴农方针、提高农村人口素质的关键。《决定》强调,必须从农村长远发展和我国现代化建设全局的高度,充分认识发展农村教育的重要性和紧迫性。积极推进农村教育综合改革,统筹安排基础教育、职业教育和成人教育,进一步完善农村教育体系。《决定》认为,要抓紧实施农村尤其是少数民族地区和贫困地区的义务教育,切实解决适龄儿童尤其是女童的辍学问题。农村中小学要注重全面素质教育,在适当阶段增加农业和其他实用技术的教育内容。根据各地经济发展水平,面向社会需求,合理调整中等教育结构。积极发展多层次、多形式的职业教育,办好农业高等中等专业学校,大力发展卫星广播电视教育,为农村培养大批专业技术人才。《决定》提出,要十分重视农村成人教育,加大扫盲工作力度。紧密结合生产实际,组织农民学习先进实用的种植、养殖和农产品加工技术。对务工农民要加强岗位培训,提高知识水平、专业技能和安全生产知识。通过多种方式,引导农民学习和掌握商品生产、市场营销和经营管理方面的知识。

实行多渠道办学,增加农村教育投入,动员社会力量支持教育事业,是进行农村社会主义精神文明建设的重要内容之一。《决定》提出:要逐步改善农村办学条件,限期改造学校危房;重视农村师资培养,提倡城市教师和干部志愿到农村开展支教服务;对长期工作在少数民族地区、边远山区和贫困地区的教师,要在政治上和物质上给以鼓励,并切实改善他们的工作和生活条件。

农村社会主义精神文明建设是一项长期性的战略任务,不可能立竿见影,一抓就灵,需要持之以恒,常抓不懈。

第六节 减轻农民负担和扶贫工作的新突破

1990 年 6 月,江泽民在中央农村工作座谈会上指出:"有些部门没有很好地为农民服务,而是乱摊派、乱收费、乱罚款,巧立名目加重农民负担。""这些问题,引起了农民群众的不满,必须下大力气解决。"① 在中共十三届八中全会上,他把农民负担过重提高到伤害了农民对党的深厚感情的高度上来认识,强调想问题、办事情、定政策,都要把调动农民的积极性作为根本的出发点和归宿,切不可忽视农民的合法权益,伤害农民对党的

---

① 中共中央文献研究室、国务院发展研究中心:《新时期农业和农村工作重要文献选编》,中央文献出版社,1992 年,第 602 页。

深厚感情。1992 年 12 月在武汉 6 省市农业和农村工作座谈会上,他详细分析了加重农民负担的原因,重申:"中央有关部门和地方各级政府一定要坚决把关,切实把农民负担控制在上年农民人均纯收入 5% 的规定之内。"①

1993 年 6 月,江泽民在审阅国务院有关负责人在全国减轻农民负担工作电话会议上的讲话稿时,作了 4 点重要批示,批评有关部门,不经审核就自行发文,我行我素。他希望各地就中央和国家机关涉及农民负担的集资、基金、收费项目,有哪些应该取消,哪些应该核减收费标准,提出意见。他要求各地要把清理农民负担的结果上报党中央、国务院。②

根据中共中央的要求和部署,国务院在提交给全国人大每年一度的政府工作报告中,也一再重申要减轻农民负担,对突出问题要进行专项治理。在有关业务会议上,还对减轻农民负担做出阶段性部署和具体安排,并提出对已经公布取消的乱收费项目要不折不扣地落实到基层,对顶着不办、边整边犯的要通报批评,严肃处理。

1990 年 2 月,国务院发出《关于切实减轻农民负担的通知》,规定:村农业集体经济组织或村民委员会收取集体提留,数量及用途要由其成员民主商定;以乡(镇)为单位,人均集体提留和统筹费,一般应控制在上一年人均纯收入的 5% 以内,农村义务工每个农村劳力每年平均负担 5 至 10 个标准工,有条件的地方经县政府同意可适当增加;对于未经批准的新增统筹费项目和其他收费,基层组织和农户有权拒绝执行。9 月,中共中央、国务院作出坚决制止乱收费、乱罚款和各种摊派的决定,从 10 个方面做出部署,对现有的收费、罚款、集资项目和各种摊派进行全面整顿,要求今后各级政府要把对收费、罚款、集资、摊派的检查,列为税收、财务、物价大检查的一项重要内容,并使之制度化、经常化。1991 年 11 月召开的中共十三届八中全会,对进一步加强农业和农村工作负担作出了 40 条规定,并专门用一个条款对进一步减轻农民负担作出部署,规定用于民办公助事业的乡统

---

① 《人民日报》,1992 年 12 月 28 日。

② 李文学:《21 世纪中国农村经济十大问题解析》,中国农业出版社,1997 年,第 137–138 页。

筹费,要由乡政府根据当地经济状况提出预算,经乡人民代表大会批准,报县人民政府备案,严格执行定项限额、一年一定、统筹使用,不得追加。除此以外,任何部门和单位不得向农民摊派任何费用。1993 年 11 月召开的中共十四届三中全会通过的《关于建立社会主义市场经济体制若干问题的决定》强调:对农民负担的费用和劳务实行规范化、法制化管理,切实保护农民的经济利益。在"八五"期间,中共中央、国务院或以中央办公厅和国务院办公厅名义下发的涉及减轻农民负担的文件就有 11 个。同时,国务院各部、委、局共发出具体落实中央关于减轻农民负担政策的文件 25 个。各省、区、市分别依据当地的具体情况,对减轻农民负担作出明文规定。所有这些措施,都对清理整顿、纠正违规、保护农民的经济利益、切实减轻农民负担,起到了推动作用。

与此同时,在中共中央的统一部署和领导下,加上各个方面的积极推动,各地都加快了减轻农民负担的立法工作。1993 年 7 月,第八届全国人民代表大会常务委员会第二次会议通过了《中华人民共和国农业法》。该法在"农业生产经营体制"一章中,用 4 个条款对向农民和农业生产经营组织收费、罚款、集资和摊派作出了法律规定。在该法酝酿和起草过程中,国务院于 1991 年 12 月颁布了《农民承担费用和劳务管理条例》,对村提留、乡统筹和劳务的提取标准、使用范围、管理、监督以及奖罚等,作出了具体规定,明确了农民应尽的义务,使农民保护自己的合法权益有了法律依据。

实施扶贫开发工作,是缩小区域差别、实现共同富裕的重大战略决策。以江泽民为核心的中共第三代领导集体组成后,高度重视扶贫工作。1996年 9 月,在中央扶贫工作会议上,江泽民指出:"到本世纪末基本解决我国农村贫困人口温饱问题,这是党中央、国务院既定的战略目标。"[①]从 1978 年发起扶贫工作以来,到 1993 年止,中国的扶贫开发大致经过了两个阶段。

（一）第一阶段:体制改革推动扶贫阶段(1978 年—1985 年)

按照我国政府确定的贫困标准,1978 年,农村贫困人口为 2.5 亿人,占

---

① 《江泽民文选》第 1 卷,人民出版社,2006 年,第 547 页。

农村总人口的 30.7%。导致这一时期大面积贫困的主要原因是,农业经营体制不适应生产力发展的需要。1978 年开始了农村经营制度的改革,采取了农产品价格逐步放开、发展乡镇企业等多项措施,极大地激发了农民的劳动热情,解放了农村生产力,提高了土地产出率。这为解决农村的贫困问题打开了出路。从 1978 年到 1985 年,农村人均粮食产量增长 14%;农民人均纯收入增长了 2.6 倍;没有解决温饱的贫困人口从 2.5 亿人减少到 1.25 亿人,占农村人口的比例下降到 14.8%。

(二) 第二阶段:大规模开发式扶贫阶段(1986 年—1993 年)

20 世纪 80 年代中期,我国农村少数地区由于经济、社会、历史、自然、地理等方面的制约,与其他地区特别是东部沿海发达地区的发展差距逐步扩大,低收入人口中有相当一部分人经济收入不能维持其生存的基本需要。为进一步加大扶贫力度,中国政府自 1986 年起采取了一系列重大措施:成立专门扶贫工作机构,安排专项资金,制定专门的优惠政策,确定开发式扶贫方针。自此,中国政府在全国范围内开展了有计划、有组织和大规模的开发式扶贫,中国的扶贫工作进入了一个新的历史时期。经过 8 年的不懈努力,到 1993 年底,农村贫困人口由 1.25 亿人减少到 8 000 万人,占农村总人口的比重从 14.8%下降到 8.7%。

1985 年中国农村人均纯收入 200 元(相当于当时全国农村人均纯收入水平的 50%)以下的贫困人口有 1.25 亿,占当时农村总人口数的 14.8%,其中年均纯收入不足 50 元的有近 4 000 万人,占农村总人口数的 4.4%。这些贫困人口居住较为集中,大部分分布在 18 个集中连片的贫困地区。这些地区是:东部的沂蒙山区,闽西南、闽东北地区,中部的努鲁尔虎山区、太行山区、吕梁山区、秦岭大巴山区、武陵山区、大别山区、井冈山区和赣南地区,西部定西干旱山区、西海固地区……由于这些地区多数位于经济发展相对落后的中部和西部的山区,相当一批是革命老区、少数民族地区和边远地区,因而人们将贫困人口聚居的地区习惯上称为"老、少、边、穷"地区。

从 1993 年开始,中国的扶贫工作进入攻坚阶段。当年 11 月,《中共中央、国务院关于当前农业和农村经济发展的若干政策措施》(简称《措施》)提出要集中力量打好扶贫开发的"攻坚战",指出:我国农村地区之间经济发展很不平衡,要实现共同富裕的目标,必须切实解决贫困地区的问题。目前,我国仍有8 000多万人没有完全稳定解决温饱问题,这部分人口主要集中在高山地区、边远地区和多灾地区,又多为革命老区和少数民族地区,自然条件恶劣,扶贫难度很大。各级党委和政府要继续坚持扶贫开发工作"分级负责、关键在省"的原则,进一步加强领导,稳定和加强扶贫开发工作机构,集中力量打好扶贫开发的"攻坚战"。

《措施》还提出,中央和地方都要增加扶贫投入。中央的各项扶贫资金要相对集中,重点用于最贫困的省、区。东部经济比较发达省、市的扶贫资金由地方政府负责,这些省、市贫困地区的温饱问题要限期解决。1994年起国家再扩大以工代赈规模,重点扶持最贫困地区修建公路、基本农田和解决人畜饮水。要严格扶贫开发资金的项目管理和审计制度,禁止挤占和挪用,保证扶贫效益。

基于对国情的准确把握,特别是对贫困地区和贫困人口实际情况的认识,中国政府于1994年3月向全社会公布实施《国家八七扶贫攻坚计划》,决定从1994年到2000年,集中人力、物力、财力,动员社会各界力量,力争用7年左右的时间,基本解决目前全国农村8 000万贫困人口的温饱问题。

力争到2000年绝大多数贫困户年人均纯收入达到500元以上(按1990年不变价格),扶持贫困户创造稳定解决温饱的基础条件,包括:有条件的地方,人均建成半亩到一亩稳产高产的基本农田;户均一亩林果园,或一亩经济作物;户均向乡镇企业或发达地区转移一个劳动力;户均一项养殖业,或其他家庭副业;牧区户均一个围栏草场,或一个"草库仑"。与此同时,巩固和发展现有扶贫成果,减少返贫人口。

"八七"扶贫计划提出,要加强基础设施建设,基本解决人畜饮水困难;绝大多数贫困乡镇和有集贸市场、商品产地的地方通公路;消灭无电县,绝大多数贫困乡用上电。改变教育文化卫生的落后状况,基本普及初等教育,积极扫除青壮年文盲;开展成人职业技术教育和技术培训,使大多数青壮年劳力掌握一到两门实用技术;改善医疗卫生条件,防治和减少地方病,预防残疾;严格实行计划生育,将人口自然增长率控制在国家规定的范围内。

实现上述任务的具体方针与途径为:(1)鼓励贫困地区广大干部、群众发扬自力更生、艰苦奋斗的精神,在国家的扶持下,以市场需求为导向,依靠科技进步,开发利用当地资源,发展商品生产,解决温饱进而脱贫致富;(2)重点发展投资少、见效快、覆盖广、效益高、有助于直接解决群众温饱问题的种植业、养殖业和相关的加工业、运销业;(3)积极发展既能够充分发挥贫困地区资源优势,又能大量安排贫困户劳动力就业的资源开发型和劳动密集型的乡镇企业;(4)通过土地有偿租用、转让使用权等方式,加快荒地、荒山、荒坡、荒滩、荒水的开发利用;(5)有计划有组织地发展劳务输出,积极引导贫困地区劳动力合理、有序地转移;(6)对极少数生存和发展条件特别困难的村庄和农户,实行开发式移民。

在"八七"扶贫期间,国务院制定了符合我国国情的扶贫开发政策,把扶贫开发的基本目标和中心任务放在主要解决农村贫困人口的温饱问题上,从最紧迫的问题入手,量力而行,确保重点,分阶段推进。

第一,制定符合国情的贫困标准。中国贫困人口的标准最初是1986年由政府有关部门在对6.7万户农村居民家庭消费支出调查的基础上计算得出的,即1985年农村人均纯收入206元的标准,到2000年这一标准相当于625元。这是一个能够维持基本生存的最低费用标准,是符合中国实际的。

第二,确定国家重点扶持贫困县。为了集中使用扶贫资金,有效地扶持贫困人口,中国政府确定了一批国家重点扶持贫困县。列入《国家八七扶贫攻坚计划》的国家重点扶持的贫困县共有592个,分布在27个省、自治区、直辖市,涵盖了全国72%以上的农村贫困人口。中央政府采取一系列有针对性的政策措施,通过对贫困县的集中有效扶持,带动了全国农村贫困问题的解决。

第三,扶贫重点向中西部贫困地区倾斜。中国经济发展的区域特征十分明显,农村贫困人口的绝大多数集中在中西部,尤其是西部。在1994年中国政府确定的592个国家重点扶持贫困县中,中西部地区的占82%。为加快西部地区的发展,缩小地区间发展差距,近年来中国开始实施西部大开发战略,在西部地区优先安排基础设施、生态环境和资源开发等建设项目,并不断加大对西部地区的投入和财政转移支付力度,为推动西部地区发展和贫困人口解决温饱问题发挥了重要作用。

第四,加大扶贫开发投入力度。近20年来,随着国家财力的增强,中国政府安排的专项扶贫投入不断增加,仅"八七"计划实施期间,中央政府就累计投入资金1 127亿元,相当于1986到1993年8年投入总量的3倍。同时,各有关部门根据中央的要求,在专项资金和重大工程的安排中积极向贫困地区倾斜,各省、区、市也根据中央要求增加了配套资金。为了加强对各类扶贫资金的管理,提高使用效益,国务院制定了《国家扶贫资金管理办法》,对各类扶贫资金的扶持对象、条件等作了明确规定,强调各类扶贫资金要根据扶贫攻坚的总体目标和要求,配套使用,形成合力,发挥整体效益。同时,各级扶贫工作专门机构加强对扶贫资金管理使用的检查、监督;审计部门对扶贫资金的使用情况严格审计,发现问题及时查处。

第五,制定支持贫困地区、贫困农户发展的优惠政策。我国扶贫开发的优惠政策包括帮助贫困户解决温饱和支持贫困地区经济开发两个方面。针对贫困农户的优惠政策有:对尚未解决温饱问题的贫困户,免除粮食定购任务;根据实际情况,适当延长扶贫贷款的使用期限,放宽抵押和担保条件;按照农业税条例的有关规定,减免农业税和农业特产税。支持贫困地区经济开发的优惠政策有:中央政府逐步加大对贫困地区的财政转移支付力度,各有关省、自治区、直辖市建立二级转移支付制度,为贫困地区提供财力支持。对贫困县新办企业和发达地区到贫困地区兴办的企业,在三年内免征所得税;根据谁受益、谁负担的原则,适当提高库区建设基金和库区维护基金标准,专项用于解决水库移民的温饱问题。

第六,落实扶贫工作责任制。为使扶贫开发工作得到有效开展,中央政府于1986年6月成立了国务院贫困地区经济开发领导小组(1993年更名为国务院扶贫开发领导小组),专门负责组织、领导、协调、监督、检查贫困地区的扶贫开发工作。领导小组下设办公室,负责办理日常工作。领导小组下设办公室,承办日常工作,研究拟定扶贫开发工作的政策、规划并组织实施;协调社会各界的扶贫工作,协调组织中央国家机关定点扶贫工作和东部发达地区支持西部贫困地区的扶贫协作工作;拟定农村贫困人口和国家扶贫开发工作重点县的扶持标准,研究提出确定和撤销重点县的意见;组织对扶贫开发情况进行统计和动态监测,指导扶贫系统的统计监测工作;协调拟定中央扶贫资金分配方案,指导、检查和监督扶贫资金的使用,指导跨省区重点扶贫项目;组织开展扶贫开发宣传工作;负责有关扶贫的国际交流与合作;承担全国贫困地区干部扶贫开发培训工作;承办国务院扶贫开发领导小组交办的其他事项。相关省、自治区、直辖市和地(市)、县级政府也成立了相应的组织机构,负责本地的扶贫开发工作。我国的扶贫开发实行分级负责、以省为主的行政领导扶贫工作责任制。各省、自治区、直辖市,特别是贫困面积较大的省、自治区,都把扶贫开发列入重要议程,根据国家扶贫开发计划制定本地区的具体实施计划。中央的各项扶贫资金在每年年初一次下达到各省、自治区、直辖市,实行扶贫资金、权力、任务、责任"四个到省(自治区、直辖市)"。所有到省的扶贫资金一律由省级人民政府统一安排使用,并由各有关部门规划和实施项目。

第七,加强贫困地区农村基层组织建设。中央政府在扶贫开发中强调加强村级组织建设,以此提高农户的自我组织程度。近年来,政府在农村大力推行村委会直接选举制度,根据公开、公平、公正的原则,真正将群众拥护、有能力带领群众改变贫困面貌的人选举为村干部。同时,严格实行村务公开,村级财务的各项收支、扶贫资金的发放使用、承包合同的签订和变更等各项事务,都要向村民公开,接受村民的检查和监督。

1994 年开始"八七"扶贫攻坚工作后,在扶贫开发的具体工作中,政府:(1) 坚持以经济建设为中心,发展贫困地区的生产力,走开发式扶贫的道路,通过多种方式和途径,采取综合配套措施,帮助农村贫困人口脱贫。(2) 坚持开发式扶贫的方针。开发式扶贫是对过去传统的分散救济式扶贫的改革与调整,是中国政府农村扶贫政策的核心和基础。坚持开发式扶贫的方针,就是以经济建设为中心,支持、鼓励贫困地区干部群众改善生产条件,开发当地资源,发展商品生产,增强自我积累和自我发展能力。(3) 强调扶贫到村到户。中国的扶贫开发着重到村到户,要求做到项目到户,资金到户,效益到户,帮扶措施到户。国家不仅将扶贫到户作为一项重要措施,而且把解决贫困农户温饱的各项指标也量化到户,并在实践中探索出许多行之有效的扶贫到户方式。(4)重视科技教育扶贫。从 1986 年开始,政府有关部门根据国家扶贫开发的总体战略和要求,适时提出科技扶贫的目标、措施和实施办法,并于 1996 年提出《1996—2000 年全国科技扶贫规划纲要》,加强对科技扶贫的政策指导。中央政府安排专项科技扶贫资金,用于优良品种和先进实用技术的引进、试验、示范、推广,以及科技培训等。1995 年以来,国家教委和财政部联合组织实施了"国家贫困地区义务教育工程",投入资金超过 100 亿元,帮助贫困地区普及九年义务教育。中央政府动员大专院校、科研院所在贫困地区积极推广农业先进实用技术,组织科技人员到贫困地区挂职任教,组织科研单位到贫困乡、村宣传普及农业技术。(5)动员和组织社会各界参与扶贫。在扶贫开发中,政府各部门根据中央政府的统一要求,分别制定了本部门、本系统的扶贫开发具体实施方案,提出了一系列有利于贫困地区发展和贫困群众脱贫的优惠政策,并充分发挥各自优势,在资金、物资、技术上向贫困地区倾斜,积极为贫困地区的开发建设作出贡献。同时,包括中央国家机关、企事业单位、民主党派及人民团体等社会各界参与扶贫开发的部门、单位不断增多,规模不断扩大。各帮扶部门和单位都有特定的帮扶对象和明确的任务,到 2000 年底,定点帮扶的部门和单位达到 138 个,共派出 3 000 多名干部到贫困县挂职扶贫,直接投入资金 44 亿元,帮助贫困地区引进国内外各种资金 105 亿元。各省、自治区、直辖市以及贫困地区也积极开展定点扶贫工作。此外,各社会组织、民间团体和私营企业也积极开展"希望工程"、"光彩事业"、"文化扶贫"、"幸福工程"、"春蕾计划"、"青年志愿者支教扶贫接力计划"、"贫困农户自立工程"等多种形式的扶贫活动。(6)开展东西部协作扶贫。在扶贫开发中,我国采取东部较发达省市对口支持西部省、自治区发展的方式,加快西部贫困地区脱贫步伐。具体执行情况是:北京帮扶内蒙古,天津帮扶甘肃,上海帮扶云南,广东帮扶广西,江苏帮扶陕西,浙江帮扶四川,山东帮扶新疆,辽宁帮扶青海,福建帮扶宁夏,大连、青岛、深圳、宁波帮扶贵州。协作双方根据"优势互补、互惠互利、长期合作、共同发展"的原则,在企业合作、项目援助、人才交流等方面开展了多层次、全方位的扶贫协作。近年来,东部13个省、市政府和社会各界累计捐款、捐物折款近21.4亿元,双方签订项目协议5 745个,协议投资280多亿元,实现投资40多亿元,从贫困地区输出劳动力51.7万人。此外,东西部地区在干部交流、人才培训、援建学校、建设基本农田、修筑公路、解决人畜饮水困难等方面也开展了协作。(7)实施自愿移民扶贫开发。国家鼓励和支持生存条件极其恶劣地区的贫困农户通过移民搬迁、异地开发的方式,开辟解决温饱的新途径。移民扶贫开发,按照群众自愿、就近安置、量力而行、适当补助四项原则进行。近年来,通过多种方式和途径迁移安置了260万贫困人口,使全国需要移民搬迁的贫困人口由750万减少到500万左右。(8)输出贫困地区劳动力。为了帮助贫困地区劳动力充分就业并增加收入,国家鼓励并组织具备条件的贫困地区开展劳务输出。劳动者通过异地就业提高了收入,并学到新技术、新生活方式、新工作方法,提高自我发展能力。许多西部外出务工人员已经成为向西部传播东部生产生活方式以及文化和技术的使者。(9)实行扶贫开发与生态环境保护、计划生育相结合。在贫困地区的开发中,中央政府重视生态环境的保护,鼓励农民发展生态农业、环保农业。通过科技扶贫,在一定程度上改变了贫困地区以破坏生态为代价的掠夺性生产,促进了贫困地区的可持续发展。中央政府特别强调转变贫困地区群众的生育观念,积极倡导贫困地区的农民实行计划生育,把扶贫开发与计划生育结合起来。这对贫困地区人口与经济社会协调发展和可持续发展产生了重要影响。(10)开展扶贫领域的国际交流与合作。自20世纪90年代以来,我国政府积极探索借鉴国际反贫困经验,不断扩大与国际组织在扶贫领域的合作,并有了明显进展。世界银行与中国政府在扶贫方面的合作最早,投入规模最大。世界银行与中国目前已经开展的西南、秦巴、西部三期扶贫贷款项目,援助总规模达6.1亿美元,项目区覆盖9个省区、91个贫困县,项目建成后将使800多万贫困人口稳定解决温饱问题。此外,一些国家、国际组织和非政府组织也与中国在扶贫领域开展了广泛的合作。联合国开发计划署在中国开展了一些扶贫开发项目和研究项目。

中国政府还特别重视贫困群体中的少数民族、残疾人和妇女等特殊贫困群体的扶贫开发工作,采取各种有效措施帮助他们与其他贫困人口同时脱贫。

中央领导同志十分关注"八七"扶贫攻坚计划的实施。还是在计划制定时,江泽民就指出:"到本世纪末,我们解决了 8 000 万人口的温饱问题,占世界人口 1/4 的中国人民的生存权这个最大最基本的人权问题,从此就彻底解决了。这不仅在我们中华民族的历史上是一件大事,而且在人类发展史上也是一个创举。"[①] 1996 年 9 月,在中央扶贫开发工作会议上,江泽民又强调指出:全党全国要进一步统一思想,加强领导,层层实行责任制,更广泛更深入地动员全社会力量参与开发式的扶贫,下决心,苦干实干,坚决如期实现"八七"扶贫攻坚计划。[②] 1999 年 7 月,在中央扶贫工作会议上,江泽民又指出:"不论今后两年的扶贫攻坚任务有多么艰巨,全党全国都要同心协力啃下这块硬骨头。"[③]

1998 年 10 月,中共十五届三中全会通过的《关于农业和农村工作若干重大问题的决定》提出:解决农村贫困人口的温饱问题,是一项紧迫而艰巨的任务。这部分人大多生活在自然条件恶劣的边远地区,扶贫攻坚难度很大,必须加大工作力度。要坚持开发式扶贫的方针,坚持扶贫到户。大幅度、多渠道增加扶贫投入,搞好以工代赈,重点改善基本生产生活条件,发展种养业。对极少数生存条件极端恶劣的贫困人口可以有计划地实行移民开发。经济开发要同智力开发相结合,开展科教扶贫。总结推广小额信贷等扶贫资金到户的有效做法。加强扶贫资金使用的监督检查,严禁挪用。动员社会各方面力量参与扶贫,做好各部门和东部地区对口帮扶贫困地区的工作。继续落实扶贫工作到省(自治区、直辖市)的领导责任制。扶贫攻坚要坚持实事求是,不能脱离实际提出过高要求,也不能为了赶进度而降低标准,更不能搞形式主义,弄虚作假。温饱问题基本解决以后,巩

---

① 武力、郑有贵:《解决"三农"问题之路——中国共产党"三农"思想政策史》,中国经济出版社,2004 年,第 696 页。

② 《江泽民文选》第 1 卷,人民出版社,2006 年,第 547-562 页。

③ 同①,第 697 页。

固扶贫成果,根本改变贫困地区面貌,仍是一项长期任务。

经过多方努力,到 2000 年底,国家"八七"扶贫攻坚目标基本实现,中国的扶贫开发取得了巨大成就,具体如下。

(1) 解决了两亿多农村贫困人口的温饱问题。农村尚未解决温饱问题的贫困人口由 1978 年的 2.5 亿人减少到 2000 年的 3 000 万人,农村贫困发生率从 30.7% 下降到 3% 左右。

(2) 生产生活条件明显改善。1986 年到 2000 年的 15 年间,在中国农村贫困地区修建基本农田 9 915 万亩,解决了 7 725 多万人和 8 398 多万头大牲畜的饮水困难。到 2000 年底,贫困地区通电、通路、通邮、通电话的行政村分别达到 95.5%,89%,69% 和 67.7%。

(3) 经济发展速度明显加快。"八七"计划执行期间,国家重点扶持贫困县农业增加值增长 54%,年均增长 7.5%;工业增加值增长 99.3%,年均增长 12.2%;地方财政收入增加近 1 倍,年均增长 12.9%;粮食产量增长 12.3%,年均增长 1.9%;农民人均纯收入从 648 元增加到 1 337 元,年均增长 12.8%。

(4) 各项社会事业发展较快。贫困地区人口过快增长的势头得到初步控制,人口自然增长率有所下降。办学条件得到改善,592 个国家重点扶持贫困县中有 318 个实现基本普及九年义务教育和基本扫除青壮年文盲的目标。职业教育和成人教育发展迅速,有效地提高了劳动者素质。大多数贫困地区乡镇卫生院得到改造或重新建设,缺医少药的状况得到缓解。推广了一大批农业实用技术,农民科学种田的水平明显提高。群众的文化生活得到改善,精神面貌发生了很大变化。

(5) 解决了一些集中连片贫困地区的温饱问题。沂蒙山区、井冈山区、大别山区、闽西南地区等革命老区群众的温饱问题已经基本解决。一些偏远山区和少数民族地区,面貌也有了很大的改变。历史上"苦瘠甲天下"的甘肃定西地区和宁夏的西海固地区,经过多年开发建设,基础设施和基本生产条件明显改善,贫困状况大为缓解。

2001 年 5 月,中央召开扶贫开发工作会议,制定并颁布了《中国农村扶贫开发纲要(2001—2010 年)》。这是继"八七"计划之后又一个指导全国扶贫开发的纲领性文件,对21世纪初的扶贫战略作出了全面描述,明确提出了今后10年扶贫开发的奋斗目标、基本方针、对象和重点,以及主要政策措施。以此为标志,中国的扶贫开发工作进入了一个新阶段。

第七节　西部大开发战略的实施

西部地区包括陕西省、甘肃省、青海省、四川省、贵州省、云南省、内蒙古自治区、宁夏回族自治区、新疆维吾尔自治区、西藏自治区、广西壮族自治区和重庆市等西部12个省、自治区和直辖市。这一地区地域辽阔,自然资源极为丰富。但由于历史和地理位置等方面的原因,这些地区的发展相对滞后,城市化水平不高,农业生产在国民生产总值中占有较大比重。从这一角度来说,实施西部大开发不仅是实现区域社会经济协调发展的重要举措,而且也可以看做解决"三农"问题的一个重要战略部署。改革开放以来,东部地区利用人才、交通、资金和较好的发展基础,吸引了众多西部地区本已稀缺的人才、资金和技术等资源,经济发展很快,与西部地区的经济差距更加扩大,并且还呈现出了继续拉大的趋势。

东西部存在的经济差距和矛盾,已日益成为我国经济宏观运行中的一个突出问题,也影响到区域社会的繁荣稳定和各民族的平等发展与和睦相处。第一个五年计划时期,为解决东西部之间的经济发展差距,中央政府曾有意识地在西部地区安排过一些大中型基础项目的建设。20世纪60年代初,在三线建设中,又有一批重点项目落户西部地区。但由于当时国家的总体经济实力还很有限,再加上西部地区地域广大,这些项目的建设对带动整个西部地区的经济发展,作用不是很明显。1988年9月,邓小平提出了"两个大局"的思想。他指出:"沿海地区要加快对外开放,使这个拥有两亿人口的广大地带较快地发展起来,从而带动内地更好地发展,这是一个事关大局的问题。内地要顾全这个大局。反过来,发展到一定的时候,又要求沿海拿出更多力量来帮助内地发展,这也是个大局。那时沿海也要服从这个大局。"①同时,邓小平还提出,有条件的地方可以先富起来,然后用先富带后富,实现共同富裕。西部大开发战略的提出和实施正是上述思想的具体实践。

20世纪90年代末,随着我国经济实力的不断增强,加快西部地区开发的条件已日趋成熟。1999年6月17日,江泽民在西安召开的西北五省区国有企业改革发展座谈会上强调,必须不失时机地加快中西部地区的发展,特别是抓紧研究西部地区的开发。他指出,加快开发西部地区,是全国发展的一个大战略、大思路。改革开放以来,沿海发达地区运用自身较好的经济基础、优越的地理位置和国家支持的政策,经济和社会发展已经积累了相当的实力。现在,加快中西部地区开发的时机已经到来。他提出:在发展社会主义市场经济的条件下,加快开发西部地区,要有新的思路。要适应建立社会主义市场经济体制的要求和新的对外开放环境,充分考虑国内外市场需求的新变化,按客观经济规律办事。国家要加强宏观调控,研究提出符合实际的政策措施。要按照有所为、有所不为的原则,统筹安排,有计划有步骤地进行开发,防止"刮风",防止"一哄而起"。② 11月,中共中央召开经济工作会议,提出要抓住时机,着手实施西部地区大开发战略。会议认为,实施西部大开发直接关系到扩大内需、促进经济增长,关系到民族团结、社会稳定和边防巩固,关系到东西部协调发展和最终实现共同富裕。这次会议的召开表明西部大开发作为我国跨世纪经济和社会发展的重大战略被确定下来。

为了落实西部大开发战略,2000年1月,国务院组成了由总理、副总理任正副组长、中直机关19个部委主要负责人参加的国务院西部地区开发领导小组。随后,国务院西部地区开发领导小组召开了西部地区开发会议,研究加快西部地区发展的基本思路和战略任务。会议指出,实施西部大开发是一项规模宏大的系统工程,也是一项艰巨的历史任务。当前和今后一个时期,要集中力量抓好几件关系西部地区开发全局的重点工作。

---

① 《邓小平文选》第3卷,人民出版社,1993年,第277-278页。
② 《江泽民文选》第2卷,人民出版社,2006年,第340-346页。

（1）加快基础设施建设。要以公路建设为重点,加强铁路、机场、天然气管道干线建设;加强电网、通信和广播电视等基础设施建设;加强水利基础设施建设,特别是要坚持把水资源的合理开发和节约利用放在突出位置。要在做好充分论证的基础上,着力抓好一批重大骨干工程。

（2）切实加强生态环境保护和建设。这是推进西部开发重要而紧迫的任务。要加大天然林保护工程实施力度,同时采取"退耕还林（草）、封山绿化、以粮代赈、个体承包"的政策措施,由国家无偿向农民提供粮食和苗木,对陡坡耕地有计划、分步骤地退耕还林还草。

（3）积极调整产业结构。实施西部大开发战略,起点要高,不能搞重复建设。要抓住我国产业结构进行战略性调整的时机,根据国内外市场的变化,从各地资源特点和自身优势出发,依靠科技进步,发展有市场前景的特色经济和优势产业,培育和形成新的经济增长点。

（4）加快发展科技和教育,大力培养各级各类人才。要充分发挥老工业基地、军工企业、科研机构和高等院校现有科技力量的作用,加快科技成果的转化和推广应用。要确保教育优先发展,在办好高等教育的同时,特别要加快少数民族地区和贫困地区教育的发展。

（5）加大改革开放力度。实施西部大开发,不能沿用传统的发展模式,必须研究适应新形势的新思路、新方法、新机制,特别是要采取一些重大政策措施,加快西部地区改革开放的步伐。

2000年3月,朱镕基在全国人大九届三次会议上所作的政府工作报告中指出:实施西部地区大开发战略,加快中西部地区的发展,是中共中央贯彻邓小平关于我国现代化建设"两个大局"战略思想,面向新世纪作出的重大决策。3月中旬,国务院西部地区开发领导小组正式成立,并确定当年的工作重点是:做好西部开发的总体规划;制定促进西部地区开发的政策措施;加快西部地区基础设施建设;加强西部地区生态环境保护和建设。国家在西部基础设施建设方面的重点工程有:建设西安至南京铁路中的西安至合肥段,全长955公里,总投资232亿元;投资182亿元修建全长约640公里的渝（重庆市）怀（湖南怀化）公路;兴建西安咸阳国际机场,形成以成都双流机场、昆明巫家坝机场、西安咸阳机场、兰州中川机场和乌鲁木齐机场为中心的轮辐式航空网络;修建的柴达木盆地涩北至西宁至兰州的天然气输气管道,全长953公里,输气规模达每年20亿立方米,建成后将大大改善兰州、西宁两市的大气质量;修建四川紫坪铺和宁夏黄河沙坡头水利枢纽,这是集发电、灌溉、防洪等功能为一体的大型水利工程,其中位于岷江上游的紫萍铺工程,总投资约62亿元,水库总库容约11亿立方米,装机容量67万千瓦;在长江上游和黄河地区实施退耕515万亩的计划,同时安排宜林荒山荒地人工造林648万亩。此外"西电东送"工程、青海钾肥工程、西部高校基础建设工程和重庆市高架轻轨交通工程也开始投入建设。

2000年6月,江泽民在兰州主持召开西北地区党建工作和西部开发座谈会时,再次强调指出:实施西部大开发战略,是党中央在国际形势发生新的变化、我国经济进入一个新的发展时期作出的重大决策。实施西部大开发,将为21世纪我国经济发展开拓新的广阔空间,是保持我国经济持续快速健康发展的重大战略措施。具体说来,西部大开发创造出的大量投资机遇,将有力地增强对经济增长的拉动;西部地区优势资源的开发和东送,将为中部和东部地区的发展提供有力的支撑;中西部地区人民群众收入水平的提高,将创造巨大的市场。因此,"加强国内经济联合,进一步促进生产力的合理布局,使东、中、西部地区形成各具特色、优势互补的经济,将大大提高我国的生产社会化水平和经济效益、竞争能力,有利于我们更好地凝聚全国力量参与国际竞争和拓展国际市场"。同时,西部地区在维护国家安全、领土完整方面具有重要的战略价值。因此,"加快西部地区发展,对于我国未来的繁荣昌盛和长治久安,具有极其重大的意义"。①

实施西部大开发是一项长期性的战略任务,要做好这一工作,必须把西部开发的紧迫感与长期奋斗的思想结合起来;要把突出重点与全面发展结合起来;要把经济效益与社会效益结合起来;要把西部开发与东、中部地区发展结合起来;要把发挥市场作用与实施宏观调控结合起来;要把国家和各方面的支持与自力更生、艰苦奋斗结合起来;要把推进经济发展与实现社会全面进步结合起来。

---

① 《江泽民文选》第3卷,人民出版社,2006年,第58页。

第六章

扎实推进社会主义新农村建设

——以胡锦涛为总书记的新一届领导集体的『三农』思想

　　以胡锦涛为总书记的新一届中共中央领导集体形成后,继续高度重视农业、农村和农民问题。

　　2003 年 11 月,胡锦涛在中央经济工作会议上的讲话中明确提出,要"充分认识解决城乡差距拉大、地区发展不平衡、经济社会发展不协调问题的重要性和紧迫性,切实把解决'三农'问题作为全党工作的重中之重"。

　　2004 年 5 月,胡锦涛在联合国粮农组织第二十七届亚太区域大会开幕式上的致辞中又强调:"农业是安天下的战略产业,对保证经济社会发展、改善人民生活、保持社会稳定,具有十分重要的基础性作用。""建设现代农业,发展农村经济,增加农民收入,是我们全面建设小康社会的重大任务。"为了实现城乡统筹发展,进一步加强农业基础地位,推进农业的可持续发展,就必须"不断推进农业和农村经济结构调整,保护和提高粮食综合生产能力,推进农业产业化经营,加大对农业发展的支持力度,加强农业科技研究和推广,加强农村基础设施建设,促进农民收入增长,以进一步开创农业和农村发展的新局面"。[①]

　　胡锦涛提出:"在我们这样一个人口大国、农业大国,解决农业问题的出路,既要靠政策、靠改革、靠调动广大农民的积极性,又要靠科学技术。从长远和根本上说,要开辟我国农业发展的广阔前景,关键在于农业科技进步。这是由我国的基本国情所决定的,也是世界农业发展给我们的重要启示。我们要大力推进农业科技进步,加强对农民的技术指导和培训,充分发挥科技对粮食增产、农民增收的巨大推动作用。"[②]

　　在上述思想指导下,进入新世纪以来,中国共产党在解决"三农"问题上,先后实施了一系列重大举措,并取得了明显成效。

---

　　①　胡锦涛:《在联合国粮农组织第二十七届亚太区域大会开幕式上的致辞》,《人民日报》,2004 年 5 月 20 日。

　　②　胡锦涛:《在陕西考察工作时的讲话》,《人民日报》,2004 年 4 月 14 日。

第一节　在"科学发展观"指导下统筹解决"三农"问题

"科学发展观"是以胡锦涛为总书记的中共中央领导集体把马列主义基本原理与中国特色社会主义建设的具体实践相结合后而提出的重要思想,是马克思主义中国化的最新成果。这一思想最早是胡锦涛于2004年3月9日在中央人口资源环境工作座谈会上的讲话中提出来的。在那次讲话中,胡锦涛指出,坚持以人为本,全面、协调、可持续的发展观,是中国共产党以邓小平理论和"三个代表"重要思想为指导,从新世纪新阶段党和国家事业发展全局出发提出的重大战略思想。它的提出,总结了20多年来中国改革开放和现代化建设的成功经验,吸取了世界上其他国家在发展进程中的经验教训,揭示了经济社会发展的客观规律,反映了中国共产党对发展问题的新认识。

关于科学发展观的深刻内涵和基本要求,胡锦涛说,坚持以人为本,就是要以实现人的全面发展为目标,从人民群众的根本利益出发谋发展、促发展,不断满足人民群众日益增长的物质文化需要,切实保障人民群众的经济、政治和文化权益,让发展的成果惠及全体人民。全面发展,就是要以经济建设为中心,全面推进经济、政治、文化建设,实现经济发展和社会全面进步。协调发展,就是要统筹城乡发展、统筹区域发展、统筹经济社会发展、统筹人与自然和谐发展、统筹国内发展和对外开放,推进生产力和生产关系、经济基础和上层建筑相协调,推进经济、政治、文化建设的各个环节、各个方面相协调。可持续发展,就是要促进人与自然的和谐,实现经济发展和人口、资源、环境相协调,坚持走生产发展、生活富裕、生态良好的文明发展道路,保证一代接一代地永续发展。

要树立和落实科学发展观,胡锦涛指出,就必须注意把握好以下几个问题:必须始终坚持以经济建设为中心,聚精会神搞建设,一心一意谋发展;必须在经济发展的基础上,推动社会全面进步和人的全面发展,促进社会主义物质文明、政治文明、精神文明协调发展;必须着力提高经济增长的质量和效益,努力实现速度和结构、质量、效益相统一,经济发展和人口、资源、环境相协调,不断保护和增强发展的可持续性;必须坚持理论和实际相结合,因地制宜、因时制宜地把科学发展观的要求贯穿于各方面的工作。胡锦涛还强调,各级党委、政府和领导干部都要自觉地树立和落实科学发展观和正确的政绩观,坚持按照科学规律来谋划发展大计。①

在中共十七大的政治报告中,胡锦涛再次详细阐述了科学发展观提出的历史背景、深刻内涵和重要地位等。他指出,科学发展观,是对党的三代中央领导集体关于发展的重要思想的继承和发展,是马克思主义关于发展的世界观和方法论的集中体现,是同马克思列宁主义、毛泽东思想、邓小平理论和"三个代表"重要思想既一脉相承又与时俱进的科学理论,是我国经济社会发展的重要指导方针,是发展中国特色社会主义必须坚持和贯彻的重大战略思想。

胡锦涛还指出,科学发展观,是立足社会主义初级阶段基本国情,总结我国发展实践,借鉴国外发展经验,适应新的发展要求提出来的。进入新世纪新阶段,我国发展呈现一系列新的阶段性特征,主要是:经济实力显著增强,同时生产力水平总体上还不高,自主创新能力还不强,长期形成的结构性矛盾和粗放型增长方式尚未根本改变;社会主义市场经济体制初步建立,同时影响发展的体制机制障碍依然存在,改革攻坚面临深层次矛盾和问题;人民生活总体上达到小康水平,同时收入分配差距拉大趋势还未根本扭转,城乡贫困人口和低收入人口还有相当数量,统筹兼顾各方面利益难度加大;协调发展取得显著成绩,同时农业基础薄弱、农村发展滞后的局面尚未改变,缩小城乡、区域发展差距和促进经济社会协调发展任务艰巨;社会主义民主政治不断发展、依法治国基本方略扎实贯彻,同时民主法制建设与扩大人民民主和经济社会发展的要求还不完全适应,政治体制改革需要继续深化;社会主义文化更加繁荣,同时人民精神文化需求日趋旺盛,

---

① 《人民日报》,2004 年 3 月 10 日。

人们思想活动的独立性、选择性、多变性、差异性明显增强,对发展社会主义先进文化提出了更高要求;社会活力显著增强,同时社会结构、社会组织形式、社会利益格局发生深刻变化,社会建设和管理面临诸多新课题;对外开放日益扩大,同时面临的国际竞争日趋激烈,发达国家在经济科技上占优势的压力长期存在,可以预见和难以预见的风险增多,统筹国内发展和对外开放要求更高。

胡锦涛强调,科学发展观,第一要义是发展,核心是以人为本,基本要求是全面协调可持续,根本方法是统筹兼顾。坚持科学发展观就必须坚持把发展作为党执政兴国的第一要务。发展,对于全面建设小康社会、加快推进社会主义现代化,具有决定性意义。要牢牢抓住经济建设这个中心,坚持聚精会神搞建设、一心一意谋发展,不断解放和发展社会生产力。更好实施科教兴国战略、人才强国战略、可持续发展战略,着力把握发展规律、创新发展理念、转变发展方式、破解发展难题,提高发展质量和效益,实现又好又快发展,为发展中国特色社会主义打下坚实基础。努力实现以人为本、全面协调可持续的科学发展,实现各方面事业有机统一、社会成员团结和睦的和谐发展,实现既通过维护世界和平发展自己又通过自身发展维护世界和平的和平发展。

胡锦涛指出,深入贯彻落实科学发展观,要求我们始终坚持"一个中心、两个基本点"的基本路线。党的基本路线是党和国家的生命线,是实现科学发展的政治保证。以经济建设为中心是兴国之要,是我们党、我们国家兴旺发达和长治久安的根本要求;四项基本原则是立国之本,是我们党、我们国家生存发展的政治基石;改革开放是强国之路,是我们党、我们国家发展进步的活力源泉。要坚持把以经济建设为中心同坚持四项基本原则、坚持改革开放这两个基本点统一于发展中国特色社会主义的伟大实践,任何时候都决不能动摇。①

中共十七大通过的新党章,明确把"科学发展观"规定为全党必须遵

---

① 胡锦涛:《高举中国特色社会主义伟大旗帜为夺取全面建设小康社会新胜利而奋斗》,人民出版社,2007 年,第 12-19 页。

循的指导思想。

"科学发展观"是中国特色社会主义建设事业的指导思想,也是解决"三农"问题的指导思想,具体来说,就是要在"科学发展观"的指导下,统筹解决"三农"问题,实现城乡协调发展,推进社会主义新农村建设。

在科学发展观的指导下,中共十六大以来,以胡锦涛为总书记的新一届中共中央领导集体,在解决"三农"问题、实现城乡统筹发展方面提出了一系列新思想。2003年1月,胡锦涛在中央农村工作会议上指出:统筹城乡经济社会发展,就是要充分发挥城市对农村的带动作用和农村对城市的促进作用,实现城乡经济社会一体化发展。这既是解决"三农"问题的重大战略,又是增强城市发展后劲的有效措施。他强调:加大对农村的支持和保护力度,是统筹城乡经济社会发展的必然要求……随着国力的增加,我们要进一步调整国民收入分配结构和财政支出结构,增加对农业的投入,逐步形成国家支农资金稳定增长的机制。2004年9月,在中共十六届四中全会上,胡锦涛提出了工农和城乡之间关系发展中存在"两个趋向"的观点。他说,综观一些工业化国家发展的历程,在工业化初始阶段,农业支持工业、为工业提供积累是带有普遍性的趋向;但在工业化达到相当程度以后,工业反哺农业、城市支持农村,实现工业与农业、城市与农村协调发展,也是带有普遍性的趋向。随后又在12月召开的中央经济工作会议上指出:"我国现在总体上已到了以工促农、以城带乡的发展阶段。我们应当顺应这一趋势,更加自觉地调整国民收入分配格局,更加积极地支持'三农'发展。"[①] 2005年6月,他在省部级主要领导干部提高构建社会主义和谐社会能力专题研讨班上的讲话中又指出:在城镇化过程中,必须"坚持统筹城乡发展,充分发挥城市对农村的辐射和带动作用,充分发挥工业对农业的支持和反哺作用,逐步建立有利于改变城乡二元经济结构的体制,稳定、完善和强化对农业的支持政策,加快农业和农村经济发展,努力实现农民收入稳步增长,促进城乡良性互动、共

---

① 转引自柯炳生:《工业反哺农业的理论与实践研究》,人民出版社,2008年,第28—29页。

同发展"。①

　　与此同时,一系列支农、惠农政策相继出台,城乡统筹发展的思想真正落到了实处。

第二节　六个一号文件:解决"三农"问题的新思路与新举措

　　以胡锦涛为总书记的中共中央高度重视"三农"问题的一个重要标志,就是从2004年起连续6年都就解决"三农"问题发布了中共中央的一号文件。在这些文件中,不仅一再重申了"三农"问题的重要性以及此前历届中央领导集体所提出的解决"三农"问题的正确思路和措施,而且根据不断变化的形势,提出了一些新的思想和举措。

　　1997年至2003年,在国民经济总体上较为平稳、快速增长的情况下,"三农"问题却日显突出,农民收入连续7年增长不到4%,不及城镇居民收入增量的1/5。粮食主产区和多数农户收入持续徘徊甚至减收,农村各项社会事业也陷入低增长期。面对"三农"问题的严峻形势,以胡锦涛为总书记的中共中央审时度势,从国民经济全局出发,对城乡发展战略和政策导向作出重大调整,更多关注农村,关心农民,支持农业,解决"三农"问题作为全党工作重中之重的地位得到再三强调。

　　针对近年来全国农民人均纯收入连续增长缓慢的情况,2004年2月8日,中共中央、国务院下发了《关于促进农民增加收入若干政策的意见》。这是新世纪第一个,也是改革开放以来的第六个关于解决"三农"问题的一号文件。文件要求,要调整农业结构,扩大农民就业,加快科技进步,深化农村改革,增加农业投入,强化对农业支持保护,力争实现农民收入较快增长,尽快扭转城乡居民收入差距不断扩大的趋势。其核心思想是千方百计促进农民增收。

----

① 《人民日报》,2005年6月27日。

2005 年 1 月 30 日,中共中央、国务院发出了《关于进一步加强农村工作提高农业综合生产能力若干政策的意见》。这是新世纪第二个、改革开放以来第七个以"三农"为主题的一号文件。文件要求,要稳定、完善和强化各项支农政策,切实加强农业综合生产能力建设,继续调整农业和农村经济结构,进一步深化农村改革,努力实现粮食稳定增产、农民持续增收,促进农村经济社会全面发展。其核心思想是提高农业综合生产能力。

2006 年 2 月 21 日,中共中央、国务院下发《关于推进社会主义新农村建设的若干意见》。这是新世纪第三个、改革开放以来中央第八个以"三农"为主题的一号文件。文件要求,要完善强化支农政策,建设现代农业,稳定发展粮食生产,积极调整农业结构,加强基础设施建设,加强农村民主政治建设和精神文明建设,加快社会事业发展,推进农村综合改革,促进农民持续增收,确保社会主义新农村建设有良好开局。其核心思想是建设社会主义新农村。

2007 年 1 月 29 日,中共中央、国务院发出《关于积极发展现代农业扎实推进社会主义新农村建设的若干意见》。这是新世纪第四个、改革开放以来中央第九个以"三农"为主题的一号文件。文件要求,发展现代农业是社会主义新农村建设的首要任务,要用现代物质条件装备农业,用现代科学技术改造农业,用现代产业体系提升农业,用现代经营形式推进农业,用现代发展理念引领农业,用培养新型农民发展农业,提高农业水利化、机械化和信息化水平,提高土地产出率、资源利用率和农业劳动生产率,提高农业素质、效益和竞争力。其核心思想是发展现代农业是建设新农村的首要任务。

2008 年 1 月 30 日,中共中央、国务院发出《关于切实加强农业基础建设进一步促进农业发展农民增收的若干意见》。这是新世纪第五个、改革开放以来中央第十个以"三农"为主题的一号文件。文件强调,按照统筹城乡发展要求切实加大"三农"投入力度,巩固、完善、强化强农惠农政策,形成农业增效、农民增收良性互动格局,探索建立促进城乡一体化发展的体制机制,并制定一系列政策措施。文件以切实加强农业基础建设,进一步促进农业发展农民增收为主题,切中了当前农业农村发展的要害,抓住了实现经济社会又好又快发展的基础问题,是党中央从经济社会发展全局出发,从农村发展迫切需要出发,对"三农"工作作出的重大部署。其核心思想是加强农业基础建设。

2009年2月1日,中共中央、国务院发出《关于2009年促进农业稳定发展农民持续增收的若干意见》(简称《意见》)。这是新世纪第六个、改革开放以来第十一个以"三农"为主题的中央一号文件。《意见》指出,必须切实增强危机意识,充分估计困难,紧紧抓住机遇,果断采取措施,坚决防止粮食生产滑坡,坚决防止农民收入徘徊,确保农业稳定发展,确保农村社会安定。其核心思想是把保持农业农村经济平稳较快发展作为首要任务。

与上述文件相伴随的,是一系列重要惠农措施的出台。农村道路、安全饮水、农村沼气、农村用电和大中型水库等基础设施建设得到加强。农村义务教育阶段学生全部免除学杂费和免费提供教科书,新型农村合作医疗制度已覆盖全国86%的县(区、市),农村最低生活保障制度已在全国范围初步建立,扶贫开发取得新进展。农村综合改革、集体林权制度改革稳步推进。农村金融体制改革试点迈出较大步伐,开展了村镇银行、贷款子公司和农民资金互助合作组织试点,扩大了政策性农业保险试点范围。对种粮农民实施直接补贴、良种补贴和农机具购置补贴、农资综合补贴等;实施"家电下乡",对农民购买彩电、电冰箱、手机、洗衣机等指定家电品种,国家按产品销售价格一定比例给予直接补贴,并根据需要增加新的补贴品种;加强农资产销调控,扶持化肥生产,增加淡季储备,保障市场供应;支持供销合作社、邮政、商贸企业和农民专业合作社等加快发展农资连锁经营,推行农资信用销售;在有条件的地方改造建设农村综合服务中心;加强农村市场监管,严厉查处坑农害农行为,特别是从2006年起,取消了实行上千年之久的农业税。

取消农业税,虽然就这一政策规定的本身来说,对于减轻农民负担的直接贡献并不大,但其所具有的象征意义却是十分重要的。这不仅宣告了一项实行了两千多年的政策的终结,更重要的是表明国家处理工农、城乡关系的思路彻底转变了,即把此前城市与农村经济间的"汲取型"关系彻底打破了,国家对农民实现了由"取"向"予"的重大转折,城市支持农村、工业反哺农业,以工促农、以城带乡的机制得以建立,形成城乡经济社会发展一体化新格局,一种新型的城乡关系、工农关系由此得以建立。从这一角度说,取消农业税是一次历史性的变革。

一系列助农、惠农政策的实施,其最直接的效果就是农业生产从2004年起结束了此前数年连续徘徊不前甚至下滑的趋势。农民的生产条件逐步改善,积极性稳步提高,粮食生产继续稳定发展。2007年全国粮食总产达到10 030亿斤,比2006年增加0.7%。单产再创历史新高,实现连续4年总产增加、单产创纪录。二是农民收入增速加快,收入水平迈上新台阶。全国农民人均纯收入达到4 140元,比2006年增加553元,是历史上增加最多的一年;名义收入增长15.4%,实际收入增长达到9.5%,是1997年以来增长最快的年份。其中,工资性收入和家庭农业经营收入分别增加221元和224元,是收入增长的主要动因。2008年我国农民人均纯收入进一步达到4 680元,比上年实际增长8%左右。

第三节 构建社会主义和谐社会新农村

建设社会主义新农村是中国共产党始终不懈的长期追求,但在不同的历史时期,具有不同的具体内涵。早在20世纪五六十年代,中央有关文件及领导人的讲话就多次提到过建设社会主义新农村问题。如1956年一届人大三次会议通过的"高级农业生产合作社示范章程"就被一些领导人称为"建设社会主义新农村的法规"。① 湖北省委在同年1月召开的黄冈地委五级干部大会上,也提出了"建设社会主义的新农村"的口号。20世纪60年代初,湖北省委重提这一口号,把它作为"奋斗目标",

---

① 《人民日报》,1956年6月24日第5版。

指出"社会主义的现代化农业,有觉悟、有文化的农民,农村的生活逐步同城市接近",就是"建设社会主义新农村的目标"。① 《全国农业生产纲要40条(草案)》提出后,又有一些领导人和党的文件把它称为"建设社会主义新农村"的纲领性文件。② 但这一时期的新农村建设强调的是农业要为国家工业化多作贡献,因此重点宣传了那些依靠自力更生、艰苦创业而取得成绩的一些新农村建设的先进典型,最为著名的是山西省昔阳县的大寨大队等。

改革开放以来,建设社会主义新农村被赋予新的内涵。1993年10月,江泽民指出:"实现九十年代我国农村改革和发展的宏伟目标,建设有中国特色的社会主义新农村,是一项开创性的全新事业,面临一系列新的问题,需要在党的基本理论和基本路线指引下,结合农村发展变化的实际,创造性地加以解决。"③ 后来在安徽考察农村工作时,他又指出:建设中国特色的社会主义新农村,必须既重视物质文明建设,又重视精神文明建设,要两个文明一起抓,一起发展,"只有两个文明都搞好,经济社会协调发展,才是有中国特色社会主义新农村"。"建设有中国特色社会主义新农村,必须加强和改善党的领导,充分发挥农村基层党组织的领导核心作用。这是做好农村工作、巩固基层政权的政治保证。"④

1998年10月,中共十五届三中全会通过的《关于农业和农村工作若干重大问题的决定》提出了2010年建设有中国特色社会主义新农村的具体目标。这就是:

(1) 在经济上,坚持以公有制为主体、多种所有制经济共同发展,不断解放和发展农村生产力。基本建立以家庭承包经营为基础,以农业社会化服务体系、农产品市场体系和国家对农业的支持保护体系为支撑,适应发展社会主义市场经济要求的农村经济体制;农业科技、装备水平和综合生产能力有显著提高,农产品更好地满足国民经济发展和人口增长、生活改

---

① 《王任重文集》(上卷),中央文献出版社,1999年,第340-341页。
② 《人民日报》,1960年4月7日第2版、11日第1版。
③ 江泽民:《论社会主义市场经济》,中央文献出版社,2006年,第153-154页。
④ 《江泽民文选》第2卷,人民出版社,2006年,第220页。

善的需求;农村产业结构进一步优化,城镇化水平有较大提高;农民收入不断增加,农村全面实现小康,并逐步向更高的水平前进。

(2)在政治上,坚持中国共产党的领导,加强农村社会主义民主政治建设,进一步扩大基层民主,保证农民依法直接行使民主权利。全面推进村民自治,完善乡镇人民代表大会制度;乡镇机构精干,以党支部为核心的村级组织健全,干群关系密切;加强法治,保持农村良好的社会秩序和治安环境。

(3)在文化上,坚持全面推进农村社会主义精神文明建设,培养有理想、有道德、有文化、有纪律的新型农民。加强思想道德教育,倡导健康文明的社会风尚;发展教育事业,普及九年制义务教育,扫除青壮年文盲,普及科学技术知识;发展农村卫生、体育事业,使农民享有初级卫生保健;建设农村文化设施,丰富农民的精神文化生活。

以胡锦涛为总书记的新一届中央领导集体组成后,更加重视社会主义新农村建设。2006年,在总结了多年实践的基础上,中共中央专门发出了《关于推进社会主义新农村建设的若干意见》(以下简称《意见》),并作为当年的一号文件。

《意见》指出,建设社会主义新农村是我国现代化进程中的重大历史任务。全面建设小康社会,最艰巨最繁重的任务在农村。加速推进现代化,必须妥善处理工农、城乡关系。构建社会主义和谐社会,必须促进农村经济社会全面进步。农村人口众多是我国的国情,只有发展好农村经济,建设好农民的家园,让农民过上宽裕的生活,才能保障全体人民共享经济社会发展成果,才能不断扩大内需和促进国民经济持续发展。当前,我国总体上已进入以工促农、以城带乡的发展阶段,初步具备了加大力度扶持"三农"的能力和条件。"十一五"时期,必须抓住机遇,加快改变农村经济社会发展滞后的局面,扎实稳步推进社会主义新农村建设。

要完成新农村建设这一长期而繁重的历史任务,《意见》强调,就必须坚持以发展农村经济为中心,进一步解放和发展农村生产力,促进粮食稳定发展、农民持续增收;必须坚持农村基本经营制度,尊重农民的主体地位,不断创新农村体制机制;必须坚持以人为本,着力解决农民生产生活中最迫切的实际问题,切实让农民得到实惠;必须坚持科学规划,实行因地制宜、分类指导,有计划有步骤有重点地逐步推进;必须坚持发挥各方面积极性,依靠农民辛勤劳动、国家扶持和社会力量的广泛参与,使新农村建设成为全党全社会的共同行动。在推进新农村建设工作中,要注重实效,不搞形式主义;要量力而行,不盲目攀比;要民主商议,不强迫命令;要突出特色,不强求一律;要引导扶持,不包办代替。

《意见》还提出,要围绕社会主义新农村建设做好农业和农村工作。"十一五"时期是社会主义新农村建设打下坚实基础的关键时期,是推进现代农业建设迈出重大步伐的关键时期,是构建新型工农、城乡关系取得突破进展的关键时期,也是农村全面建设小康加速推进的关键时期。要全面贯彻落实科学发展观,统筹城乡经济社会发展,实行工业反哺农业、城市支持农村和"多予少取放活"的方针,按照"生产发展、生活宽裕、乡风文明、村容整洁、管理民主"的要求,协调推进农村经济建设、政治建设、文化建设、社会建设和党的建设。要完善强化支农政策,建设现代农业,稳定发展粮食生产,积极调整农业结构,加强基础设施建设,加强农村民主政治建设和精神文明建设,加快社会事业发展,推进农村综合改革,促进农民持续增收,确保社会主义新农村建设有良好开局。

关于新农村建设的机制,《意见》指出,要加快建立以工促农、以城带乡的长效机制。顺应经济社会发展阶段性变化和建设社会主义新农村的要求,坚持"多予少取放活"的方针,重点在"多予"上下工夫。调整国民收入分配格局,国家财政支出、预算内固定资产投资和信贷投放,要按照存量适度调整、增量重点倾斜的原则,不断增加对农业和农村的投入。扩大公共财政覆盖农村的范围,建立健全财政支农资金稳定增长机制。

2006年,国家财政支农资金增量要高于上年,国债和预算内资金用于农村建设的比重要高于上年,其中直接用于改善农村生产生活条件的资金要高于上年,并逐步形成新农村建设稳定的资金来源。要把国家对基础设施建设投入的重点转向农村。提高耕地占用税税率,新增税收应主要用于"三农"。抓紧制定将土地出让金一部分收入用于农业土地开发的管理和监督办法,依法严格收缴土地出让金和新增建设用地有偿使用费,土地出让金用于农业土地开发的部分和新增建设用地有偿使用费安排的土地开发整理项目,都要将小型农田水利设施建设作为重要内容,建设标准农田。进一步加大支农资金整合力度,提高资金使用效率。金融机构要不断改善服务,加强对"三农"的支持。要加快建立有利于逐步改变城乡二元结构的体制,实行城乡劳动者平等就业的制度,建立健全与经济发展水平相适应的多种形式的农村社会保障制度。充分发挥市场配置资源的基础性作用,推进征地、户籍等制度改革,逐步形成城乡统一的要素市场,增强农村经济发展活力。

《意见》同时提出,要推进现代农业建设,强化社会主义新农村建设的产业支撑;促进农民持续增收,夯实社会主义新农村建设的经济基础;加强农村基础设施建设,改善社会主义新农村建设的物质条件;加快发展农村社会事业,培养推进社会主义新农村建设的新型农民;全面深化农村改革,健全社会主义新农村建设的体制保障;加强农村民主政治建设,完善建设社会主义新农村的乡村治理机制。

关于新农村建设的组织和体制保障,《意见》提出,必须在新农村建设中切实加强领导,并动员全党全社会关心、支持和参与社会主义新农村建设。

首先,推进社会主义新农村建设事关我国农业和农村的长远发展,事关改革开放和现代化建设的大局,各级党委和政府要从战略和全局的高度出发,把建设社会主义新农村作为一件大事,真正列入议事日程,切实加强领导,明确工作重点,每年为农民办几件实事。各级党委和政府的工作部门都要明确自身在新农村建设中的职责和任务,特别是宏观管理、基础产业和公共服务部门,在制订发展规划、安排建设投资和事业经费时,要充分考虑统筹城乡发展的要求,更多地向农村倾斜。各地区各部门要建立推进新农村建设的工作协调机制,加强统一领导,明确职责分工,搞好配合协作。各级领导干部要深入农村调查研究,总结实践经验,加强指导服务,帮助基层解决新农村建设中遇到的各种矛盾和问题。

其次,新农村建设涉及经济、政治、文化和社会各个方面,是一项十分复杂的系统工程,必须切实加强规划工作。各地要按照统筹城乡经济社会发展的要求,把新农村建设纳入当地经济和社会发展的总体规划。要明确推进新农村建设的思路、目标和工作措施,统筹安排各项建设任务。做好第二次全国农业普查工作,为制订规划提供科学依据。要充分考虑农民的切身利益和发展要求,在促进农村经济发展的基础上,区分轻重缓急,突出建设重点,加强饮水安全、农田水利、乡村道路、农村能源等基础设施建设,加快教育、卫生等公共事业发展。要尊重自然规律、经济规律和社会发展规律,广泛听取基层和农民群众的意见和建议,提高规划的科学性、民主性、可行性,确保新农村建设扎实稳步推进。

再次,动员全社会力量关心、支持和参与社会主义新农村建设。建设社会主义新农村是全社会的事业,需要动员各方面力量广泛参与。各行各业都要关心支持新农村建设,为新农村建设作出贡献。充分发挥城市带动农村发展的作用,加大城市经济对农村的辐射,加大城市人才、智力资源对农村的支持,加大城市科技、教育、医疗等方面对农民的服务。要形成全社会参与新农村建设的激励机制,鼓励各种社会力量投身社会主义新农村建设,引导党政机关、人民团体、企事业单位和社会知名人士、志愿者对乡村进行结对帮扶,加强舆论宣传,努力营造全社会关心、支持、参与建设社会主义新农村的浓厚氛围。

《意见》是新时期推进新农村建设的纲领性文件。

2006年2月14日,胡锦涛在中共中央举办的省部级主要领导干部建设社会主义新农村专题研讨班上提出,建设社会主义新农村,是我们党在深刻分析当前国际国内形势、全面把握我国经济社会发展阶段性特征的基础上,从党和国家事业发展的全局出发确定的一项重大历史任务。全党同志和全国上下要团结一心、扎实工作,真正使建设社会主义新农村成为惠及广大农民群众的民心工程,不断取得扎扎实实的成效。

胡锦涛强调,当前和今后一个时期建设社会主义新农村,要注意抓好以下工作:

一是要全面加强农村生产力建设,针对制约农村生产力发展的突出问题,抓住关键环节,采取综合措施,加强粮食综合生产能力建设,加快农业科技进步,加强农村基础设施建设,加快转变农业增长方式。二是要坚持把促进农民增收作为农业和农村工作的中心任务,挖掘农业内部增收潜力,广辟农村富余劳动力转移就业的途径,形成农民增收的长效机制。三是要扩大农村基层民主,搞好村民自治,健全村务公开制度,开展普法教育,确保广大农民群众依法行使当家做主的权利。四是要加强精神文明建设,加快发展农村教育文化事业,倡导健康文明的新风尚,培育造就新型农民。五是要坚持以解决好农民群众最关心、最直接、最现实的利益问题为着力点,促进农村和谐社会建设,关心农村困难群众生活,发展农村卫生事业,加强农村社会建设和管理。六是要坚持社会主义市场经济的改革方向,稳定和完善农村基本经营体制,统筹推进农村各项改革,充分尊重广大农民群众的首创精神,全面增强农业和农村发展的活力。

胡锦涛指出,党的领导是建设社会主义新农村的根本保证。各级党委和政府要把思想统一到中央的决策和部署上来,切实把这件关系全局的大事抓紧抓好。要立足当前、着眼长远、统筹安排、科学规划,广泛听取基层和农民群众的意见和建议,尊重自然规律、经济规律和社会发展规律,区分轻重缓急,突出建设重点,分步实施,扎实推进。要从农民群众最关心、要求最迫切、最容易见效的事情抓起,不断让农民群众得到实实在在的好处。广大干部要弘扬求真务实精神,做到关心农民疾苦、尊重农民意愿、维护农民利益、增进农民福祉。

2006年3月通过的"中华人民共和国国民经济和社会发展第十一个五年规划纲要"又提出,要坚持把发展农业生产力作为建设社会主义新农村的首要任务,推进农业结构战略性调整,转变农业增长方式,提高农业综合生产能力和增值能力,巩固和加强农业基础地位。7月,胡锦涛在全国统战工作会议上指出:要推进社会主义新农村建设,促进农业和农村发展,加强农村社会主义民主法制建设和精神文明建设,不断改善农民生活,积极培育造就有文化、懂技术、会经营的新型农民,使工农联盟在新形势下切实得到巩固和发展。妥善处理城乡关系,实现统筹发展是建设社会主义新农村的题中应有之义。他指出:"我们必须下更大的决心、拿出更多的投入、进行更扎实的努力,推动现代农业建设迈出重大步伐,在构建新型工农、城乡关系方面取得突破性进展,为建设社会主义新农村打下坚实基础。"①

在中共十七大的政治报告中,胡锦涛再次强调,要统筹城乡发展,推进社会主义新农村建设。他强调,解决好农业、农村、农民问题,事关全面建设小康社会大局,必须始终作为全党工作的重中之重。因此,要加强农业基础地位,走中国特色农业现代化道路,建立以工促农、以城带乡长效机制,形成城乡经济社会发展一体化新格局;要坚持把发展现代农业、繁荣农村经济作为首要任务,加强农村基础设施建设,健全农村市场和农业服务体系;要加大支农惠农政策力度,严格保护耕地,增加农业投入,促进农业科技进步,增强农业综合生产能力,确保国家粮食安全。要加强动植物疫病防控,提高农产品质量安全水平;要以促进农民增收为核心,发展乡镇企业,壮大县域经济,多渠道转移农民就业。要提高扶贫开发水平;深化农村综合改革,推进农村金融体制改革和创新,改革集体林权制度。要坚持农村基本经营制度,稳定和完善土地承包关系,按照依法自愿有偿原则,健全土地承包经营权流转市场,有条件的地方可以发展多种形式的适度规模经营;要探索集体经济有效实现形式,发展农民专业合作组织,支持农业产业化经营和龙头企业发展;要培育有文化、懂技术、会经营的新型农民,发挥亿万农民建设新农村的主体作用。② 这些都说明中国共产党对社会主义新农村建设的认识更加深入、系统了。

2007 年的中共中央一号文件《关于积极发展现代农业扎实推进社会主义新农村建设的若干意见》又一次指出:农业丰则基础强,农民富则国家盛,农村稳则社会安。加强"三农"工作,积极发展现代农业,扎实推进社会主义新农村建设,是全面落实科学发展观、构建社会主义和谐社会的必然要求,是加快社会主义现代化建设的重大任务。此后,在 2008、2009 年的中央一号文件以及有关"三农"问题的重大决定中,也都有关于建设社会主义新农村的专门论述。

---

① 转引自柯炳生:《工业反哺农业的理论与实践研究》,人民出版社,2008 年,第 30 页。
② 胡锦涛:《高举中国特色社会主义伟大旗帜为夺取全面建设小康社会新胜利而奋斗》,人民出版社,2007 年,第 23-24 页。

在中央有关方针、政策的积极指导下,社会主义新农村建设的伟大实践正在全国范围内有序展开,城市支援乡村、工业反哺农业,城乡协调发展的可喜局面已经初步形成。

结　语

在中国这样一个人口众多的农业大国里,高度重视"三农"问题的解决,是共和国历代(届)领导集体的共同主张。他们解决"三农"问题的思路既有高度一致、一脉相承的鲜明特点,更有不断创新、丰富发展的明显区别。

就相同点来说,首先,共和国历代(届)领袖集体都十分重视"三农"问题的解决,高度重视、不断加强和完善党对"三农"工作的领导。其次,共和国历代(届)领导集体都认识到,解决"三农"问题涉及农村工作的方方面面,其中发展农业生产是解决"三农"问题的一个重要的基础性工作。再次,共和国历代(届)领导集体都高度重视处理好农业和其他产业之间的辩证关系。

同时更要看到,在共和国历代(届)领导集体中,解决"三农"问题的思路也有明显的区别,有些甚至是本质的区别。比如,历代(届)领导集体都十分重视从制度和政策层面(也就是生产关系层面)来促进农业生产的发展,但其立足点和强调的中心却有明显的差异。

大致说来,毛泽东主张通过不断提高公有化程度和扩大农业生产规模来促进农业生产的发展。由于对农民个体经济的生产方式认识不全面,担心小农经济容易出现两极分化和贫富悬殊,成为引发不稳定的因素,再加上对大生产能带来的规模效益作了不恰当的估计,他强调要通过逐步引导农民走集体化道路、不断提高公有化程度来促进农业生产的发展,并避免两极分化。而毛泽东以后的共和国历代(届)领导人虽然也十分注重不断调整农村生产关系,但强调的重点则在于生产关系的变革一定要适合我国农村现有的农业生产力水平,因此必须稳定和不断完善农村改革以后确立的以家庭联产承包经营为主的农业生产责任制,由此带动并保持农业生产的持续、稳步发展。

又如,在妥善处理工农关系以及对农业的投入和保护方面,毛泽东时代虽然提出了对农业积累要取用适度的思想,但由于缺少其他资金积累途径,在实际工作中,从农业提取的资金积累不仅总量十分巨大,而且从资金流向上来看,基本是从农业中的单向净流出,持续时间也很长。这与世界上的许多国家特别是资本主义发达国家的通行做法形成了鲜明对比。此举虽然有不得已之处,其结果也基本满足了国家工业化对资金的持续、巨额需求。但这一做法所付出的代价也是十分沉重的:对农业积累的过度提取,导致了农业生产力水平长期无法提高,农业生产长期处于缓慢发展的状况之下,农民收入低下,生活难以改善,生产积极性不高,农业的可持续发展能力十分脆弱。

随着国家经济实力的明显增强、对外开放力度的逐渐增大、农业基础性地位的日益突出以及人们认识本身的不断深化,从中共第三代领导集体形成以来,国家对农业投入和保护的重要性有了深刻、清醒的认识。以胡锦涛为总书记的新一届中央领导集体更是确立了"工业支援农业、工业反哺农业"的基本国策。目前,国家不仅取消了实行了数千年之久的农业税,而且实行对种粮农民的直接补贴,此外在国家一系列支农、惠农政策的鼓励下,大量质高价廉的工业产品正源源不断流向农村市场,农村社会的生产和生活方式发生着历史性的巨大变革。

再如,高度重视农业科学技术在发展农业生产中的重要作用,虽是共和国历代(届)领导集体的共同主张,但在毛泽东时代更多的是重视对前人农业生产经验的总结。从以邓小平为核心的中共第二代领导集体开始,则把现代农业科学技术在发展农业生产中的重要作用提到了前所未有的高度。

总之,共和国历代(届)领导集体在探索解决"三农"问题时,既提出了许多前后一致、一脉相承的思想和主张,同时,随着实践的发展和条件的变化,许多思想也在与时俱进,不断发展和深化。深刻总结其中带有规律性的内容,对于加深对"三农"问题的认识、指导"三农"问题的解决,有着重要的理论与现实意义。

参 考 文 献

[1] 曹贯一.中国农业经济史.北京:中国社会科学出版社,1989.

[2] 陈吉元,等.中国农村社会经济变迁.太原:山西经济出版社,1993.

[3] 陈光金.中国乡村现代化的回顾与前瞻.长沙:湖南出版社,1996.

[4] 党国英.中国农业农村农民.北京:五洲传播出版社,2006.

[5] 邓小平.邓小平文选:第1-3卷.北京:人民出版社,1993、1994.

[6] 杜润生.中国的土地改革.北京:当代中国出版社,1996.

[7] 杜润生.中国农村改革决策纪事.北京:中央文献出版社,1999.

[8] 杜润生.当代中国的农业合作制.北京:中国社会科学出版社,2003.

[9] 杜润生.杜润生自述:中国农村体制变革重大决策纪实.北京:人民出版社,2005.

[10] [美]弗里曼,等.中国乡村,社会主义国家.陶鹤山,译.北京:社会科学文献出版社,2002.

[11] 高化民.农业合作化运动始末.北京:中国青年出版社,1999.

[12] 郭根山.毛泽东与中国现代化道路.北京:中央文献出版社,2005.

[13] 郭书田.毛泽东与中国农业.北京:新华出版社,1993.

[14] 郭玉福.毛泽东与农业发展.北京:中共中央党校出版社,1994.

[15] 顾龙生.毛泽东经济年谱.北京:中共中央党校出版社,1993.

[16] 顾阳斌,等.毛泽东农民问题理论研究.杭州:浙江人民出版社,1993.

[17] 何晓明.知识分子与中国现代化.上海:东方出版中心,2007.

[18] 黄道霞,等.建国以来农业合作化史料汇编.北京:中共党史出版社,1992.

[19] 建国以来毛泽东文稿:第1-13册.北京:中央文献出版社,1987—1998.

[20] 姜长云."三农"问题的多维透视.太原:山西经济出版社,2004.

[21] 江泽民. 论有中国特色社会主义(专题摘编). 北京:中央文献出版社, 2001.

[22] 江泽民. 论社会主义市场经济. 北京:中央文献出版社, 2006.

[23] 江泽民. 论"三个代表". 北京:中央文献出版社, 2006.

[24] 江泽民. 论科学技术. 北京:中央文献出版社, 2006.

[25] 江泽民. 江泽民文选:第 1-3 卷. 北京:人民出版社, 2006.

[26] 李 溦. 农业剩余与工业化资本积累. 昆明:云南人民出版社, 1993.

[27] 李 伟. 二十世纪五十年代末中国共产党对农业问题的认识和探索. 北京:中共党史出版社, 2007.

[28] 梁漱溟. 梁漱溟全集:第 1-8 卷. 济南:山东人民出版社, 1989—1993.

[29] 林 虹. 20 世纪中国农民问题. 北京:中国社会出版社, 1998.

[30] 林毅夫. 制度、技术与中国农业发展. 上海:上海三联出版社、上海人民出版社, 1994.

[31] 林毅夫. 再论制度技术与中国农业发展. 北京:北京大学出版社, 2000.

[32] 刘重来. 卢作孚与民国乡村建设研究. 北京:人民出版社, 2007.

[33] 卢荣善. 走出传统:中国三农发展论. 北京:经济科学出版社, 2006.

[34] 陆学艺. 当代中国农村与当代中国农民问题. 北京:知识出版社, 1991.

[35] 陆学艺. "三农"新论——当前中国农业、农村、农民问题研究. 北京:社会科学文献出版社, 2005.

[36] 罗平汉. "大锅饭"——公共食堂始末. 南宁:广西人民出版社, 2001.

[37] 罗平汉. 农村人民公社史. 福州:福建人民出版社, 2003.

[38] 罗平汉. 土地改革运动史. 福州:福建人民出版社, 2005.

[39] 罗平汉. 天堂实验——人民公社化运动始末. 北京:中共中央党校出版社, 2006.

[40] 罗荣渠. 从"西化"到现代化. 北京:北京大学出版社, 1990.

[41] [美]马克·赛尔登. 革命中的中国:延安道路. 魏晓明, 等译. 北京:社会科学文献出版社, 2002.

[42] 毛泽东选集:第5卷.北京:人民出版社,1977.

[43] 毛泽东选集: 第1-4卷.北京:人民出版社,1991.

[44] 毛泽东年谱(1893—1949):上、中、下卷.北京:人民出版社、中央文献出版社,1993.

[45] 毛泽东文集:第1-8卷.北京:人民出版社,1993—1998.

[46] 孟 雷.从晏阳初到温铁军.北京:华夏出版社,2005.

[47] 农业集体化重要文件汇编(上、下).北京:中共中央党校出版社,1981.

[48] 史敬棠,等.中国农业合作化运动史料(上、下).北京:生活·读书·新知三联书店,1957、1959.

[49] 宋洪远,等."十五"时期农业和农村政策回顾与评价.北京:中国农业出版社,2006.

[50] 宋恩荣.晏阳初全集:第1-3卷.长沙:湖南教育出版社,1989—1992.

[51] 孙启泰,熊志勇.大寨红旗的升起与坠落.郑州:河南人民出版社,1990.

[52] 太行革命根据地史总编委会.太行革命根据地史料丛书之五·土地问题.太原:山西人民出版社,1987.

[53] 唐春元.巨人与大地——邓小平与中国农业农村农民.长沙:湖南人民出版社,1997.

[54] 万里论农村改革与发展.北京:中国民主法制出版社,1996.

[55] 王光伟.建设社会主义新农村的理论与实践.北京:中共中央党校出版社,2006.

[56] 王贵宸.中国农村合作经济.太原:山西经济出版社,2006.

[57] 王任重.王任重文选.北京:中央文献出版社,1999.

[58] 王玉贵,娄胜华.当代中国农村社会经济变迁研究.北京:群言出版社,2006.

[59] 王玉贵.制度变革·社会变迁·制度绩效——以苏南农村人民公社为研究对象.长春:吉林人民出版社,2009.

[60] 温 锐.理想·历史·现实——毛泽东与中国农村经济之变革.太原:山西高校联合出版社,1995.

[61] 武 力,郑有贵.解决"三农"问题之路——中国共产党"三农"思想政策史.北京:中国经济出版社,2004.

[62] 吴敏先,等.中国共产党与中国农民.长春:东北师范大学出版社,2000.

[63] 吴 象.中国农村改革实录.杭州:浙江人民出版社,2001.

[64] 吴相湘.晏阳初传.长沙:岳麓书社,2001.

[65] 中共中央文献室,国务院发展研究中心.新时期农业和农村工作重要文献选编.北京:中央文献出版社,1992.

[66] 许建文.中国当代农业政策史稿.杭州:中国农业出版社,2007.

[67] 徐 勇."包产到户"沉浮录.珠海:珠海出版社,1998.

[68] 许经勇.马克思农村经济理论与中国的实践.厦门:厦门大学出版社,1998.

[69] 薛暮桥,冯和法.中国农村论文选.北京:人民出版社,1983.

[70] 叶扬兵.中国农业合作化运动研究.北京:知识产权出版社,2006.

[71] 曾希圣.曾希圣文选.北京:人民出版社,2008.

[72] 张乐天.告别理想——人民公社制度研究.上海:东方出版中心,1998.

[73] 张士杰.近代农村合作经济的理论与实践研究.南京:南京农业大学博士论文,2008.

[74] 张水良.抗日战争时期中国解放区农业大生产运动.乌鲁木齐:新疆人民出版社,1981.

[75] 周志强.中国共产党与中国农业发展道路.北京:中共党史出版社,2003.

[76] 郑大华.民国乡村建设运动.北京:社会科学文献出版社,2000.

[77] 郑德荣,黄景芳.毛泽东思想史稿.兰州:甘肃人民出版社,1990.

[78] 郑庆平,岳 琛.中国近代农业经济史概论.北京:中国人民大学出版社,1987.

[79] 郑以灵.毛泽东农民观透视.厦门:厦门大学出版社,1999.

［80］郑有贵.中国共产党"三农"思想研究.北京:中国农业出版社,2002.

［81］钟祥财.中国农业思想史.上海:上海社会科学院出版社,1997.

［83］朱鸿才,等.合作社发展简史.北京:中共中央党校出版社,1988.

［84］朱　荣,等.当代中国的农业.北京:当代中国出版社,1992.

［85］朱希刚,缪建平.邓小平农业思想研究.北京:中国农业出版社,1998.

后　记

　　本书是南京大学历史学教授李良玉先生主编的"新中国农村发展60年"系列丛书中的一本。多年来,蒙李先生的错爱和关心,我们曾有过多次、多方面的愉快合作,彼此均感投缘。跟李先生合作,在我说来是"自讨苦吃"。我对李先生治学之严谨,素有所闻并有领教,但我却始终没有视为畏途。在多次合作中,我们没有因彼此间观点的差异、思想的距离、兴趣的不同、研究方法和风格的区别、学术水平的悬殊等产生隔阂,相反却从合作中增加了了解、信任和友谊。

　　当然,就应承本书的写作任务来说,也跟近年来本人曾在当代中国"三农"问题上投下过较多精力有关。从1997年正式师从著名史学家段本洛先生起,在先生的提示下,我选择了以农村人民公社为研究方向,2000年6月以《人民公社研究》为题通过了博士论文答辩(后来又在唐力行先生指导下作为博士后阶段的研究课题),答辩委员会和论文评阅老师在给予该论文以较高评价的同时,也提出了一些进一步修改完善的中肯意见。期间,我曾以"所有制的结构性变革与当代江南农村社会经济变迁研究"为题成功申报了1998年度的江苏省哲学社会科学基金资助课题,该项成果在准时结项后,经反复修改完善,以《当代中国农村社会经济变迁研究——以苏南地区为中心的考察》为书名(与娄胜华先生合作)于2006年由群言出版社正式出版。该书出版后,获得了一些好评,并获得了相关奖项,一些有影响的学术刊物先后发表书评。2009年5月,我的博士论文经博士后阶段的进一步深入研究和修改补充后,由吉林人民出版社正式出版,即《制度变革·社会变迁·制度绩效——以苏州地区为考察对象》一书。在写作、修改上述两书的过程中,我积累了大量有关当代中国"三农"问题的资料,经与李先生商量后,确定了本书的主题及框架结构。初稿写出后,又蒙李先生作了反复认真的修改。

在本书的写作中,曾参考过学术界大量的有关成果,具体请参阅正文后所附参考文献。其中要特别提到的是由著名经济史专家武力、当代中国"三农"问题专家郑有贵先生主编的《解决"三农"问题之路——中国共产党"三农"思想政策史》一书,该书的总体结构、指导思想、主要观点以及所提供的资料线索都对我写作本书有极大的帮助和启发。在此,要向曾经数次谋面但却未曾言谢的武、郑两位先生道声感谢。当然,相信读者读过武、郑两位先生大作和拙著之后,会发现彼此的切入点、材料取舍以及某些观点存在着明显的差异,这正是我当初答应李先生的邀请承担本书写作任务的重要原因之一,或许这也正是本书仍有出版价值的原因所在。

王玉贵

2009 年 4 月苏州